W0346681

Nur ein Stein blieb

Christa von Oppel
Alexandra Cavelius

Nur ein Stein blieb

Eine Geschichte von Flucht und Vertreibung

Mit 19 Abbildungen auf Tafeln

Weltbild

Alle Fotos entstammen dem Privatbesitz der Autorin.

Besuchen Sie uns im Internet:
www.weltbild.de

Genehmigte Lizenzausgabe
für Verlagsgruppe Weltbild GmbH,
Steinerne Furt, 86167 Augsburg
Copyright © 2006 by Piper Verlag GmbH, München
Umschlaggestaltung: Atelier Seidel, Verlagsgrafik, Teising
Umschlagmotive: stammen aus dem Privatbesitz der Autorin
Gesamtherstellung: GGP Media GmbH, Pößneck
Printed in the EU
ISBN 978-3-8289-8864-4

2010 2009 2008 2007
Die letzte Jahreszahl gibt die aktuelle Lizenzausgabe an.

Inhalt

Vorwort

Wellerswalde, »eine Stunde nördlich von Oschatz, an einem nach Strehla in die Elbe fließendem Bache gelegen«, wie es in einem alten Buch heißt, hatte vor unserer Familie schon viele Herren. Alte Urkunden erzählen, daß die Wasserburg einst zu Zeiten Heinrichs des Löwen gegründet wurde, als Verteidigungsort gegen die Wenden und Sorben. Wellerswalder Geschichten gibt es schon seit fast tausend Jahren.

Wenig Persönliches ist übriggeblieben von den Menschen, die dort ihr Zuhause hatten. Kriege und Notzeiten fegten über das Dorf hinweg. In den Hussitenkriegen wurde es fast völlig zerstört und die Bewohner bis auf einen kärglichen Rest getötet. Auch im Dreißigjährigen Krieg brannte der Ort ab. Was nicht vom Krieg vernichtet wurde, starb an der Pest, nur wenige konnten überleben. Aber immer wieder regte sich neues Leben, denn der Boden war fruchtbar.

Seit 1630 besaß das Geschlecht der von Oppels das Rittergut. Von da an waren sie in fortlaufender Geschlechterfolge dort ansässig. Wellerswalde war ihnen, trotz aller Widrigkeiten, stets fester Rückhalt. Nach den Freiheitskriegen blieb das Dorf zwar unversehrt, dafür aber mußten viele Familienväter und Söhne ihr Leben für König, Kaiser und Führer lassen, bis 1945 mit dem Einmarsch der Russen für das Dorf ein völlig neues Kapitel einsetzte.

Was seit tausend Jahren gewachsen war, alte Geschlechter der Bauern und des Ritterguts wurden entwurzelt, Ländereien enteignet – als Rache für den Terror der Nazis und aus politischem Kalkül. Mit unserem Vater, Carl Wilhelm Bernhard, geb. am 9. 9. 1891, riß 1945 die Kette unserer Familie ab, er kehrte nicht mehr aus dem Krieg zurück. Wir Angehörigen mußten aus der angestammten Heimat fliehen, da in Wellerswalde eine andere Zeit angebrochen war. Die Burg, die so lange allen Schrecken getrotzt hatte, wurde gesprengt. Die neu errichteten Wohnhäuser in der DDR beherbergten Menschen, die die zusammengelegten Äcker bearbeiteten, die Viehherden versorgten und doch nichts ihr eigen nennen durften.

Wellerswalder Geschichten gibt es auch heute noch. Menschen werden dort geboren, leben, lieben, sterben, aber es ist nichts mehr, wie es war. Es sind neue Geschichten, die sich unter anderen Voraussetzungen abspielen. Sie berühren uns nicht mehr, denn *unsere* Zeit und *unsere* Wellerswalder Geschichten sind endgültig im Jahre 1946 zu Ende gegangen.

Sechzig Jahre liegen zwischen den letzten Berichten über meine Heimat und heute. Trotzdem steht mir noch alles so klar vor dem Gedächtnis, daß diese Geschichte geschrieben werden konnte. Für die Genauigkeit sorgte mein über alle abenteuerlichen Stationen der Nachkriegszeit hinweggerettetes Tagebuch, das vergilbt und für unsere Nachkommen vermutlich unleserlich in »Altdeutscher Schrift« verfaßt ist.

Von denen, die vor uns waren

»Die Erinnerung ist das einzige Paradies ...«

»Die Erinnerung ist das einzige Paradies, aus dem wir nicht vertrieben werden können.« Dieser Spruch hängt über meinem Bett. Unsere Familie war wie ein Baum, über Jahrhunderte in Wellerswalde gewachsen. Der Baum ist abgehackt. Wir sind entwurzelt. Es ist unwiederbringlich vorbei. Die alten Gesichter sterben langsam weg. Mir kommt es vor, als hätte ich ein Bild gezeichnet und jemand würde es Stück für Stück vor meinen Augen ausradieren.

Heute bewohne ich in einer bayerischen Kleinstadt eine Zwei-Zimmer-Wohnung. Auf dem Fensterbrett im Wohnzimmer liegt ein Stein unserer Burg, groß wie ein Schuhkarton. Darunter ein Schild »Wellerswalde 1635–1945«. In den Regalen stecken Ordner, Hefte, Bücher, alte Briefe. Gefüllt mit Schwarzweiß-Fotos und Zeilen aus meiner Heimat.

Die Hinterglasmalereien, die an den Wänden im Flur hängen, habe ich selber angefertigt. Unser Schloß von Rosen umrankt, der Park mit Ententeich und Kutscher in Livree, überall freundliche Gesichter mit roten Apfelbacken. Wie in einem Märchen sieht das aus. Aber nachts kommen die schrecklichen Bilder wieder. Gleich Gespenstern stehen sie im Zimmer und schleichen sich in meine Träume. Zeigen Vergewaltigung, Verlust und Verrat. Dinge, die ich am liebsten vergessen würde, bleiben. Das Gedächtnis macht, was es will.

Aus einem gerahmten Foto blickt meine Mutter vom Schreibtisch aus mit erhobenem Kopf an mir vorbei. Das dunkelblonde Haar hochgesteckt, das Kreuz durchgebogen, die Hand energisch in die Seite gestemmt. Sportlich gekleidet als Landfrau. Den Oberkörper gehüllt in eine schon leicht verblichene Lederjacke, darunter Hemdbluse und Schlips, ein Rock aus Tweed dazu, unter dem die derben Schuhe hervorlugen. Praktisch, immer ordentlich. Man merkte ihr durchaus an, daß sie die gnädige Frau war.

Dem Kaiser die Hosen reichen

Erst im Alter geht mir auf, was für ein ungewöhnlicher Mensch meine Mutter war. Wo andere blaublütige Damen den Tag damit verbrachten, im Lehnsessel Kissen zu bestikken, galoppierte sie bei Morgengrauen über die Stoppelfelder, organisierte tagsüber unsere 425 Hektar große Landwirtschaft und hielt bei Einfall der Dunkelheit, wenn es sein mußte, mit ihrer Pistole Banditen in Schach. Bei alldem hatte Luitgarde-Renate einen furchtbaren Standesdünkel. Sie stammte aus uraltem Adelsgeschlecht, das bis ins 12. Jahrhundert zurückreichte.

Ihrem Vater, Fritz von Zehmen, 1860 geboren, war es schon als Zwölfjährigem gestattet, dem damaligen Kronprinzen und späteren Kaiser Wilhelm II. als persönlicher Page die Uniformhosen zu reichen. Dieses Geschehen, was eine große Ehre bedeutete, prägte unseren Großvater für sein Leben. Er wurde mit Leib und Seele Soldat für seinen Kaiser.

Mutters Familie war ganz auf das fürstliche Leben eingestellt. Leider war der Hof nicht sehr großzügig mit den Bezügen seiner Beamten. Im Haushalt der Großeltern mußte gespart, nach außen hin repräsentiert werden. Die Kleidung stimmte, es waren Villa, Reitpferde und ein Stallbursche vorhanden. Alles, was sich unter dem Rang eines Leutnants befand, galt als Mischpoke.

Eigentlich hatten meine Großeltern sich nach der erstgeborenen Tochter Elsa einen Stammhalter ersehnt, denn für ein drittes Kind war das Offiziersgehalt zu knapp. Mit Luitgarde-Renate erblickte 1892 aber erneut ein Mädchen die Welt. Es half alles nichts, die Kleine mußte als Ersatzsohn herhalten und wurde mit entsprechend harten Bandagen angepackt.

Die Eltern erzogen sie konsequent nach ihren eigenen preußischen Maximen: »Vertrauen auf Gott, Vaterlandsliebe, Gerechtigkeit gegen jedermann, Selbstdisziplin, Treue, Mut und eine eiserne Härte gegen sich selbst.« Mutter hat sich ihr ganzes Leben daran gehalten. Gefühle hat sie sich nie erlaubt. Getreu dem Motto: »Wenn das Herz ein bißchen weh tut, dann wächst es.« Für uns Kinder war das schrecklich. In den schweren Zeiten jedoch hat sich diese Erziehung durchaus bewährt.

Als junges Mädchen wuchs die gebürtige Halberstädterin in der wilhelminischen Glanz- und Gloriazeit auf, erlebte in Hamburg, wo ihr Vater Regimentskommandeur war, glanzvolle Empfänge und Bälle, war Gast bei Teegesellschaften, Reedern und Schiffstaufen, bewunderte den Kaiser und dessen Flotte bei der Kieler Woche und sonnte sich wie damals alle Patrioten im Glanz der Friedenszeit.

In der Abschlußklasse des Lyzeums lernte die Heranwachsende in Hannover ihre geliebte Freundin und meine spätere Patentante Silvie von Bennigsen kennen. Bei unseren Großeltern fand Silvie viel Geborgenheit, ihr Vater, Landrat in Springe, war bei einem Duell erschossen worden. Die beiden Mädchen hätten unterschiedlicher nicht sein können. Das, was Mutter an Härte besaß, hatte ihre Freundin an Weichheit. Die Freundschaft der beiden endete erst mit dem Tod.

Der Retter in der Not

In meiner Schreibtischschublade liegt eine schwarze Kladde. Wie oft wurde sie wohl schon durchgeblättert? Die Ecken sind abgestoßen, die Seiten vergilbt. In ihrer sauberen großen Handschrift hat Mutter darin für mich ein paar Erinnerungen an ihre ersten Begegnungen mit Vater aufbewahrt.

Es geschah auf der Hubertusjagd des Kgl. Preußischen Husarenregiments 12, im November 1913. Ein trüber Novembertag mit Nieselregen machte den Boden weich und glitschig. In einer scharfen Kurve rutschte mein Pferd aus, und wir stürzten beide. Getan hatten sich Pferd und Reiterin nichts, aber unruhig war der Gaul und der Damensattel nicht dazu angetan, auf ein aufgeregtes Pferd wieder hinaufzukommen. Da nahte der Retter in der Not: Karl von Oppel, damals Fahnenjunker, preschte in schmucker blausilberner Uniform auf seinem weißgestiefelten Fuchs heran.

Er erkannte augenblicklich, was los war, parierte sein Pferd durch, sprang ab und half mir in den Sattel. Ab ging die Jagd! Mein Pferd war sehr schnell und ein guter Springer, deshalb verlor ich meinen Retter wieder aus den Augen, und da ich ihn auch beim »Halali« nicht mehr ent-

deckte, konnte ich ihm noch nicht einmal danken. Aber vergessen konnte ich den schmucken Reiter nicht.

Zwei Jahre lang sah ich ihn nicht wieder, denn Euer Vater besuchte bis zum Ausbruch des Ersten Weltkrieges die Kriegsschule in Neiße. Im März 1915 kehrte er verwundet nach Torgau zur Ersatzeskadron zurück. Da trafen wir uns, verliebten und verlobten uns. Am 5. Mai dieses Jahres war ich zum ersten Mal in Zöschau, was das Domizil der Familie von Oppel war. Auf der Gutsgrenze begrüßten uns die Arbeiter mit Blumensträußen. Durch mehrere Ehrenpforten hindurch trabten wir in den Hof. Zum ersten Mal sah ich das herrschaftliche Haus mit seinem mächtigen Walmdach. Das große Portal über drei flachen Stufen stand weit offen, wir wurden dort von knicksenden Hausangestellten begrüßt.

Bei meinem ersten Besuch war nur meine zukünftige Schwiegermutter Eleonore, geb. Edle von der Planitz, genannt »Mimi«, anwesend, denn ihr Mann, Euer Großvater Carl Wilhelm Friedrich, war als Stadtkommandant in Rethel/Frankreich im Krieg eingesetzt. So verwaltete Mimi mit Hilfe eines Inspektors den Besitz mit strammer Hand. Auch führte sie den Hausstand streng und unnachsichtig. Über ein Hausmädchen mokierte sie sich: »Höre mal, was einem so alles passieren kann. Da schimpfe ich eine von den Gänsen aus, und was tut sie? Sie macht vor Angst einfach in die Stube!«

Als ich Mimi kennenlernte, war sie zweiundvierzig Jahre alt. Ihre Gestalt war klein, schlank und wohlproportioniert, ihre Gesichtszüge edel mit leicht gebogener Nase, auffallend waren ihre großen grau-grünen Augen. Ein trockener Humor milderte ihre oft explosionsartigen Ausbrüche.

Mimi wünschte, daß die Untergebenen uns mit »unterta-

nigst« anreden mußten, was mir ziemlich eigenartig vorkam. Auf diese Weise wurde mir das Klo »untertänigst« gezeigt und auch alles andere, was ich wissen sollte. Zum ältesten »Hausinventar« zählte die siebzigjährige »Made«. Sie stammte aus der Schweiz und hatte auch Euren Vater und dessen Geschwister großgezogen, so daß alle fast perfekt französisch sprachen. Ihre Leidenschaft war der »Vin Rouge«. Sie vergrub die Flaschen in allen möglichen Verstecken.

Beim ersten Mal in Zöschau kam ich dazu, wie »Made« gerade ein schweres Tablett mit Geschirr in den Salon trug, und wollte ihr helfen. Da wurde sie ganz erregt und sagte: »Mais non, Mademoiselle, ick sein noch ganz swip auf meine siebzig Beine!« Euer Vater und ich hatten sie sehr gerne, und sie hing ganz besonders an ihrem »Monsieur Charles«, wie sie ihr Ziehkind nannte.

Am 12. Mai 1915 kehrte Karl ins Feld nach Kurland zurück. Dort, im Raume von Wilna, kam es zum letzten Mal zu Reiterattacken Kavallerie gegen Kavallerie. Euer Vater erzählte später oft davon, was er von August bis September 1914 in Frankreich »angestellt« hatte.

Das beste Husarenstück leistete er sich in Lille.

Husarenstücke

Die Patrouille Eures Vaters sollte feststellen, ob Lille seine Festungswerke schon bewaffnet hatte. Dies war ein gefährliches Unterfangen. Karl zwang einen Franzosen, den er auf der Straße erwischte, ihm und vier seiner Männer das Automobil zu überlassen. In einer der Vorstädte besorgten sie sich zunächst einen Stadtplan. Schnurstracks ging es zum Rathaus, in dem, wie Euer Vater zuvor auf einer Anschlag-

tafel gelesen hatte, gerade der Stadtrat tagte, um die Verteidigung von Lille zu beraten. Die Stadtväter waren völlig überrumpelt, als der deutsche Leutnant sie im Saal mit »Bonjour Messieurs« begrüßte. Aus den Papieren, die er auf dem Tisch ausgebreitet vorfand, ging alles hervor, was er herausfinden wollte.

»Lille befindet sich in deutscher Hand«, setzte Euer Vater einen Aufruf an die Bevölkerung auf. Ruhe und Ordnung seien zu bewahren. General Emmich würde noch in dieser Nacht Lille endgültig besetzen. Keiner dürfe nach zwanzig Uhr auf der Straße angetroffen werden, außer Ärzten, Hebammen und Feuerwehrleuten. Daß er trotz seiner zweiundzwanzig Jahre die Hebammen nicht vergessen hatte, machte Euren Vater im nachhinein besonders stolz. Unterzeichnet hatte er das Schreiben mit »von Oppel, Kommandant«.

Binnen kurzer Zeit wurde das Papier in einer Druckerei vervielfältigt und in allen Stadtteilen angebracht. Alle Einwohner gaben ihre Waffen im Rathaus ab. Als dies geschehen war, ließ Euer Vater durch eine Hotelküche ein ausgezeichnetes Menü für seine Männer und die Geiseln besorgen. Ohne Verluste und mit allen Erkenntnissen, die sie haben wollten, kehrten die Husaren zur Schwadron zurück. Für diese Tat erhielt Euer Vater das EK II. In Wellerswalde befanden sich noch einige Liller Zeitungen. In ihnen war von der Dummheit aller die Rede, die sich von einem jungen Grünschnabel hätten hereinlegen lassen.

Ende Juli 1915 schickte man Karl, schlimm am Arm verwundet, nach Zöschau. Im August folgte ihm sein jüngerer Bruder Claus-Dietrich mit Lungen-, Arm- und Schenkelschuß nach Hause. Trotz der schweren Verwundungen der beiden ging es dort recht lustig zu, da sich die Männer gut erholten und bald wieder auf den Beinen waren.

Wie im Dornröschenschlaf

Gemeinsam unternahmen wir eine Fahrt mit der Chaise nach Wellerswalde zur Entenjagd. Das Gut lag zwölf Kilometer nördlich von Zöschau und war zu jener Zeit verpachtet. Der Pächter hauste in der Inspektorenwohnung neben der Burg. Wir schwenkten ins Dorf hinein, erblickten rechts die Schäferei, dann ging es in scharfer Linkskurve an Schule und Kirche vorbei durchs Hoftor, das von zwei Türmen begrenzt war. Vor uns der weitläufige Hof, eingerahmt von Stallungen, Brennerei und Scheunen.

Genau dem Tor gegenüber erhob sich das hufeisenförmig angelegte »Schloß«, das in einigen Jahren unsere Wohnstatt werden sollte. Vom Aussehen her hätte es genausogut in Schottland oder England stehen können. Euer Ur-Ur-Ur-Großvaters Carl Julius Wilhelm von Oppel (1801–1880) hatte es im neugotischen Stil ausbauen lassen. Hinter dem schmiedeeisernen Gitter der Gruft bestattete er als erstes seine geliebte Frau. Die bildhübsche Amalia Augusta von Thielau (1815–1841) war im Alter von 26 Jahren nach der Geburt ihres zweiten Kindes verstorben. Die Trauer ihres Mannes war so groß, daß er bis zu seinem Tod noch 39 Jahre als Witwer weiterlebte.

In der Mitte des Schlosses ragte ein 29 Meter hoher Turm, umkrönt mit umlaufenden Zinnen, empor. Über allem thronte das Familienwappen mit einem Adler, rechts und links von Lutherrosen umrahmt. Seit fast 40 Jahren wurde dieses Anwesen nicht mehr bewohnt, und man sah es ihm an! Zerrupfte Tannen ließen traurig ihre Zweige hängen, auf der mit Unkraut überwachsenen Auffahrt kratzten Hühner herum. Es nieselte. Der Putz aus Sandstein nahm das Wasser an, bis er griesgrau war. Das Ritter-

gut wirkte, so menschenleer, wie es war, finster und verwahrlost.

Man ahnte, wie nobel alles einmal gewesen war, aber so, wie ich es damals zum ersten Mal gewahr wurde, konnte ich es nur im günstigsten Falle als im Dornröschenschlaf liegend bezeichnen. Ich fand es unwahrscheinlich melancholisch. An jenem Tag gingen wir nicht ins Haus hinein. Wir legten in der Familiengruft einen Kranz für die Vorfahren nieder. Ich war froh, als ich diesen traurig machenden Ort verlassen konnte und in das mit Leben erfüllte Zöschau zurückkehrte.

Dies war mein erster Besuch in Wellerswalde, dem später mein ganzes Herz gehörte. Getraut wurden Euer Vater und ich im November 1915 in Braunlage, wo meine Schwester eine geschlossene Glasveranda bezaubernd geschmückt hatte, trotz Winter und Krieg, voller Blumen! Nach der Hochzeit reisten wir weiter nach Berlin. Dort hatte Euer Vater ein Kommando für drei Wochen übernommen. Das war keine anstrengende Sache, wir genossen unser Leben in den, trotz Schlachtengetümmels, auf vollen Touren laufenden gesellschaftlichen Ereignissen der Hauptstadt des Deutschen Kaiserreiches.

Mimi unterrichtete uns, daß uns ihr ehemaliger Inspektor mit seiner Frau nach Wellerswalde begleiten würde. Euer Vater hatte bei ihm in Strelow/Oderbruch die Landwirtschaft erlernt. Ohne diese Unterstützung wäre für uns der Anfang in Wellerswalde viel schwerer gewesen. Aber er war für uns immer noch schwer genug!

Soweit gehen die persönlichen Aufzeichnungen unserer Mutter.

Kohlrübenzeit: Jeden Bissen dreißigmal kauen!

1917 erblickte mein ältester Bruder Kai das Licht der Welt, ihm folgte kaum zwölf Monate später meine Schwester Lütte. Mutter verweilte mit den Kindern in der Villa ihrer Eltern in Torgau. Ihren Vater hatte man von seinem Posten als Brigadegeneral abgelöst, weil er sich geweigert hatte, eines seiner Regimenter in einen ihm sinnlos erscheinenden Sturmangriff nach Langemark zu schicken. »Die jungen Menschen werden wie Schlachtvieh verheizt«, hatte der alte Herr getobt.

Nach Ausbruch der Novemberrevolution 1919 warf die rote Räteregierung alle Soldaten samt meinen Großeltern raus. Mutter brachte die Kinder nach Zöschau. Vater war vom ersten bis zum letzten Tag im Krieg geblieben. Wäre es nach ihm gegangen, hätte er anschließend Jura oder einen anderen geistigen Beruf studiert. Aber persönliche Vorlieben interessierten im Hause Zöschau niemanden. Als Ältester mußte er die Landwirtschaft in Wellerswalde übernehmen.

Zu jenen Zeiten herrschte eine große Hungersnot, die sogenannte Kohlrübenzeit, und Mimi wog jedem, egal ob von der Familie oder angestellt, die Essensrationen auf der Briefwaage ab. Jeder Bissen mußte dreißigmal gekaut werden. »Sobald der Krieg zu Ende ist, lasse ich mich scheiden«, hatte Mimi ihrem werten Gatten ein Licht aufgesteckt. Die Leute munkelten über ein uneheliches Kind in der Kleinstadt Oschatz. Nach der Trennung schloß Mimi mit einem Oberst aus Dresden den Bund fürs Leben, pflegte aber weiterhin gute Beziehungen zu »Roßpapa«.

1920 übernahmen unsere Eltern das Gut in Wellerswalde, und nun gehen meine Wellerswalder Geschichten erst richtig los.

Über den Adel, schlimmes Gesindel und chaotische Zeiten

»Es is doch nur e Mädchen«

Am 19. Dezember 1921 erblickte ich in einem kleinen Zimmer hinter der Küche das Licht der Welt. Es war gerade Mittagszeit, mein Vater war zu einer Hasenjagd auf dem Nachbargut Lampertswalde unterwegs. Die Jäger hatten nach der anstrengenden Rennerei des Vormittags entsprechenden Hunger und beugten sich gerade über ihre Erbsensuppe. In dem Moment erhielt Vater Nachricht von der Geburt seines dritten Kindes. Im Galopp ging es die drei Kilometer nach Wellerswalde.

Vater stürzte ins Wöchnerinnenzimmer zu seiner abgekämpften Frau, mit der für ihn so wichtigen Frage: »Ein Junge???« Als Mutter verneinte, warf er einen nur knappen Blick in mein verschrumpeltes Gesicht, hauchte seiner Frau einen flüchtigen Kuß auf die Wange und trieb, unten angelangt, den Kutscher aufs neue zur Eile an: «Fahr'n Se schnell zur Jagd, es is doch nur e Mädchen!«

So hat meine Ankunft auf dieser Welt meinen Erzeuger recht wenig beeindruckt. Aber das störte mich überhaupt nicht, ich wuchs und gedieh, und der Umstand, daß ich seit dem Jahre 1836 nach meinem Urgroßvater das erste Oppelkind war, das in Wellerswalde geboren wurde, ließ wohl die große Liebe von mir zu meiner Heimat wachsen.

Meine Eltern tauften mich auf die Namen Christa Ursula Renate. Dafür bin ich ihnen heute noch dankbar. Die beiden älteren Geschwister trugen die Namen der beiderseitigen Großväter beziehungsweise Großmütter, also Friedrich Karl Julius Wilhelm, genannt Kai, und Eleonore Amalie Hindenburga, genannt Lütte. Dieser schreckliche Zusatz wurde meiner armen Schwester auf Befehl unserer Großmutter Mimi »untertänigst« verpaßt. »Das ist der Sieger von Tannenberg. Das wollen wir für das Kind festhalten«, hatte sie angeordnet.

Zum Glück waren bei meiner Geburt schon alle notwendigen Vorahnennahmen vergeben, und nach dem unrühmlichen Ende des Ersten Weltkrieges gab es auch keine Helden mehr zu verehren. So kam ich in den Besitz völlig »normaler« Namen.

Nur das Nötigste

Geld war an allen Ecken knapp. Deswegen erhöhte »Roßpapa« für seinen Ältesten die jährliche Pachtsumme von bisher 20 000 auf 30 000 Reichsmark. Auch mußte unser Vater das tote und lebende Inventar an den scheidenden Pächter auszahlen, so daß unsere Eltern das Gut mit einer gewaltigen Schuldenlast übernommen haben.

Für den Haushalt wurde nur das Nötigste angeschafft, entsprechend unwirtlich sah es in den ersten Jahren aus. Die leeren Zimmer des Erdgeschosses richtete Mutter mit den schweren Eichenmöbeln aus dem Haushalt ihrer Eltern ein, so daß wir alle eine nicht unbedingt hochherrschaftliche, doch recht gemütliche Bleibe hatten.

Die obere Etage des Schlosses durften wir nicht betreten,

da »Roßpapa« diese samt der Einrichtung für Zöschau vorbehalten hatte. Manchmal schlichen wir Kinder trotzdem die geschwungene Sandsteintreppe hoch und warfen einen scheuen Blick auf die mit weißen Tüchern und Mottenkugeln bedeckten Polster, die sich unter unserem Dach befanden.

Auch ohne oberes Stockwerk hat der Platz für uns und das Hauspersonal gereicht. Alles zusammengerechnet handelte es sich um vierundvierzig Zimmer. Küche und Wirtschaftsräume nahmen fast den ganzen rechten Flügel des Erdgeschosses ein. Dort werkelten und hausten Kinderfräulein, Hauslehrer, Köchin, Stubenmädchen, Hausmädchen, Kochlehrling, Zugehfrau und Waschfrau. In den Häusern, rund um die Burg herum, verteilten sich die Inspektorenfamilie, der Förster, der Nachtwächter, der Pferdepfleger und, abseits gelegen auf dem Drescherhof, unsere Arbeiter.

Eine der ersten Taten, die unsere Eltern trotz ihrer Geldsorgen vollbrachten, war das Anlegen des Vorgartens. Ein Zaun wurde gezogen, an dem binnen kurzem rosa und rot blühende Rosen hochkletterten. Die kahlen Sandsteinmauern berankte wilder Wein, der im Herbst die Fassade feuerrot erstrahlen ließ. Rechts und links vom Haus ließ Mutter, zwischen Edeltannen und Blumen, üppige Rhododendrenbüsche, Jasmin, Goldregen und Flieder pflanzen.

Infolgedessen war mit unserem Erscheinen das Schloß wirklich aus seinem Dornröschenschlaf erwacht, es bezauberte zu den verschiedenen Jahreszeiten alle Besucher mit seinem Blüten- und Farbenspiel.

Inflation

1923 kostete ein Brot 2500 Mark. Die Zeit der fortschreitenden Inflation brachte weitere Mißstände mit sich. Marodierende »Volksfront«-Banden, proletarische Hundertschaften und anderes Gesindel trieben ihr Unwesen und brannten reife Getreidefelder ab. Einen unserer Gutsnachbarn hatten sie übel zugerichtet. Am liebsten hätten die Leute vermutlich schon damals vollzogen, was 25 Jahre später bittere Wirklichkeit wurde.

Europa glich einer Kriegsruine mit einem ganzen Arsenal von Pulverfässern im Keller. In den wuchernden Arbeitervierteln der Großstädte regierte das Elend. Aus Leipzig zogen Scharen von Hungernden übers Land. Sie bettelten, schnitten unsere Ähren ab, klauten Vieh, Rüben oder Kartoffeln. Zum Schutz vor ihnen hatte Vater die Reichswehr angefordert. Auch auf der politischen Bühne herrschte Tohuwabohu. Die Räte waren nach bolschewistischem Vorbild aufgeputscht gegen alle Wohlhabenden.

Drei solcher Kommunisten wünschten mit Herrn von Oppel Tacheles zu reden. Drinnen rieb Vater, klein und drahtig, wie er war, sich knurrend die Hände, draußen empfing er die Männer mit weitausladender Geste wie Gäste: »Vielleicht wollen die Herren sich vor dem Kaffeetrinken einen Überblick über die Landwirtschaft verschaffen?« strich er ihnen um den Bart und lud sie zu einer Kutschfahrt ein.

Kaum war die Droschke zum Hoftor heraus, verpaßte er den Pferden die Peitsche. Noch mal knallte es, diesmal so knapp über den Köpfen der Passagiere, daß sie den Luftzug zu spüren bekamen. Laut um Hilfe schreiend krallten sie sich an dem schwankenden Gefährt fest: »Halten Sie an! So halten Sie doch an!« Nachdem Vater sie noch ein Weilchen hatte schwitzen lassen, parierte er die Gäule mit gestreckten Hinterbeinen durch. Den davonlaufenden Räten brüllte der Burgherr hinterher: »So, meine Herren, jetzt haben Sie wohl genug gesehen!«

Der Anfang in Wellerswalde war für unsere Eltern eine harte Bewährungsprobe.

Daia als Bezugspunkt

Die Aufgabenteilung im Haus war klar. Vater leitete das Gut, Mutter kümmerte sich um die Geflügelzucht sowie um die Führung des Haushaltes. Nur zum Essen traf die ganze Familie zusammen. Am Abend lehnte der Hausherr, die dunklen Haare streng zurückfrisiert, lesend, mit einer stinkenden Zigarre zwischen seinen langen schlanken Fingern, in dem großen Ohrensessel. Beim »Gutenachtsagen« hielt er Kai, Lütte und mir, ohne von seinem Buch aufzublicken, den rechten Daumen an den Zeigefinger gelegt entgegen. Flüchtig durften wir diesen berühren, bevor wir ins Bad entschwanden.

Das warme Waschwasser holten die Dienstmädchen in Krügen aus der Küche, denn fließendes Wasser hatten wir zu dem Zeitpunkt noch nicht. Mutter kontrollierte, ob auch genügend Schmutz in der Schüssel war, oder ob, wie meistens, alles an den Handtüchern klebte. Der eigentliche Bezugspunkt für Kai, Lütte und mich war Daia. Unser Kinderfräulein hat uns in den Arm genommen, unsere Wunden verpflegt und uns erzogen. Teilweise recht nachdrücklich, denn sie sparte nicht mit Ohrfeigen, was uns allen aber nicht geschadet hat. Von der Zweiundzwanzigjährigen ließ sogar Mutter sich Kritik gefallen.

Erst weit hinter Daia rangierten unsere Eltern, eigentlich nur unsere Mutter, denn Vater erschien uns wie ein höheres Wesen, dem man tunlichst aus dem Wege ging. Geriet man ihm doch einmal unerwünscht in die Quere, räumten uns die Hausmädchen geschwind aus seinem Dunstkreis, denn er konnte wie seine Mutter Mimi blitzartig explodieren.

Phasenweise machten die vielen Sorgen um Wellerswalde aus unserem Erzeuger einen schwer depressiven Mann. Aber das alleine war nicht der Grund für seine Grabesmiene. Mit der Abdankung Kaiser Wilhelms II. hatte der bis dahin hochangesehene Offiziersstand seine Integrationsfunktion verloren. Nach dem Ersten Weltkrieg gab es Tausende arbeitslose preußische Blaublütige, die auf nichts anderes vorbereitet waren als eine Karriere beim Militär.

Selbstverständnis und Identität des Adels waren zutiefst erschüttert. Der Frieden von Versailles war eine nationale Demütigung. Vergebens bemühte sich Mutter, ihren Mann aufzurichten: »Ach, Karlchen, wir kriegen das schon hin.« Sehr bald hatten wir Kinder ein Gespür dafür entwickelt, wenn Vater wieder die »grauen Gefühle« übermannten.

Zu den Essenszeiten war ein Zusammentreffen mit ihm aber leider unvermeidlich.

Die Pistole auf dem Schreibtisch

Eine Tafel, an der gut ein Dutzend Menschen hätten Platz nehmen können, zerteilte den Raum. In die hochlehnigen Lederstühle war das Zehmensche Wappen mütterlicherseits eingebrannt. Zwischen den Fensternischen hingen wertvolle Gewehre, ein Landknechtshelm sowie eine Armbrust mit eingelegtem Griff aus Elfenbein. Die Augen unserer in Öl festgehaltenen Ahnen an der Wand folgten uns ständig, egal wo man saß oder stand.

Wir Kinder waren am unteren Ende des Tisches plaziert, an dem außer unseren Eltern noch Daia und der jeweilige Hauslehrer ihr Essen einnahmen. Sowie das Hausmädchen im Flur den Gong zum zweiten Male geschlagen hatte, erschien Vater als letzter an der Tafel. Waren seine Hautfarbe blaß und seine Gesichtszüge hölzern, machten wir uns noch kleiner, als wir ohnehin schon waren. Stumm schlang er das Essen in sich hinein. Mutter und Daia bemühten sich tapfer, uns abzulenken.

Lütte hatte sich wie üblich die größte Portion auf den Teller aufgeladen. Ihre Hand verwehrte wie eine Schranke den Zugang zu ihrem Teller: »Das ist meins«, stellte sie mir gegenüber klar. Eigentlich sahen wir aus wie Zwillinge, nur daß wir vier Jahre auseinander waren. Die Haare blond, die Nasen markant, die Beine kurz. Mit tonloser Stimme würgte Vater unser Gemaule ab: » Ich werde mich erschießen.« Damit hatte er uns schon öfter gedroht. Daia tupfte sich umständlich mit der Serviette die Speisereste aus den Mundwinkeln.

Unlängst hatte sich ein bankrotter Gutsnachbar im Wald die Kugel gegeben. Darüber hatten die Eltern am Abend danach zwischen Braten und Kompott ausführlich debattiert. Schüchtern wollte Kai wissen: »Dürfen wir aufstehen?«, und nach einem Nicken der Mutter fegten wir wie der Wind aus dem Eßzimmer.

Unter Riedinger-Stichen mit Jagdszenen und Hirschgeweihen verwahrte das Oberhaupt des Hauses seine geladene Pistole auf dem Schreibtisch. Fortan beauftragte Mutter meine Geschwister damit, diese im Herrenzimmer zu bewachen. War die Waffe nicht an ihrem Platz, fühlte jeder das Blut in seinen Adern: »Jetzt ist er tot!« Sogar die sonst so stoische Burgherrin gebärdete sich derart aufgeregt, daß sie meinen Bruder mehrmals hinter dem Vater herschickte, um das Schlimmste zu verhindern. Aber wie hätte er das anstellen sollen? Kai war gerade mal neun Jahre alt.

Gott sei Dank waren die Äußerungen unseres Vaters nicht so ernst gemeint, und mit zunehmenden Alter ließen sie uns mehr oder weniger kalt. Trotzdem waren wir auf der Hut. Auf keinen Fall durfte man ihn in seinen schwierigen Phasen in irgendeiner Weise provozieren. Sein Jähzorn war berüchtigt, aus seinen Augen blitzte Gefahr. Die Arbeiter gaben sich gegenseitig Zeichen, wenn er mit seinem Fahrrad über die Feldwege rappelte: »Los, arbeiten, Oppels Karle naht!« Mutter dagegen war trotz ihrer Strenge beliebt, weil sie gerecht und hilfsbereit war.

Am besten aber kamen wir Kinder mit unseren Eltern aus, wenn wir uns aus ihrem Gesichtsfeld verkrümelten.

Die drei Alpträume: Feuer, Wasser und Gewitter

»Der Schweinestall ist abgebrannt!« Mit diesem Schrei stürmte Kai in unser Kinderzimmer. Daia, die mir gerade die Schuhe geschnürt hatte, nahm mich an die Hand. »Komm, wir schauen uns das an.« Aus den Schläuchen der Feuerwehrleute spritzten nach allen Seiten Fontänen wie bei einem Rasensprenger. Unversehens stürzte in dem qualmenden Trümmerhaufen eine Mauer ein, zeitgleich schoß eine riesige Flamme hervor. Kreischend lief ich davon.

Ursache des Brandes war ein Kurzschluß in einer Leitung gewesen, die so alt wie mein Ur-Großvater war.

Vom Gang aus belauschte ich die Eltern. So ein Brand könne sich jederzeit wiederholen. »Da reicht ein Windzug«, beschwor Mutter, »und schon geht das Haus lichterloh in Flammen auf.« In jener Nacht habe ich mich vor Angst in den Schlaf geschrien. Und das setzte sich so fort. Noch jahrelang schreckte ich nachts hoch, wenn die alten Mauern im Wind ächzten, als wären sie lebendig geworden.

Daia wechselte für einige Wochen in einen anderen Haushalt. Unsere neue Betreuerin, Fräulein Bormann, war eine dürre, stets schick gekleidete Person, die alleine dadurch in unserer puritanischen Einfachheit auffiel. Meine Schwester meinte: »Wenn die Bormann ihre Stöcker (Beine) durch die Hosen bohrt, das finde ich ganz komisch!«

Dieses Kinderfräulein hatte ebenso wie ich panische Angst vor Gewittern. Wenn es draußen grollte und drinnen der Strom ausfiel, tauchte sie mit mir zusammen unter der Decke ihres Bettes ab. Das behagte unserer Mutter gar nicht, preußisch-eisern, wie sie erzogen war. Sie faßte den Entschluß, mir »diese Hasenfurchtsamkeit« auszutreiben.

Als sich wieder einmal ein Unwetter über unserem Hof entlud und der Regen nur so vom Himmel rauschte, zerrte Mutter mich mit einer Petroleumlampe in der Hand in den Hof. »Du bleibst still stehen!« Mit der schimpfenden Frau an der einen Hand und einem Wasserglas in der anderen, sollte ich solange ausharren, bis es vom Regen vollgefüllt sei. Schwere Tropfen klatschten uns um die Ohren, gespenstische Elmsfeuer tanzten auf den Dächern. Erneut erhellte ein greller Blitz den Hof, ihm folgte ein Donnerkrachen, das das Haus zu spalten schien. Mir gelang es, meine triefenden Finger aus Mutters Umklammerung zu befreien und zurück unter der Decke der Bormann Schutz zu suchen. Am nächsten Tag wurde sie entlassen.

Mein dritter Alptraum war das Wasser. Mit fünf Jahren war ich fast im Gartenteich ertrunken, nur mein langes Kleid hatte mich oben gehalten. In letzter Sekunde fischte mich der Hauslehrer heraus und setzte mich in der Küche in die noch warme Backröhre, um mich darin aufzuwärmen. Aber ich gellte hysterisch los, da ich sicher war, daß man mich wie im Märchen bei »Hänsel und Gretel« braten wolle.

Die Angst vor Gewitter und Feuer nahmen mir später die Bomben. Das Grauen vor tiefem Wasser verlor ich bei einer halsbrecherischen Floßfahrt über die reißende Elbe.

Reitunterricht für den Erstgeborenen

Als erstgeborener Sohn sollte Kai eine standesgemäße Erziehung erhalten. Nach Ansicht meiner Eltern war er mit acht Jahren reif für den Reitunterricht. Mutter setzte den Jungen auf »Puppe«. Die zierliche ungarische Stute trabte brav an der Longe im Kreis. Kai versuchte sich krampfhaft auf dem Pferd zu halten, verlor jedoch sehr bald das Gleichgewicht und rutschte aus dem Sattel auf den Boden. Das Geheul war groß, aber Mutter kannte kein Erbarmen. Er mußte von neuem hinauf. Der Knabe sollte schließlich mal als Herr auf Wellerswalde die Tradition der Familie hochhalten.

Das Tier setzte sich schwungvoll in Bewegung, Kai stürzte in den Sand. Das gleiche spielte sich noch ein paar Mal ab. Mutter nörgelte, Kai plärrte ... Erbarmungslos ging es so weiter, bis der Reitlehrerin etwas Besseres einfiel. Sie band die Füße ihres Schülers mit einem Strick unter dem Pferdebauch zusammen. Nun blieb mein Bruder oben, aber weinte und wimmerte weiter wie zuvor.

Am nächsten Tag dieselbe Quälerei. Geknickt verfolgte ich vom Zirkelrand aus das Geschehen. Wie gerne hätte ich da oben gesessen, aber für den älteren Sprößling galten gänzlich andere Maßstäbe als für uns Nachzügler. Schlußendlich stellte Mutter den Reitunterricht ein. »Puppe« wurde verkauft. Der Hoferbe war glücklich, die Eltern weniger, und ich heulte im Stillen dem Pferdchen nach.

Herr Krügers »zitternde morsche Knochen«

Seit meine älteren Geschwister schulpflichtig waren, hatten sich verschiedene Hauslehrer bei uns die Klinke in die Hand gegeben. Meistens handelte es sich um Studierte, die aufgrund der Massenarbeitslosigkeit dankbar waren, bei kleinem Gehalt, Familienanschluß und freier Kost fortbestehen zu können.

Meine Schulkarriere begann im Jahr 1927 mit Herrn Krüger. Ich mochte ihn nie, er stank immer so aus dem Mund. Unsere »Klasse« bestand aus meinen beiden Geschwistern und einem anderen adeligen Jungen. Er war eines von unzähligen Kindern einer Flüchtlingsfamilie, die ihren Besitz im Baltikum nach dem Ersten Weltkrieg verloren hatte und nun auf dem Nachbargut Großböhla ihr Leben in Armut fristete.

Die drei Großen wurden zusammen unterrichtet. Unterdessen mußte ich fleißig »rauf-runter-rauf« (deutsches »i«) auf die Schiefertafel kritzeln, was mit vielem Spuckgewische recht langweilig für mich war.

Dafür hatte man vom Turmzimmer aus eine gute Übersicht über das Geschehen auf dem Hof, zudem die Turmuhr gut im Blick.

Herr Krüger war Mitglied in der NSDAP und zeigte jedem stolz seinen Parteiausweis mit der Nummer 331. Nach getaner Arbeit nahm er voller Begeisterung an Schulungsabenden der SA teil, die meistens mit einem großen Besäufnis endeten. Häufig erschien er mit einer furchtbaren »Fahne« am Frühstückstisch. Vater hat ihn deswegen sogar mal vom Tisch verwiesen. Daia fand ihn auch unmöglich.

Beim Gesangsunterricht durfte ich bei den Großen mitmachen. So lernten wir schon vor der Machtergreifung durch Hitler die »Brüder aus Zechen und Gruben«, die »zitternden morschen Knochen« oder die »Morgenröte«, die man »im Osten« sehen konnte. Fröhlich schmetterten wir diese Melodien. Unseren Eltern war das egal, denn damals kursierten von allen möglichen Parteien Lieder, denen niemand viel Aufmerksamkeit schenkte.

Wenig später ging es mit der Hetze gegen die Juden los. Auch Herr Krüger sollte einen Ariernachweis beibringen. Dabei stellte sich heraus, daß seine Großmutter Jüdin war. Der Bedauernswerte wurde aus der Partei ausgestoßen. Darüber ist er halb wahnsinnig geworden. Eines schönen Sommermorgens fand unsere Köchin Alma den Lehrer im Volldelirium vor dem Schuhputzschrank. Herr Krüger flog hinaus und verflüchtigte sich auf Nimmerwiedersehen aus unserem Leben.

Die Neunznern und Eduard

Die Welt der Erwachsenen war unergründlich. Ich war mit anderen Dingen beschäftigt. Mein bester Freund stand den Rindern gegenüber im Ochsenstall. Eduard war ein belgischer Kaltblutrotschimmel mit langen Behängen an den stämmigen Beinen und einem kupierten Stummelschwanz. Seit seinem Schuß durch die Zunge hing sie seitlich wie ein nasser Waschlappen heraus. Eduard war als Beutepferd von Frankreich nach Deutschland geraten. Unsere Arbeiter nannten ihn deswegen schlicht »der Franzose«.

Ihm war es schnurz, an welcher Krippe er seinen Hafer fand. Jedenfalls erfüllte das Roß getreulich seine Pflicht und brachte jeden Morgen mit seiner Kutscherin die Milchkannen an den Bahnhof nach Oschatz. Sowohl die Neunznern wie auch Eduard hatten den Zenit ihres Lebens längst überschritten. Bei schlechtem Wetter stülpte sich das Hutzelweibchen einen Jutesack über den Kopf und stimmte ein Liedchen an: »Hoch das Bein, das Vaterland soll leben! Solang' der Arsch noch in die Hose paßt, wird keine Arbeit angefaßt!«

Nach vollbrachtem Tagwerk döste Eduard mit hängendem Kopf und geschlossenen Lidern, das eine Hinterbein in Ruhestellung. Nachdenklich betrachtete ich meinen Liebling. »Schwupp«, erklomm ich die Bande und schwang mich von dort auf seinen Senkrücken. Einen Augenschlag lang schreckte den Vierbeiner aus seinen Träumen hoch, aber sein belgisches Temperament ließ ihn sofort wieder einnicken, nachdem er das hintere Ruhebein gewechselt hatte.

Mit einem Strick klopfte ich ihm auf den Po. Das Roß schüttelte mißbilligend seinen Kopf. Aber dann bequemte sich Eduard doch, trottete aus dem Stall, über den Hof, dem Drescherhof zu. Wir näherten uns dem Hoftor bei der Luppabrücke. Stolz wie eine Spanierin reckte ich mich nach oben. Bedächtig schritt das Kaltblut unter dem Balken am Tor hindurch, wischte mich über seine Kruppe auf den Erdboden hinunter und spazierte zurück in seinen Stall.

Da wurde mir bewußt, daß man auch den Mittagsschlaf

eines Pferdes respektieren sollte. Bei unserem Vater war das schließlich auch eine Selbstverständlichkeit. Deshalb verlegte ich meine weiteren Reitversuche auf eine spätere Stunde, und siehe da, Eduard und ich verstanden uns von da an prächtig.

Sein Tod übermannte ihn, sanft und ohne Schmerzen im Schlaf, am 2. August 1934. Meine Eltern waren untröstlich, weil genau an diesem Tag auch Reichspräsident Paul von Hindenburg das Zeitliche segnete. Für mich war es kein Trost, daß ein so berühmter Deutscher am selben Tag wie mein geliebter »Franzose« seine Augen für die Ewigkeit schloß.

Aber bis dahin lagen noch sieben gemeinsame Jahre vor uns.

Neuer Bruder

Am Morgen des 15. Augustes 1927 überraschte Daia uns im Kinderzimmer mit einer Nachricht: »Der Storch hat euch ein Brüderchen gebracht.« In unserer Gegend hatte ich solch einen Vogel noch nie gesehen. »Vielleicht fliegen sie ja nachts herum«, mutmaßte ich gegenüber Lütte. Mutter lag im Bett, neben ihr ein Körbchen mit einem Himmel darüber. Darin so ein Würstchen, rundum steckten für uns Tüten, gefüllt mit Süßigkeiten.

Anläßlich der Geburt seines zweiten Sohnes veranstaltete Vater noch am selben Abend auf dem Stoppelfeld hinter dem Schafstall ein Feuerwerk. Unser Haus war, wie ständig in den großen Ferien, voller Besucher. Es gab ein überaus enges Beziehungsgeflecht in adeligen Kreisen, oft war man miteinander verwandt. Zu unseren festen Gästen zählten die Vettern und die Cousine aus Zöschau mit ihren Eltern. Unter anderem traf aber auch Mutters engste Freundin, die Bildhauerin Tante Silvie von Bennigsen, mit ihren drei Kindern ein. Renate, die Tochter, war drei Jahre jünger als ich und meine engste Freundin, für mich »Schwesti«.

Bunte Raketen und Feuerbälle zischten in den Nachthimmel, an dem Hunderte von Sternschnuppen herabfielen. Noch mal und noch mal schickte Vater neue Sterne in den Himmel. Zerplatzten sie oben mit überlautem Knall, suchte ich hinter Tante Silvies breitem Rücken Deckung, der Druck ihrer Hand besänftigte mich soweit, daß ich dem Schauspiel bis zum Ende beiwohnen konnte.

Zur Vorführung hatte Vater neben unseren Verwandten auch unsere Arbeiter und alle Dorfbewohner eingeladen. Ich bewunderte seinen Mut, mit dem er Feuerräder schwenkte, die sich schneller und schneller drehten, um schließlich mit Gestank und Getöse zu erlöschen. So etwas hatte man in dem 600-Einwohner-Ort noch nicht gesehen. Die Wellerswalder begossen anschließend im Gasthof die Geburt unseres Bruders bei Freibier weiter. Der Adel blieb zu Hause unter sich.

Abgeschlossene Familienplanung

Wohl respektierten meine Eltern sich und traten nach außen hin geschlossen auf, aber ihre Ehe bestand aus recht wenig Gemeinsamkeiten. Nachdem die Familienplanung abgeschlossen war, bezog Mutter ein anderes Schlafzimmer. Die Taufe wurde im Haus abgehalten, weil der Kleine vom ersten Tag an erkältet war. Fortan litt er fast jedes Jahr an einer Lungenentzündung.

Vater zeigte sich sehr um seinen »süßen Gänsehals« besorgt. Im Gegensatz zu uns dreien, die wir eher kleinwüchsig ausgefallen waren, war unser Jüngster ausgesprochen lang und dünn. Auf jeden Fall wuchs dieser Gänsehals heran und wurde stark verhätschelt. Das paßte uns überhaupt nicht in den Kram.

Wenn der Balg nicht gerade krank war, hatte er mit Pflastern verklebte Löcher im Kopf. Aber der wilde Ehrenfried überlebte noch viele Krankheiten, Sprengversuche in unserer Burg und andere Katastrophen. Mit seiner Ankunft entwich Kai aus meinen kindlichen Erinnerungen. Die Eltern verbannten ihn mit knapp elf Jahren in ein Internat nach Ilfeld im Harz, wo auch unser Vater seine Gymnasialzeit verbracht hatte. Daß ihr Ältester entsetzlich unter dieser Maßnahme litt, nahmen sie in Kauf. Diese Schule war ein »Muß« für angehende Gutsherren, sie vermittelte mit strengem Schliff Bildung und auch Beziehungen, die später einmal sehr wertvoll sein konnten. Verletzte Kinderseele hin oder her.

In den Jahren der Pleiten und Zusammenbrüche führten jedoch selbst die besten Beziehungen nicht zwangsläufig weiter. Wirtschaftlich sah es in Wellerswalde, wie auch auf fast allen anderen Gütern, alles andere als rosig aus.

Roßpapas Ende

Von unserem Großvater väterlicherseits hatte ich außer seinen ständigen Drohanrufen nicht viel mitbekommen. »Der Gärtner hat gemeldet, daß die Kinder Obst aus meinem Garten geplündert haben!« donnerte er durch die Leitung wegen seiner Grundstücke, die er nicht mit an uns verpachtet hatte. Und das Strafgericht durch Vater ließ nicht lange auf sich warten. Für mich war »Roßpapa« der Kinderschreck im grünen Jagdanzug. In Folge einer schweren Verwundung im Ersten Weltkrieg siechte er die letzten Monate seines Lebens in der Oschatzer Klinik dahin, bis er 1930, amputiert am Bein, verstarb.

Schon am Abend vor der Trauerfeier war der Sarg, mit der Reichskriegsflagge geschmückt, in der Kirche aufgebahrt worden. Ulanentschapka und Offizierssäbel lagen oben auf dem Schrein, die Orden auf einem Samtkissen davor. Tannengrün und Blumen verzierten den Altarraum, von hohen Ständern flackerten unzählige Kerzen. Vier Männer in Stahlhelmuniform hielten Ehrenwache. Leise erklang von der Orgel Musik. Unsere Familie stand mit gefalteten Händen still vor dem Sarg.

Zur Trauerfeier in der Kirche fanden am nächsten Tag die wenigsten Leute einen Platz, so viele waren gekommen. Die Freunde unseres Großvaters waren in ihren bunten Vorkriegsuniformen erschienen. Fahnen der Kriegervereine aus dem Oschatzer Raum senkten sich vor der Familiengruft, als der Sarg während des Liedes »Ich hatt' einen Kameraden« hinunter zu den Ahnen gelassen wurde. Kunstvoll in Granit gehauene Bücher breiteten auf Podesten ihre weißen Seiten aus. Mit schwarzer Schrift waren darin die Namen der Toten eingraviert.

Als drei Ehrensalven krachten, fingen sämtliche Kühe im angrenzenden Stall an zu brüllen. So war dem alten Herrn sowohl vom Soldaten- wie auch vom Gutsherrenstand die letzte Ehre zuteil geworden.

Mimi räumt aus

Mit dem Tod meines Großvaters erbte Vater das gesamte Gut, sein Bruder Claus erhielt Zöschau und die Schwester das Rittergut Krebs bei Pirna. Zu unserem Erstaunen hatte »Roßpapa« seine geschiedene Gemahlin als Testamentsvollstreckerin eingesetzt. Möglicherweise hatte Mimi sich aber auch selbst dazu ernannt.

Stand Großmutters Besuch am Horizont, brach beim Personal der Putzfimmel aus. Jeder fürchtete ihre Blicke, die wie die Adler kreisten und nach eventuellen Nachlässigkeiten im Haushalt fahndeten. Daia befreite uns Kinder auch vom letzten Dreck unter den Fingernägeln. Wir wurden gewaschen, gestriegelt und zehnmal hintereinander ermahnt, uns bloß anständig zu benehmen. Am besten wäre es, wenn wir den Mund ganz halten würden.

Schließlich war es soweit: Die Familie versammelte sich vor der Haustür. Mimi entstieg hoheitsvoll, elegant in schwarz gekleidet, am Arm ihres zweiten Mannes der Kutsche. Sowie sie unsere Eltern begrüßt hatte, mußten wir nach Alter und Größe gestaffelt vortreten und die uns huldvoll entgegengestreckte Hand nach einem Diener beziehungsweise Knicks küssen. Anschließend musterte Mimi uns von oben bis unten mit dem Lorgnon, bis sie an der Seite ihres Oberst ins Haus rauschte, gefolgt von den verschüchterten Eltern. Wir mußten draußen bleiben.

Die alte Dame wies die Möbelpacker an, antike Stücke, handgewebte Persianer und all die anderen kostbaren Dinge aus der oberen Etage nach Zöschau abzutransportieren. Die mit Eiche vertäfelten Türen und die in Stein gehauenen Säulen im Haus konnte Mimi uns jedoch schlecht wegnehmen. Uns blieben des weiteren eine Menge an Betten, ein bis an die Decke reichender, mit Blattgold gerahmter Spiegel und einige eingebaute Wandschränke, einer davon gefüllt mit zehn alten Lampen.

Ihre Körper bestanden aus mit Petroleum gefüllten Porzellaneulen, deren Augen herrlich gelb leuchteten, wenn man sie entzündete. Auch das Biedermeier-Zimmer mit seinen polierten Kirschbaummöbeln hat Mimi unberührt gelassen. Mutter hat es als ihr Zimmer auserkoren.

Nach diesem Möbelabtransport habe ich unsere Großmutter nicht mehr oft zu sehen bekommen. Mimi ist kurz nach dem Krieg mit bösen Worten auf den Lippen gestorben. Meine fürsorgliche Schwester vertrieb sie als »Erbschleicherin!« vom Totenbett.

Mittagsruhe

Im Biedermeier-Zimmer war es sehr behaglich, vor allem in der Winterzeit, wenn Mutter uns in den Nachmittagsstunden aus Büchern vorlas. Auf Fußbänken lehnten wir mit dem Rücken am warmen Kachelofen, meine Blicke wanderten zu einem kleinen Ölgemälde von 1840, auf dem meine jung verstorbene Ur-Ur-Ur-Großmutter Amalia abgebildet war. »So hübsch wie sie wäre ich auch gerne«, seufzte ich innerlich. Weißblondes Haar fiel in Locken auf ihr tiefblaues Kleid, die Andeutung eines Lächelns umspielte ihr Gesicht.

Mit der Übernahme des ersten Stocks hatte Mutter auch unser Kinderzimmer nach oben verlegt. Es war so groß, daß ein weiteres Kind noch bequem bei Lütte, Ehrenfried und mir schlafen konnte, ohne daß uns der Spielraum zu eng wurde. Unter uns hielt das Oberhaupt des Hauses auf dem Diwan seinen Mittagsschlaf. Nicht nur wir Kinder, das gesamte Hauspersonal bewegte sich in dieser Zeit wie auf Luftkissen. War das mal nicht der Fall, schoß Vater wie ein Berserker aus seiner abgedunkelten Höhle und machte jeden nieder, den er gerade antraf, ob er nun einen Laut von sich gegeben hatte oder nicht.

Wie elektrisiert hielt ich mein Spielpferd in die Luft, das gerade durch das am Fußboden aufgebaute Feldlazarett meines Bruders Ehrenfried galoppiert war. Jemand hatte sich erkeckt, um 13 Uhr an der Glocke zu ziehen! Von der Treppe aus erspähten wir einen Mann, der den Feuerlöscher im Flur kontrollieren wollte. Vater hatte eine saumäßige Laune, griff das Gerät, zielte damit auf den Ahnungslosen und sagte: »Mal sehen, ob es funktioniert.« Pudelnaß hielt sich der Verschreckte vor ihm gerade noch auf den Füßen. »Sehen Sie, er funktioniert«, stellte Vater zufrieden fest. Das war die Art der Junker, sehr herablassend. Das hat das Volk später gegen uns aufgebracht.

Mutter nutzte unterdessen die Mittagspause, um an ihrem Mahagoni-Schreibtisch mit Geheimfach Briefe an eine ihrer vielen Bekannten zu verfassen. An Tante Silvie hob sie jedesmal mit den Worten an: »Mein Liebstes.« Ich war eifersüchtig auf meine Patentante. »Du lieber Gott, sind wir denn nicht ihr Liebstes?« Das war schon mehr als eine Freundschaft zwischen den beiden Frauen.

In unserer Burg herrschte ein ständiges Kommen und Gehen. In der oberen Etage richtete sich meine Patentante Silvie ein Atelier ein. Ich guckte zu, wie sie aus abgenutzten hölzernen Radfelgen einen Kinderkopf oder aus den Resten einer Ackerwalze ein sich umarmendes Liebespaar formte. Als ich mich mit Masern im Bett verkroch, breitete mir meine zweite Patentante, Maria Gräfin von Lehndorff, einen Kleiderstoff aus Organza auf die Decke. »Damit du schneller gesund wirst.«

Weimarer Zeiten

Mit dem Tod von Roßpapa war zwar die Pacht für meine Eltern entfallen, aber die Erbschaftssteuer war so hoch, daß nichts anderes übrig blieb, als Wellerswalde mit weiteren Schulden zu belasten. Erschwerend kamen noch die äußeren Umstände dazu. Es herrschte ein Durcheinander an Übergangsregierungen, ständig fanden Wahlen statt. Straßenunruhen, Gewaltexzesse, Bildung von Freikorps-Truppen standen auf der Tagesordnung.

In unserer Nachbarschaft hißte man weiter die Flagge zum Jahrestag der Reichsgründung 1871, nicht zur Gründung der Weimarer Republik 1918. Vater hatte auf den Kaiser geschworen, er blieb in seinem Bewußtsein deutsch-national und monarchistisch ausgerichtet, wie fast alle Gutsbesitzer. Wenn ich ihn mir heute in Erinnerung rufe, sehe ich ein bestimmtes Foto vor mir. Da sitzt er kerzengerade auf dem Pferd, 17 Jahre alt, in Uniform, mit dem Säbel am Oberschenkel. Als Generalstochter dachte Mutter wie er. Adelige, die sich zur Weimarer Republik bekannten, wurden gesellschaftlich geschnitten und nicht mehr eingeladen.

Nachts pinselten uns die Kommunisten im Ort Hammer und Sichel an das Tor. Zu ihnen gehörte ein ganzer Familienclan, der hinter dem Drescherhof von einer kleinen Landwirtschaft lebte. Diese Leute haben uns in der Folge noch übel mitgespielt. Auf der Straße beschwatzten mich und Lütte dauernd irgendwelche Wahlhelfer. »Habt ihr nicht Lust, Handzettel zu verteilen?« Selbstverständlich gingen wir nur den bürgerlichen Rechtsparteien zur Hand. Meine Schwester und ich haben uns darum gestritten, wer die Parolen vom »Zentrum«, »Deutsche Volkspartei« oder wie sie alle hießen an den Telegrafenmast nageln durfte. Am Ende war Franz von Papen an der Regierung. Vater hat über ihn eine Karikatur aus der Zeitung ausgeschnitten, auf der er dem aufs Roß steigenden Hitler den Bügel hält, und sie ihm per Post zugesandt.

Die Vorsehung

Da wenig Aussicht auf Besserung unsere finanziellen Situation bestand, rang Vater sich dazu durch, Wellerswalde zu verkaufen. Er hatte sich bereits bei Tegernsee in der Nähe von Bad Wiessee umgeschaut. Dort wollte er von dem Erlös ein 200 Morgen großes Waldgut erwerben. Eines Nachmittags bin ich Zeuge einer heftigen Auseinandersetzung unserer Eltern geworden. Mit aufgestützten Ellbogen beobachtete ich gerade die Tauben, die unter den sauber aufgereihten Ackerwagen Körner aufpickten. Im Herrenzimmer, unter mir, standen die Fenster weit offen.

Die Stimme meiner Mutter drang an meine Ohren. »Einen 300 Jahre lang in der Familie befindlichen Besitz kann man doch nicht verkaufen!« Sie klang ehrlich entrüstet. Tradition und Verpflichtung den vergangenen und noch kommenden Generationen gegenüber ließen so einen Schritt nicht zu, hielt sie ihrem Gatten vor. Jedes Wort von ihr war ein einziger Vorwurf. Und ich höre meinen Vater noch antworten: »Gut, du sollst deinen Willen haben, ich werde nicht verkaufen, aber denke an diese Worte, die ich dir jetzt sage: Du und unsere Kinder werden eines Tages am Bettelstab aus Wellerswalde gehen, ich werde dieses aber nicht mehr erleben!«

Noch heute überzieht mich eine Gänsehaut, wenn ich mir das ins Gedächtnis rufe. Ich war wie vor den Kopf geschlagen und gleichzeitig meiner Mutter unendlich dankbar, daß mein geliebtes Wellerswalde uns allen erhalten bleiben sollte. Aber es war nur eine kurze Spanne Zeit, bis sich die Weissagung unseres Vaters bis ins letzte verwirklichte. Eine kurze Spanne aus heutiger Sicht. Jedoch, wenn man jung ist, sind 16 Jahre fast eine Ewigkeit. Im nachhinein haben wir es noch oft bedauert: »Ach, hätten wir nur auf Vater gehört!«

Jeder geht seinen Weg

In unserer schulfreien Zeit fragte kaum mal einer nach, was wir trieben. Es gab keinen besseren Abenteuerspielplatz als eine alte Ritterburg. Zu meinem Revier zählten aber auch Ställe und Felder. Meine Schwester war anders, viel häuslicher. Sie gluckte bei ihren Freundinnen, erzeugte endlose Seile auf ihrer »Strickliesl« und guckte der guten Alma in der Küche beim Kochen zu.

Ich fand Puppen doof, spielte lieber mit einem Bauernhof. Natürlich ergaben sich durch diese unterschiedlichen Interessen ständig Spannungsfelder zwischen uns, die sich meist in schlimmen Keilereien entluden. Ich war dabei in der Wahl meiner Mittel nicht zimperlich, spuckte und kratzte, trat und kniff. Ich war die Jüngere und immer auch die Bösere. Seit einer Ohrenentzündung war meine Schwester schwerhörig, das habe ich ausgenutzt. Heute tut es mir leid, daß ich so ein Besen war, aber die vielen kämpferischen Auseinandersetzungen mit ihr, den Arbeiterkindern vom Drescherhof- und der Dorfjugend waren ein gutes Überlebenstraining für mich.

Zudem erwuchs mir in meinem jüngsten Bruder Ehrenfried ein schlimmer Widersacher. Seine Raserei, die gelegentlich mit der Wucht eines Vulkans aus ihm hervorbrach, hatte er aus der Familie unseres Vaters geerbt. Da flogen schon mal Stühle, Steine oder Messer in meine Richtung. Bei uns war dauernd etwas los. Es ging einfach zu, aber uns mangelte es an nichts. Von meiner Schwester erbte ich die Kleider und hinterher vom Vetter die Hosen.

Die Dorfschule

Unser alter Pfarrer war in den Ruhestand gewechselt. Bis wir einen neuen hatten, war ich gezwungen, den Religionsunterricht in der Dorfschule zu besuchen. Vor dem gestrengen »Herrn Oberlehrer«, wie seine Zöglinge ihn ehrerbietig anredeten, hatten alle, einschließlich mir, einen Heidenrespekt. Zwei Reihen mit dreisitzigen Holzbänken, tintenbekleckst und von allerlei Schnitzwerkzeugen »verschönt« zeugten vom Frust ihrer Benutzer. Vor den Bänken erhob sich auf einem Podium das Pult. Dahinter, groß und hager, im grauen Anzug der »Herr Oberlehrer«.

Die ältesten Schüler wurden vom Unterricht befreit, um den Opel P4 unseres Zuchtmeisters zu waschen. Der Herr Lehrer war meist beim Unterricht sehr abgelenkt, weil er unablässig aus dem Fenster linste, ob die Bengels sein Teuerstes auch pfleglich genug behandelten. In den Wintertagen tänzelte er im Klassenzimmer auf und ab, um sich warm zu halten, pitschte den Kindern mit einer der frischgeschnittenen Haselruten auf die Köpfe, und wenn er was fragte, wehe dem, der nicht antworten konnte. Da setzte es Dresche, auf die Hände, auf den Hintern, und es hagelte Kopfnüsse.

Die furchtbarsten Stunden verbrachte ich jedoch im Handarbeitsunterricht. Diesmal war es eine sanfte Lehrerin, die mir Angst einflößte. Sie gab sich die größte Mühe, mir zumindest die Grundbegriffe des Umgangs mit Nadel und Faden beizubringen. Diskret landeten meine »Musterstücke« bei der jährlichen Handarbeitsausstellung tief unter den reizend gefertigten Arbeiten meiner Mitschülerinnen.

Bis auf weiteres wurde ich von der Dorfschule verschont. Seit Kai im Internat war, bildeten Lütte und ich zu zweit in der Burg eine Schulklasse. Mutter legte Wert darauf, daß wir sportlich erzogen wurden. Ein Saal im oberen Stockwerk wurde zum Turnraum mit Barren und Tischtennisplatte umfunktioniert. Am Morgen trieb uns der Hauslehrer im Dauerlauf durch den großen Garten.

Der Wellerswalder Jahreskreis

Je älter ich wurde, desto mehr erweiterte sich mein Radius aufs Dorf. In Wellerswalde existierten noch etwa siebzehn Bauernhöfe mit bunten Gärten und gemauerten Torbögen davor. Die bedeutendsten erstreckten sich auf einer Fläche von bis zu 25 Hektar. Die Häusler und Arbeiter benutzten hochgewachsene Hunde als Zugtiere, um ihre kleine Ernte einzubringen. Zu den herausragenden Charakteren im Dorf gehörten Lehrer, Pfarrer und der Gastwirt, der zugleich Kolonialwarenhändler war.

Zwischen unseren Eltern und den Dorfbewohnern tat sich eine standesbedingte Kluft auf. Man hielt hier und da mal einen kleinen Schwatz, aber die Grundhaltung blieb distanziert und respektvoll. Das rührte möglicherweise noch aus den Zeiten der Frondienste her. Wir Kinder scherten uns nicht um Standesunterschiede. Wir tobten da herum, wo wir Spielkameraden fanden.

Jedes Jahr verlief in einem festen Rahmen, dem die entsprechende Jahreszeit ihr Gesicht verpaßte. Sowie sich im Frühling der Schnee verzogen hatte und der Schlamm auf dem nicht gepflasterten Teil des Hofes zu einer festen Decke eingetrocknet war, stand »schocken« auf dem Programm. Lütte, Ehrenfried und ich kratzten kleine Kuhlen in den Boden und schubsten Tonkugeln mit dem Zeigefingergelenk hinein.

An Ostern hatte Vater seine speziellen Späßchen auf Lager. Mit viel Geschick präparierte er für das Personal und uns einige Eier mit Seife oder Papierleim. »Aber Karl!« tadelte Mutter ihn, derweil wir uns spuckend über die Kloschüssel beugten. Vater bog sich vor Lachen, einen lachenden Vater sahen wir nicht oft, so waren wir mit ihm glücklich.

Zu Pfingsten zeigte der Herr des Hauses noch mal grimmige Miene. Er war überzeugt, daß ganz Oschatz mit Kind und Kegel durch seine Saaten wandern und alles niederwalzen würde, so daß er wohl »wieder nischt ernten würde«. In den Feiertagen radelte er auf seinem Vollballonrad über die Feldwege, die seitlich mit Tafeln »Betreten verboten« gespickt waren, fortwährend auf Ausschau nach »Pfingstbullen«, wie er diese Leute nannte.

Im Mai stießen etwa zwanzig polnische Wanderarbeiter zu uns. Die Maikäfer umschwirrten uns, und wir fingen an, mehrstimmig zu singen: »Kein schöner Land in dieser Zeit.«

Sommer

Sehnsüchtig warteten wir auf den Sommer und das Erscheinen der kleinen roten Spinnen. Wagten sie sich aus ihren Winterquartieren, war das für uns das Zeichen, daß der »Tod aus der Erde« war. Gebadet wurde in der Luppa oder auch im Gartenteich. Dieser Spaß war aber nur unseren adeligen Ferienfreunden, nicht den Arbeiter- und Dorfkindern gestattet.

In der Erntezeit wurden wir Kinder als vollwertige Kräfte eingesetzt. Stolz betreuten Tante Silvies Tochter, »Schwesti«, und ich ein Gespann Pferde oder Ochsen, schirrten um halb sechs Uhr früh die Tiere im Stall an. Bis zu zehn Stunden wendeten wir Heu oder harkten das liegengebliebene Korn zwischen den Hocken zusammen. Unsere Haut warf Blasen, so verbrannt war sie.

Wir schafften in kurzen Jungenhosen, und nur die langen Zöpfe wiesen meine Freundin und mich als Mädchen aus. Der Stundenlohn betrug zehn Pfennig. Das war klasse. Ohne Taschengeld hielt man ständig nach einer guten Verdienstmöglichkeit Ausschau. Mit unseren Groschen in der Tasche liefen wir zu »Nicklitzsch«, dem Kolonialwarenhändler, bei dem vom Salzhering über Peitschenschnüre bis hin zum Eßgeschirr alles vorrätig war. Bewaffnet mit »Gemischten«, »Nappos« oder »Kamerunern« tippelten wir davon.

Die Verwandtschaft rügte Mutter wegen unseres Arbeitseifers, denn Schwestis und mein Aussehen entsprach wirklich nicht dem von »Höheren Töchtern«. Aber für uns gab es nichts Aufregenderes, als die knarrenden Wagen über die staubigen Feldwege zu den Scheunen zu lenken. Noch heute fühle ich den warmen Staub zwischen den Zehen, höre das Knarren der Ledergeschirre und das Klirren der

Deichselketten, rieche die warme Haut der Rotschimmel und das reife Korn.

In dieser Zeit habe ich wohl die tiefe Liebe zu Wellerswalde in mich eingesogen, die mich nie mehr verlassen hat.

Herbst

Am miserabelsten war die Verfassung des Hausherrn im Herbst. Die Sommergäste hatten unser Haus verlassen. Es war niemand mehr da, der ihn aufmöbelte. Kai zog auch ein Gesicht, als habe man ihm ein angeschimmeltes Stück Brot serviert. Aber kein Weg führte am verhaßten Internat vorbei. Vater moserte über den Gutsnachbarn in Großböhla: »Diese Anthroposophen düngen ihre Böden wohl mit Tänzen.« Das Unkraut auf ihren Feldern verstreute seine Samen auf unsere angrenzenden Fluren.

Mit Ende der Ferien kamen unsere dörflichen Spielgefährten erneut zum Zuge. Mit der Zuckerrübenernte ging die Arbeit der Polen dem Ende zu, sie zogen zurück gen Osten. In den eiskalten Fluren der Burg mußten wir uns nun eine Jacke überziehen, wenn man von einem Zimmer ins nächste wollte. In den Stuben heizten die Dienstmädchen kräftig die Kachelöfen ein.

Winter

Die Weihnachtszeit war die Zeit der Geheimnisse, der Basteleien, der dämmerigen Nachmittage unter dem brennenden Adventskranz – und es war die Zeit meines Geburtstags. Mutter hatte es in dieser Zeit besonders schwer, da

Vater seine Depressionen pflegte, was wenig zur feierlichen Stimmung beitrug.

Luitgarde-Renate hatte ein schlechtes Gewissen, schließlich war sie daran schuld, daß Vater Wellerswalde nicht abgestoßen hatte. Das hat er ihr auch in regelmäßigen Abständen vorgehalten. Mutter aß kaum etwas und probierte ihre aufsässigen Magennerven mit noch mehr Zigaretten als sonst zu beruhigen. Lütte und ich hatten die Pistole auf Vaters Schreibtisch, über dem Brieföffner und dem Zigarrenabschneider, im Visier.

Letzten Endes kam aber doch alles wieder ins Lot und der Herr Gemahl wurde, je näher Weihnachten heranrückte, etwas daseinsfreudiger, denn die Fasanenjagden um diese Zeit färbten positiv auf seinen Seelenzustand ab. So trieb er auch wieder seine makabren Scherze. In der Dämmerung löste sich aus heiterem Himmel ein Schuß vor unserem Fenster. Vater stürzte zu uns ins Zimmer und sagte mit eiserner Miene: »Heiligabend fällt heuer aus. Der Weihnachtsmann hat sich eben vor unserer Haustür erschossen!« Gleich erschallte Mutters: »Aber Kaaaarl!« Allerdings glaubte damals nur noch Ehrenfried an den Weihnachtsmann.

Hatte Mutter das Geld für die Geschenke zusammengekratzt, ging es in Oschatz und Leipzig ans Einkaufen. Das weibliche Personal wünschte sich etwas für die Aussteuer. Die Männer einen Stollen und eine Flasche Schnaps. Gefullt werden mußten auch die Pakete für die Verwandtschaft, die außer Kuchen und einer Gans unsere persönlichen Beigaben beinhalteten. Vater spottete, daß die Nahrungsmittel die »verfressenen Stadtfräcke vor dem sicheren Hungertod« retten würden.

Mutter schleppte verdeckte Wäschekörbe durch das Haus, nicht ein Zipfel von einem Geschenk lugte hervor.

Papier raschelte geheimnisvoll. Tannenduft zog durchs Haus. Endlich war es so weit! Um fünf Uhr schlug das Hausmädchen den Gong, die Flügeltüren vom Eßzimmer öffneten sich, und vor uns erstrahlte der vier Meter hohe Baum. Andächtig sangen wir an der Türschwelle mit den Hausangestellten: »Stille Nacht«.

Das Diner des Jahres

Wenn das Jagdhorn vom Teich über die Felder schallte, ging uns das allen ins Blut. Die Hunde wurden unruhig, und Vater schulterte sein Gewehr. Wir Kinder liefen für fünfzig Pfennig als Treiber mit. Nachmittags beim Teetrinken haben wir uns hinter vorgehaltenen Händen gekringelt. Der Gestütsbesitzer Siegfried Graf von Lehndorff hatte eine besondere Art, seinen Tee zu rühren, steif klemmte er den Löffel zwischen zwei Zeigefinger und drehte ihn von oben mit dem Daumen.

Im achteckigen Turmzimmer fanden derweil die Vorbereitungen für das »Diner des Jahres« zu Ehren der Elite-Jagdgäste statt. Das Meißner »Weinlaubporzellan«, die dunkelgrünen böhmischen Römer und das Silberbesteck glänzten im Kerzenschein eines siebenarmigen Leuchters, den Tante Silvie entworfen hatte. Vater, der sonst wie der letzte Mensch auf dem Hof herumrannte, zog seinen besten Anzug über.

Wir Kinder waren zu dem Festmahl, bei dem auch die Gattinnen der Jäger ihre Aufwartung machten, nie zugelassen. Als wir endlich alt genug waren, um mit am Tisch sitzen zu dürfen, war schon Krieg und da war es mit den großen Gesellschaften sowieso vorbei. Während die Erwachsenen speisten, lungerten Ehrenfried und ich in der Küche herum, standen dem aufgeregten Personal im Wege und durften von den Resten, die von der Herren Tische fielen, unseren Hunger stillen. Allerdings stillten wir auch unseren Durst an den Resten des Weines, der in den ausgeschenkten Flaschen zurückgebracht wurde.

Es waren viele Flaschen mit wenig drin, aber wenig macht in der Masse auch einen gehörigen Rausch, und ehe uns unsere Köchin Alma erwischte, gingen wir lallend in die Knie. Rasch strich sie sich die Hände an der weißen Kittelschürze glatt, rückte ihren dunklen Knoten zurecht und brachte uns zu dem neuen Kindermädchen. Daia hatte uns zwischenzeitlich verlassen.

»Onkel Unblutig«

Zur auffälligsten Gestalt unserer »Hilfsjägerschaft« zählte »Onkel Unblutig«. Wegen seines geringen Jagdglückes hatten wir Kinder den einst hochdekorierten Offizier auf diesen Namen getauft. Wenn dieser Freund der Familie nicht seiner Jagdlust frönte, verehrte er Mutter wie ein Minnesänger. Er zupfte auf der Bank im Vorgarten auf seiner Gitarre, flanierte mit ihr durch den Garten und trug dabei Gedichte von Rainer Maria Rilke vor. Mutter wandelte dabei mit einer roten Nelke im Mund nebenher. Wir Kinder fanden das höchst erstaunlich, denn solche romantischen Anwandlungen kannten wir bei ihr nicht.

Im Sommer darauf kreuzte er mit einer mondänen jungen Dame auf, die er uns als seine Gemahlin vorstellte. Mutter lächelte. Es war dieses mild lächelnde Gesicht von ihr, aus dem man so erstaunlich wenig Gefühl herauslesen konnte. Auf ihre Anweisung hin brachte ein Dienstmädchen das junge Paar im »Langen Darm« unter, der, nur durch eine Tür getrennt, neben unserem Kinderzimmer lag. Seinen Namen verdankte der Raum, der sich wie ein Schlauch dahinzog, seinen verkorksten Dimensionen. Zu jener Zeit mußte ich jeden Mittag zwei Stunden im Bett zubringen, da mich angeblich ein »Sportherz« peinigte und meine ständigen Aktivitäten etwas abgebremst werden sollten.

Mir paßten die Anweisungen unseres Hausarztes aus Oschatz aber überhaupt nicht, und ich fand es schrecklich langweilig, noch dazu, weil ich bei geschlossenen Fensterläden ruhen sollte. Zu meiner Unterhaltung erfand ich »Dunkelspiele«, die darin bestanden, daß ich überall herumkroch und durch die Ritzen der Fensterläden oder durch die Schlüssellöcher der Eingänge lunzte. Auf einmal nahm ich von nebenan seltsame Geräusche und einige für mich unerklärliche Gesprächsfetzen und Laute wahr, die meinem kindlichen Hirn einiges Kopfzerbrechen bereiteten. Augenblicklich robbte ich auf dem Bauch zum Türspalt: »Was machen die da bloß?«

Nach der Mittagsruhe hatte ich beim Kaffeetrinken nichts besseres zu tun, als ausführlich von meinen Erlebnissen zu berichten: »Wißt ihr, was der Onkel Flach zu seiner Frau gesagt hat? Der hat gesagt: Hast du aber ein süßes Popöchen! Und dann haben sie ganz toll geturnt!« Mit dem Abklingen meiner Stimme verstummte schlagartig jedes Geräusch. Die junge Frau stürzte mit klatschmohnrotem Kopf aus dem Zimmer, Onkel Flach hinterher.

Die Eheleute wurden unverzüglich in ein anderes Zimmer umgesiedelt, und ich war genötigt, mich weiterhin mit den öden Ritzen und Schlüssellöchern zu vergnügen.

Der Schuster

Die Welt der Kinder war einfacher zu verstehen. Ich war Bandenchefin und mußte meine fünfzehn Dorfkinder beschäftigen. Was ich angeschafft habe, war Gottes Wort. Jeden Dienstag scharten wir uns auf dem Wäscheplatz zusammen, der etwas außerhalb der Burg lag. Die Pfähle für die Wäscheleinen bildeten das Fußballtor.

Im Gänsemarsch marschierten Buben und Mädchen durchs Dorf, ich als Anführerin in Hosen vorneweg. Auf meinem Kopf ein erbeuteter französischer Kürassierhelm mit einem prächtigen schwarzen Pferdeschwanz an der Rückseite, in der Hand eine Reichskriegsflagge, die ich aus einem verstaubten Schiffskoffer auf dem Dachboden hervorgekruschtelt hatte.

Aus voller Kehle schmetterten wir Soldatenlieder, aber nur solche, in denen Pferde vorkamen. »Drei Lilien, drei Lilien, die pflanz ich auf mein Grab, da kam ein stolzer Reiter und brach sie ab« oder wir ließen »Die blauen Husaren mit singendem Spiel« durchs Tor traben. Um meine Truppe im Kampf gegen die Gegenbande anzufeuern, hatte ich als Preise aus dem Papierkorb meines Vaters Reklamebilder rausgefischt, bunte Motive von Landmaschinen. Ich blies in meine Trillerpfeife. Das Signal für den Angriff.

Waren wir nicht gerade in Kämpfe verstrickt, liefen wir ins Dorf zum Schuster. Was für Paris der Salon der Kameliendame war, war für Wellerswalde seine Werkstatt. Alles, was gerade Zeit hatte, versammelte sich dort. Alt und jung, groß und klein. Der Schuster war ein einfacher Bauernsohn, mit Hinkefuß und Buckel behaftet. Einen Holznagel zwischen den falschen Vorderzähnen, hämmerte der Meister Holzstift um Holzstift in die Ledersohlen der Bauernstiefel. Gelegentlich gab es eine Sonderzulage für uns Kinder. Der Buckelige grinste in die Runde, schob mit seiner Zunge die eingehakte Prothese aus der Verankerung und wackelte damit auf und ab.

Während seiner Arbeit palaverte er mit den Anwesenden, die auf Stühlen herumsaßen oder an der Wand lehnten, wer mit wem ginge und daß der Nachbar mal wieder derart besoffen war, daß seine Alte ihm den Nachttopf über den Kopf gestülpt hätte. Aber auch die Politik kam nicht zu kurz. Über den »Schandvertrag« von Versailles wurde heftig gewettert. »So ne Demütigung läßt man nicht einfach auf sich sitzen«, machte der Schuster Front, und alle brummten anerkennend.

Die Hitlerzeit brachte viel Neues ins Dorf, vor allem auch Verbesserungen für die kleinen Volksgenossen. Viele waren der Meinung, daß man die Segnungen der KdF-Reisen (»Kraft durch Freude«) mal in Anspruch nehmen sollte, jedoch wagte sich keiner so recht. Nur der Schuster reiste kurzentschlossen mit seinem Freund zum Karneval nach Köln. Als die beiden mit dicken Köpfen und leerem Geldbeutel heimkamen, quoll die Stube von Wissensdurstigen über.

Das Jahr darauf gondelte er mit KdF nach Madeira. Von da an galt der Schuster als der Wellerswalder Kolumbus. Noch mehrere Reisen unternahm er zwecks »Damenfang«, aber letztendlich scheiterte wohl alles an dem Buckel. Erst als die Männer mit Einsetzen der Kämpfe rar wurden, fand er seine Meisterin. Mit ihr nahm die Nachrichtenzentrale ein jähes Ende, das Geld wanderte in ihre Schürzentasche. So hatte sich der gute Kerl das mit der Liebe vermutlich nicht vorgestellt. Aber alles war besser, als seine Haut in den Krieg tragen zu müssen.

Die Sache mit dem Stellmacher

Das »Tausendjährige Reich« war auch in Wellerswalde seit 1933 nicht zu umgehen. Allerdings ereigneten sich dabei keine spektakulären Dinge durch die Machtübernahme. Das Leben auf dem Rittergut und im Dorf war den Gesetzen des Landlebens unterworfen, erst danach kam alles andere.

Der Gastwirt Nicklitzsch, ein kleiner Gernegroß, wurde Ortsgruppenleiter. Mit seinem kleinen Bärtchen auf der Oberlippe hatte er direkt Ähnlichkeit mit dem »größten Führer aller Zeiten«. Stolz trug er die braune Uniform und kam sich ungeheuer wichtig vor. Fortan mußten wir, wenn wir bei ihm in seinem Kolonialwarenladen einkauften, stramm mit »Heil Hitler« grüßen. Ein großes Schild über der Kasse wies darauf hin. Am Anfang war das merkwürdig, aber im Grunde war uns schnurzegal, nach welcher Begrüßungsformel wir unsere Süßigkeiten erhaschten.

Den drei Kommunisten in Wellerswalde machten die Braunhemden von nun an das Leben schwer. Ob Rote oder Braune, Mutter konnte keinen Unterschied erkennen. »Das sind doch alles Proleten«, sagte sie und blies den Rauch ihrer Zigarette mit vorgeschobener Unterlippe nach oben. Doch im Gegensatz zu den anderen mobilisierte der wortgewaltige Postkartenmaler Adolf Hitler nicht nur die Massen, er fegte auch den Versailler »Knebelvertrag« mit einem Handstreich vom Tisch. Sogar Vater räumte letztlich ein, daß alles besser werde. Armut, Hunger und Arbeitslosigkeit gingen zurück. Für den Moment herrschte ein Aufatmen.

Die Angst vor den Nazis kroch bei uns erst hoch, als die Gestapo unseren Stellmacher abführte. Franz Viehweg hatte es nämlich gar nicht mit Hitler. Niemand hatte ihn anstellen wollen, weil er Adventist war. Das bedeutete, daß er statt am Sonnabend am Sonntag arbeitete. Vater war das piepe, denn der Franz war ein hervorragender Handwerker, der vom Ackerwagen bis zum Möbelstück alles herstellte und instand hielt.

»Die braune Pest« war dem Stellmacher von Anfang an ein Greuel. Da er stotterte, redete er nach Möglichkeit meist gar nicht. Aber einmal platzte ihm doch der Kragen, als er vom Ortsgruppenleiter aufgefordert wurde, in dessen Laden mit »Heil Hitler« zu grüßen. Mit hochrotem Kopf schnauzte er dem um drei Köpfe kleineren und immer tiefer unterm Ladentisch versinkendem Nicklitzsch entgegen: »Wwas hheisst hhier HHH-eil-HHHitler? Der hhat ssowwiesso bbald sseinen lletzten Ddreck ggeschississen!«

Vergeblich intervenierte Vater hernach in Oschatz bei der Gestapo. »Ich brauch den Mann, ihr könnt ihn mir nicht wegnehmen.« Zu Hause hat Mutter uns unterdessen ins Gewissen geredet: »Wir müssen vorsichtiger werden.« Franz meldete sich nach drei Monaten zurück. Er war derart abgemagert, daß nicht mal Vater ihn auf Anhieb wiedererkannte. Wo er war, das hat er nie erzählt. Unser Stellmacher wurde noch stiller, nur unsere Mutter begrüßte er im Hof jedesmal lächelnd, mit erhobener Hand zum »Deutschen Gruß«, die er im letzten Moment nach Art der Kommunisten zur Faust ballte: »Morgen, gnädige Frau.«

Das »Tausendjährige Reich«: Abschied von der Jugendzeit

Aufstieg im »Tausendjährigen Reich«

Es war also auch bei uns mit den braunen Herren nicht zu spaßen. Unsere Eltern hatten das erkannt. Sie verhielten sich reserviert und bemühten sich nicht aufzufallen, denn der Adel hatte von vornherein einen schweren Stand im Dritten Reich. »Es gibt nur einen Adel – den Adel der Arbeit!« (Adolf Hitler) Für unsere Eltern war dieser Möchtegern-Diktator ein »Kleinbürger«. Sie verachteten den Nazi-Pöbel, der jetzt überall Karriere machte.

Trotz dieser Aversion nahm nahezu fast meine gesamte Umgebung Hitler hin wie etwas Unabänderliches. Dieses Regime schien vielen nach all der Verwirrtheit mit den zahlreichen Parteien folgerichtig. Demokratie stand nicht auf unserem Merkzettel. Was das war, haben wir erst nach dem großen Abschlachten gelernt.

Von unseren nahen Verwandten hat sich keiner den Nationalsozialisten angeschlossen. In Zöschau herrschte das andere Extrem. Unsere Cousins mußten in Stahlhelm-Uniform mit »Siegfriedschwert« als Anstecknadel herumlaufen. Der rechtskonservative Onkel Claus verlachte Hitler als »Witzfigur«. Nur eine Gutsnachbarin stand auf der anderen Seite, sie hielt als Kreisbauernführerin Versammlungen in Oschatz ab. Mutter begab sich jedesmal hin, um

Neuigkeiten zu ermitteln. Hinter vorgehaltener Hand empörte sie sich: »Wie kann man so was bloß tun? Unmöglich!«

Die »Volksgenossen« hatten nun das Sagen – und die »Volksgemeinschaft« wurde gepflegt. Arges schwante dem, der ausscheren wollte. Folglich absolvierten auch wir die notwendigsten »Pflichtübungen« wie das monatlich geforderte Eintopfessen am Sonntag, das Erscheinen bei der Maifeier oder dem von der Partei gestalteten Erntedankfest. Dabei wurde meist Geld eingesammelt. »Für einen guten Zweck« hieß es. Aber trotz der »Volksgenossen« fand bei uns keine »Volksgemeinschaft« statt. Mutter blieb für unsere Angestellten »de Gnädche«, Vater erst der »Herr Oberleutnant«, hinterher im Krieg der »Herr Major«.

Das »Dritte Reich« hatte durchaus seine guten Seiten für uns. Es gelang Vater, durch den Nachweis des dreihundertjährigen Besitzes in der Familie, unser Gut zum »sondergenehmigten Erbhof« zu machen. Eine Umschuldung befreite uns von den drückendsten Lasten. Das war eine recht solide Grundlage. Wellerswalde erholte sich langsam, aber stetig.

Einen kräftigen Stimmungsaufschwung brachte Vater auch die neugeschaffene Wehrmacht. Die deutsche Nation fühlte sich aufgewertet, war wieder eine anerkannte Großmacht innerhalb der anderen europäischen Länder. Es war an der Zeit für eine Revanche, dachte er. Seine Wehrübungen absolvierte Vater zweimal im Jahr für je vier Wochen bei der Panzertruppe. Das war für ihn gleichzeitig ein guter Grund, den lästigen Alltagssorgen zu entrinnen. Landwirt hatte er sowieso nie sein wollen. Mutter bereitete es sichtbar Spaß, den Herrn des Hauses zu vertreten. Sie war es auch, die dahinterstieg, daß unser Inspektor jahrelang in seine eigene Tasche gewirtschaftet hatte.

Nach und nach wuchs Luitgarde-Renate in die Pflichten hinein, die ihr hernach der Krieg mit voller Verantwortung auferlegt hat.

Das Ende der Bande

Bisher hatte auf unserem Turm, kilometerweit sichtbar, eine riesige schwarz-weiß-rote Reichsflagge geweht. Mit einem Mal hätte dieses Banner uns die Köpfe kosten können. Denn inzwischen war der totalitäre Führerstaat, ein Apparat der Propaganda, der Drohung und des Terrors, perfekt ausgebaut. Grundrechte wurden beseitigt, Länder gleichgeschaltet, das gesamte öffentliche Leben einem permanenten Ausnahmezustand unterworfen. Mit zusammengebissenen Zähnen blaffte Vater: »Dann hissen wir eben eine Hakenkreuzfahne.« Sie hatte die Größe eines Handtuchs. »Hoffentlich gibt das keinen Ärger«, bangte Mutter.

Bei mir verlief die Bekanntschaft mit der neuen Führung noch intensiver, immerhin war ich in einem Alter, das den braunen Herren am fähigsten schien, den Nationalsozialismus voll und ganz in sich aufzusaugen. 1934 nötigten zwei Vertreter der Hitlerjugend alle Kinder der Dorfschule, ihrem Verein beizutreten. »Ne, das geht nicht«, sperrten sich meine Bandenmitglieder, »wir haben schon Dienst bei Oppels Christa.«

Am Dienstag darauf stapften zwei Halbstarke, in HJ-Uniform, zwischen unseren Wäschepfählen durch. Einer stoppte mit seinem Stiefel unseren Fußball und schnauzte los: »Was ist das hier für ein Verein?« Ich kannte diese siebzehnjährigen Bullen nicht. Sie musterten mich, als sei ich eine Kakerlake oder irgendein anderes Ungeziefer. »Das ist unser Dienst«, gab ich entgeistert zurück.

»So läuft das nicht«, erteilten die beiden mir eine unmißverständliche Lektion, »wenn du weitermachen willst, mußt du BDM-Führerin werden.« Ich wußte, daß das meinen Eltern nicht gefallen würde. Trotzig stieß ich meine Hände in die Hosentaschen. »Ich kann das so machen, wie ich es will.« Versteckt hinter mir motzten die Kinder: »Wir gehen nicht in die Hitlerjugend, wir sind bei Oppels Christa!« »Ihr wollt wohl euer blaues Wunder erleben«, machten die Jugendlichen uns zur Schnecke. Mein Dienst sei hiermit ein für allemal beendet. »Ab jetzt ist das Hitlerjugend!«

In den sauren Apfel beißen

Meine Stimme klang so atemlos, daß Mutter mich im ersten Moment gar nicht verstand. Mit gerunzelter Stirn schenkte sie mir Gehör. »Mach nicht so einen Rabatz mit denen!« Sie zündete sich eine an und inhalierte den Rauch tief. »Ich hab nichts dagegen, wenn du in die Hitlerjugend gehst.« Damit hatte ich nicht gerechnet. In mein bestürztes Gesicht hinein redete sie weiter: »Du mußt in den sauren Apfel beißen. Sonst kann da noch etwas schiefgehen.«

Wir hatten bereits Ärger. Mein Onkel in Zöschau legte sich ständig mit den Braunhemden an. Im Ort raunte man einander schon zu: »Die Oppels sind dagegen.« Niedergeschlagen ließ ich den Kopf hängen. »Geh mal zum Pastor und frag ihn.« Mit diesen Worten schickte Mutter mich fort – in der Hoffnung, daß mich Herr Albrecht wieder aufrichten würde. Der Geistliche war mit uns befreundet und kritisch gegenüber den Nationalsozialisten, hielt sich aber nach außen hin wie jeder halbwegs lebensbejahende Mensch zurück.

Pfarrer Albrecht war ein pragmatischer Mann. Asketisch, sehnig und zäh. Beim Denken rieb er seine langen Finger, blickte zum Himmel und wog seine Worte, bevor er sprach. »Wir können es drehen und wenden, wie wir wollen«, setzte er an, »im Moment ist es das beste, wenn du in die Hitlerjugend gehst.« Die Handbewegung zum Ende hin ließ er ein bißchen ausflattern. Ich vertraute ihm. Seine Frau leitete die Pimpfe. Die älteren Kinder, vom 10. bis zum 14. Lebensjahr, sollte künftig ich übernehmen.

Es muß etwa zu dem Zeitpunkt gewesen sein, daß mir klar wurde, wie wichtig es war, der Welt unbewegten Gesichtes gegenüberzutreten. Egal, wie es in einem brodelte vor Angst. Am Wäscheplatz habe ich den zwei Kerlen von der HJ mit klarer Stimme hinübergebracht, daß ich mit ihnen einig sei. »Du kriegst noch Nachricht vom Untergau«, übermittelten sie mir, bevor sie hinter der Hausecke abtauchten.

Im Alter von 13 Jahren wurde ich BDM-Schaftführerin in Wellerswalde.

Neu einkleiden

»Geh mit deiner Mutter und kauf dir eine Jungmädchenuniform«, beauftragte mich die Ringführerin in Oschatz. Trotz meiner anfänglichen Abwehrhaltung empfand ich es doch auch als schmeichelhaft, eine Führerin zu werden. Meine ollen Pullis legte ich ab, zog dafür eine angeknöpfte weiße Bluse an, obendrauf das Dreieck mit der Aufschrift

»Sachsen«. Als Mädchen war man stolz auf so schöne Sachen, ob das nun was mit Hitler zu tun hatte oder nicht.

In meiner nigelnagelneuen »Affenjacke« aus braunem Cord und dem dunkelblauen Röckchen trommelte ich meine Altersgenossen auf dem Wäscheplatz zusammen. »Wie ihr seht, bin ich jetzt in der Hitlerjugend. Wir machen weiter wie vorher, aber ich darf nur die Mädchen behalten«, machte ich ihnen deutlich und warf meine langen geflochtenen Zöpfe entschlossen zurück. Die Buben jammerten: »Wo sollen wir denn hin?« Sie mußten ins Nachbardorf, nach Lampertswalde.

Nicht nur mein Leben wurde in diesen Wochen völlig umgekrempelt. Auch das meiner Geschwister. Kai hatte sein verhaßtes Internat abgebrochen und sich bei der Luftwaffe gemeldet. »Geh wenigstens zu den Panzern, da sind wir zusammen.« Diesen Versuch hätte Vater sich genausogut sparen können. Seit er sich selbständig auf zwei Beinen halten konnte, war die Fliegerei der Wunschtraum meines ältesten Bruders gewesen.

Zeitgleich wurde meine Schwester der Wellerswalder »Mädchenschaft« zugeteilt. Ihre Leiterin, die Tochter unseres Futter- und Kornbodenmeisters, glänzte nicht gerade durch Klugheit, war aber gutmütig und ließ ihre Untergebenen machen, was sie wollten. In der Mehrzahl der Fälle pfiff Lütte auf den Dienst. Hertha kassierte den Beitrag, damit war die Sache gelaufen.

Das Beste draus machen

Die monatlich ablaufenden Schulungen schleppten sich lahm und hinkend dahin. Übers Wochenende übernachteten wir Führerinnen des Untergaus in einem Heim in Oschatz. Das war mir ein Graus. Dieses Umfeld, dieser Massenbetrieb, diese Stockbetten, belegt mit zwanzig Mädchen. Morgens hieß es antreten zum Fahnenappell. Na, den militärischen Drill waren wir von zu Hause gewohnt.

Im Unterricht wurden wir mit nationalsozialistischem Krempel vollgestopft. Bei Einsetzen der Pubertät kapiert man freilich noch nicht viel von *Mein Kampf*. Die Lehrkräfte dozierten auch über die Juden, die unser Verderben seien. Das habe ich danach ungekaut meiner »Jungmädelschaft« in Wellerswalde weitergegeben. Im Grunde wußten wir gar nicht, wer die Juden waren, bei uns gab es nämlich keine.

Vieles haben wir nicht kapiert, aber alleine draußenstehen wollte keine. Ich spürte eine Kluft zwischen dem, was ich glaubte und was die anderen mir weismachen wollten. Aber mit wem hätte ich mich austauschen können? Meine Eltern haben sich hinter verschlossenen Türen über die neue Herrenrasse lustig gemacht. »Guckt euch mal den Hitler an«, höhnte Vater, »was das für eine komische Rasse ist.«

Einmal in der Woche hielt ich gegen 18 Uhr in einem leerstehenden Haus auf unserem Hof die Stunden ab. Gelegentlich überprüfte auch jemand von der Untergaubehörde meine Einführungen. In solchen Fällen schwatzten wir über das Winterhilfswerk oder darüber, wie erfolgreich Hitler mit der Arbeitslosigkeit umging oder wie erfolgreich er überhaupt war.

Beim nächsten Mal stand das Kapitel »Rassenkunde« auf dem Lehrplan. Kichernd haben wir uns gegenseitig die Köpfe vermessen. »Na, du hast vielleicht einen Kopp auf«, witzelte ich mit Gisela, einer befreundeten Bauerntochter. Abwechselnd beurteilten wir uns, wobei bei mir eine nordisch-ostische Mischung herauskam. Der kleine oppelsche Wuchs und der breite Kopf vermiesten mir die Möglichkeit, dem Schönheitsideal der Nazis »blonde, blauäugige Riesin« nahezukommen. Wir Sachsen waren eben mit unseren krummen Beinen »die Fußkranken aus der Völkerwanderung«.

Da ich aber eine sehr gute Sportlerin war und bei allen Wettkämpfen in Leichtathletik für den Untergau die ersten Preise absahnte, sah man mir meine sonstigen Mängel nach. Nun war auch ich organisiert und hielt für unsere Familie das Hakenkreuzbanner hoch. Ich hatte meine Mädels fest im Griff, bei Zankereien gab's gleich eins auf den Deckel. Am liebsten haben wir Geländespiele gemacht und mehrstimmig gesungen. So habe ich in den folgenden vier Jahren den richtigen Dreh gefunden, aus dem BDM das Beste für uns zu machen.

Zur Sonnwendfeier stellte unsere Vorgesetzte die BDM-Führerinnen der Reihe nach dem Gauleiter und anderen ausschlaggebenden Persönlichkeiten vor. »Das ist Christa von Oppel.« Festen Schrittes trat ich aus dem Karree hervor. Der Kreisleiter zog die Augenbrauen schräg. »Ist das die vom Oppel aus Zöschau?« Alle Blicke waren wie heiße Scheinwerfer auf mich gerichtet. »Nein«, hörte ich die Obergauführerin antworten, »das ist die aus Wellerswalde.« Der mächtige Mann, der bereits die Kommunisten aus unserem Ort für eine Weile in Lagern hatte verschwinden lassen, ruckte an seiner SA-Uniform und preßte zwischen den Zähnen hervor: »Auf den Oppel bin ich sauer.« Ich versank fast im Erdboden.

Zu Hause machte ich meiner Mutter Vorhaltungen: »Sag dem Onkel Claus, er soll sich mehr zurückhalten.« Vaters Bruder blieb letztlich nichts anderes übrig, als friedlicher zu werden. Er hatte sechs Kinder und mußte, wie alle Offiziere, brav seine Wehrübungen absolvieren. Ich stieg von der Schaft- zur Scharführerin auf. Stolz wechselte ich die rot-schwarze Kordel, die an meinem weißen Dreieckstuch baumelte, gegen eine grüne aus.

Raus in die Welt!

Die öden Schulungen ertrug ich nur deshalb so gut, weil mir dafür auf der anderen Seite viel geboten wurde. Für die Mehrheit von uns bedeutete der Nationalsozialismus Freiheit und Abenteuer. Bislang hatte ich nur wenig Kontakte zur Außenwelt geknüpft. Lütte und ich saßen meist alleine mit dem Lehrer in der Burg die Zeit ab. Die Eltern ließen sich derweil in Italien, Bayern oder sonstwo den Wind um die Nase wehen. Außer den Oschatzer Filmtheatern war nicht viel Abwechslung für die Jugend geboten. Schon viermal hatten meine Schwester und ich »Mädchenjahre einer Königin« angeguckt.

Beim BDM habe ich neue Freundinnen gefunden. Zum ersten Mal war ich in Dresden in der Oper, besuchte in Leipzig Theaterstücke und Kunstausstellungen. Das lüftete unsere kleinbürgerlichen Köpfe durch. Ich wollte nie die Welt verändern, ich wollte immer nur raus in die Welt. Einmal im Jahr unternahmen die BDM-Führerinnen eine »Großfahrt« mit den Rädern. 1936 strampelte ich mit 23 Mädchen nach Mecklenburg an die Ostsee. Am vordersten Fahrrad wehte ein dreieckiger Wimpel mit einer Rune dran. Auf den Gepäckträgern hatten wir unsere Tornister mit Kochgeschirr festgezurrt.

Auf der Strecke von Neubrandenburg nach Rostock rasteten wir auf einer Wiese. Auf meinem Käsebrot herumkauend, fiel mir ein Wegweiser auf der gegenüberliegenden Straßenseite auf: »Tellow 3 km«. Welches Gut sich dahinter wohl verbergen mochte? Und welche Menschen da wohl lebten? »Der Name klingt schön, nicht wahr«, sagte ich träumerisch zu dem Mädchen neben mir. Damals konnte ich nicht ahnen, daß sich in Tellow einmal mein Schicksal erfüllen würde.

Der Wind hatte blaue Löcher in die Wolkendecke gerissen. Fröhlich plappernd radelten wir weiter. Und endlich waren wir am Ziel! Der Strand gehörte uns ganz alleine, vor uns die Ostsee, hohe Wellen türmten sich auf, die Gischt spritzte uns entgegen. Den Salzgeschmack auf den Lippen, den offenen Horizont vor Augen, fingen wir an zu singen, aus voller Brust: »Wir lieben die Stürme, die brausenden Wogen«. Das Meer, der Gesang, der Wind ... das hat mich elektrisiert.

Die Rückfahrt führte uns durch Berlin, das war zur Zeit der Sommerolympiade. Von den Wettkämpfen haben wir nichts gesehen, aber die Stadt war prächtig geschmückt. Morgens um fünf Uhr rollten wir durchs Brandenburger Tor. Der Himmel hing ein wenig dämmrig über den Dächern, die Giebel leuchteten im Schein der Sonne, die Spree schimmerte wie eine silberne Schlange. Überall hingen Hakenkreuzfahnen, aber auch Fahnen anderer Nationen. Über dem Reichstag ging die rotglühende Sonne auf. Ich glaubte, noch nie so etwas Schönes gesehen zu haben.

Das Zeltlager

Automatisch wuchsen wir Jugendlichen in die neue Zeit hinein. Die Nazis hofierten die Jugend, und jeder hatte die Möglichkeit, seine speziellen Interessen zu fördern. Natürlich geschah das alles aus einem Grund. Die Braunen wollten uns zu ihren gehorsamen Werkzeugen machen, was im Krieg seine blutigen Folgen hatte.

Gewiß kann man heute sagen, daß alles, was wir damals taten, verderblich war, aber wir haben das nicht gesehen, und unsere Eltern haben uns nicht daran gehindert. Sie hätten es auch nicht gekonnt. Ich merkte, daß Vater und Mutter mit vielen Dingen nicht übereinstimmten. Auf unserem Hof sah man keinen Hitlergruß, im Haus kein Hitlerbild. Judenverfolgung und Bespitzelung erkannten meine Eltern deutlich als Verbrechen, aber mit uns sprachen sie nicht über diese Dinge.

Ich weiß noch, wie Mutter sich über die Bücherverbrennung am 10. Mai 1933 entrüstet hat. »Wo soll das bloß hinführen?!« Sie kniff ihre Lippen zusammen. Kein einziges ihrer Werke von »dekadenten, jüdischen, volksfremden und verräterischen Autoren« wie Kafka, Tucholsky oder Remarque hat sie aus ihrem Regal genommen. Ich habe mich damals oft gefragt, was richtig und was falsch ist. Ernsthaft skeptisch bin ich aber erst geworden, als der erste Bekannte von mir im Krieg erschossen worden ist.

Der Führer hatte angekündigt, er werde Deutschlands »Raumnot« durch »Gewinnung eines größeren Lebensraumes« gewaltsam lösen. Deutsche Truppen besetzten Österreich, das Sudetenland, die Tschechoslowakei. Ich leitete unterdessen in der sächsischen Schweiz ein Zeltlager. Teilnehmer waren Mädchen aus den ärmsten Industriearbeiterschichten Leipzigs, die sich im Wald den Dreck aus den Lungen pusten sollten. Eine traurige Truppe. Es herrschte lahme Stimmung, keine wollte aus sich heraus, alle saßen wie die Hühner bei Gewitter herum. Die Führerin mit dem adeligen Namen behagte den Heranwachsenden nicht. Ich war total überfordert.

Der Adel war wegen seiner reservierten Haltung gegenüber dem Nationalsozialismus wenig beliebt. In der Oberschule, die ich mittlerweile besuchte, hatte mich neulich mein Geschichtslehrer beim Kapitel »Großgrundbesitzer und Fronarbeit« angegiftet: »Genaueres über die Machenschaften dieser elitären Schicht werde ich euch vorenthalten, sonst würde das eine hier unter euch sehr übelnehmen«. Zornig bin ich aufgesprungen: »Dann kann ich ja gehen!« Auch beim BDM kanzelte man mich dauernd ab mit diesem geringschätzigen »Ach, du bist eine ›von‹«. Ich empfand meinen Namen als Herabsetzung.

Nach einem Abendspaziergang über Gründe und Klüfte an einem Bach entlang, bei dem die Mädchen einsilbig hinter mir hergetrottet waren, war es Zeit, in die Zelte zu kriechen. Als ich mir den Schlafanzug überzog, piepste auf einmal von hinten eine schüchterne Stimme aus einem der Schlafsäcke: »Nu sach mer mal, haste werklich n' blauen Arsch?« Da zog ich mir die Hose vom Hintern und streckte ihn der verdutzten Fragerin entgegen. Damit war der Bann gebrochen, und wir verbrachten noch sehr angenehme Tage miteinander.

»Bin ganz aufs deutsche Fühlen eingestellt«

Mit 18 Jahren fand ich es zwecklos, beim BDM weiterzumachen, obwohl man mich gerne hauptamtlich behalten hätte. Aber mir brachte das nach vier Jahren nichts mehr. »Bleib auf der Schule, du schaffst das Abitur leicht«, lag mir meine Lehrerin in den Ohren, dazu hatte ich jedoch auch keine Lust.

Der Prüfungsaufsatz für die Mittlere Reife beschäftigte sich mit dem Thema Heimat. Ich habe Sätze geschrieben wie: »Ich bin geboren, deutsch zu fühlen, bin ganz auf deutsches Fühlen eingestellt, erst kommt mein Volk, dann kommen andere Ziele, erst meine Heimat, dann die andere Welt.« Dafür habe ich die Note Eins bekommen. 1938 hatte ich mein Zeugnis für die Mittlere Reife in der Tasche.

Im November landete mein ältester Bruder nachts mit dem Flugzeug auf dem Fliegerhorst bei Oschatz. »Unterwegs habe ich so viele Brände gesehen«, wunderte er sich, während er sich ein Glas Wein einschenkte. Mir wurde mulmig, allein wenn ich das Wort »Feuer« hörte. Niemand konnte sich einen Reim darauf machen, was geschehen war. Erst am Tag darauf erfuhren wir, daß in Deutschland die Synagogen in Flammen aufgegangen waren. Kai war in der »Reichskristallnacht« unterwegs gewesen.

Bummeljahr

Ein Jahr lang durfte ich alles tun, was mir Freude bereitete. Mutter hatte mich dazu ermutigt. Ihre Tochter sollte endlich selbständig werden. Ich zog aus meinem Kinderzimmer aus, rupfte Unkraut, sagte Großvater in Wernigerode oder Tante Silvie in München »Guten Tag«. In meiner Dachwohnung stöberte ich in Büchern, in denen von Liebe und Ekstase die Rede war.

> »... *Ich denke an die holde Zeit*
> *in der versenkt du in mir geruht*
> *da unser Atem einer war*
> *bewegt von einer Lebensflut*«
>
> Ina Seidel

Ganze Passagen kritzelte ich daraus in mein Tagebuch ab. Alles in Geheimschrift, damit Mutter es nicht entziffern konnte. Die Unkenaugen der alten Petroleumlampe spendeten mir Licht, derweil ich über diesen Zeilen brütete. »Was hat das bloß auf sich?« rätselte ich. Dieses Mysterium, daß zwei Menschen sich fanden und den Himmel ineinander entdeckten ...

Zentrum einer tobenden Masse

Auf eine Einladung hin pilgerte ich mit den BDM-Führerinnen auf den Reichsparteitag in Nürnberg. Das sollte mein endgültiger Abschluß bei diesem Verein sein. In einem riesigen Pulk marschierte eine Schar von Mädchen, in unschuldig weißen Kleidern und bunten Miedern, auf dem Sportplatz auf. Eine raffinierte Bühnentechnik. In der Mitte des Platzes ein Podest. Von dort dirigierte der Reichssportführer, mit dem Mikrophon in der Hand die Menge.

Unsere Abteilung reihte sich ganz hinten auf. Hitler schätzte die Sachsen nicht besonders, da sich in unseren Gefilden zu viele Kommunisten tummelten. Den österreichischen Backfischen dagegen war es gestattet, direkt vor dem Führer zu tanzen. Mir kam Vaters resignierte Bemerkung im März, nach dem Anschluß Österreichs, in den Sinn: »Dieser Mann kann machen, was er will, das Ausland sieht tatenlos zu.«

Erst bei einer Kundgebung in einem anderen Stadion habe ich den Diktator aus nächster Nähe zu Gesicht bekommen. Die Fenster wurden aufgerissen, aus den Häusern stürmten erregte Menschen. Tausende empfingen ihn mit Hochrufen. Viele Frauen brachen ergriffen in Tränen aus, auch ergraute Männer wischten sich verstohlen über die Augen. Da nahte er! Der charismatische, heilbringende Führer, der dem Volk die Erlösung all seiner irdischen Qualen bringen sollte.

Als der »größte Führer aller Zeiten« in seinem Wagen mit gestrecktem Arm in unsere Kurve einbog, brauste das Publikum so auf, daß ein Sog entstand, der einem den Magen zusammenzog, wie man das später beim Achterbahnfahren kennenlernte. Die Begeisterung zog einen mit. Und mitten in der tobenden Masse habe ich geschrien wie eine Durchgedrehte: »Heil! Heil!« An einem normalen Werktag dagegen berührte mich dieser Mensch nicht sonderlich.

Fernweh

Zu einem meiner größten Wünsche gehörte es, an einer Reitausbildung in Wermsdorf teilzunehmen. Der knauserige Vater lehnte das ab: »Für so etwas kriegst du kein Geld.« Aber so schnell warf ich die Flinte nicht ins Korn. Ich schlug ihm vor, mir Geld für den Kauf von zwei Lämmern zu leihen. »Wenn die Schafe fett sind, bekommst du es zurück.« »Da habe ich nichts davon«, schmunzelte er und drückte mir 28 Reichsmark in die Hand. Der Verkauf der Lämmer brachte mir 180 RM ein. Ich blätterte ihm seinen Anteil auf den Tisch. »Und wer hat das Futter bezahlt?« hakte Vater nach. Auf den Mund gefallen war ich noch nie. »Dafür hattest du kostenlosen Mist als Dünger.« Von dem Erlös erwarb ich neue Lämmer und kratzte so nach und nach die Kosten für die Reitschule zusammen.

Kai verliebte sich auf den ersten Blick in eine meiner Mitschülerinnen, die mit mir ein Wochenende in Wellerswalde verlebte. Mutter machte ihm ebenso schnell einen Strich durch die Rechnung. »Das geht nicht, das Mädchen ist katholisch.« Immerhin sollte Kai als Erbe das Patronat für die evangelische Kirche übernehmen. Dadurch ging meine neue Bekanntschaft wieder in die Brüche. Viele Kontakte hatte ich sowieso nicht mehr.

Mit den Freundinnen vom BDM hat sich das schnell wieder verlaufen. Lütte war in Potsdam, sie absolvierte bei den Diakonissen eine Lehre zur Diät- und Wirtschaftsschwester. Und ich litt unter Fernweh. Im Handumdrehen hatte ich die Anmeldung für die Kolonialschule in Rendsburg ausgefüllt, dort wurde man so angeleitet, daß man im Busch überleben konnte. Geschäftig riß ich, eine Woche danach, das Kuvert mit dem Stempel aus Rendsburg auf. Ein Pieks, und die Luft war raus. Am Unterricht dürfte ich nur teilnehmen, wenn ich mich zuvor verpflichten würde, ein Jahr lang im Osten für die Wehrmacht Lastwagen zu fahren. Das kam für mich nicht in Frage. »Jetzt mache ich erstmal mein Pflichtjahr«, nahm ich mir vor, »dann plane ich weiter.«

Ich nahm das auf die leichte Schulter. Mein Gefühlsleben war sowieso gerade rosarot eingefärbt. Schuld an den Schmetterlingen in meinem Bauch war Heinz Adam. Meine Vettern hatten den Abiturienten in den Sommerferien mit auf unsere Burg gebracht. Er war weder adelig noch Gutsbesitzer, noch Offizier. In Mutters Augen folglich »völlig unpassend«. Das hielt mich aber nicht davon ab, ihn weiter anzuhimmeln.

Seine Schwester Margot lud mich nach Dresden ein. Bei Kerzenlicht in einem vornehmen Lokal guckte ich Heinz in die Augen, ich mußte dringend aufs Klo und traute mich nicht, ihm das mitzuteilen. Schweiß stieg mir auf die Stirn. Ich war unendlich erleichtert, als wir wieder in dem Haus seiner Eltern waren. In Wellerswalde zurück, erwartete mich schon der Einberufungsbescheid für das Pflichtjahr in Gottin.

Pflichtjahr in der Hundetürkei

Bevor ich mich am 1. April 1939 in den Zug nach Mecklenburg setzte, ließ ich mir meine Zöpfe abschneiden. Junge Frauen trugen Dauerwelle. Vorne hochtoupiert, hinten lockig. Meine Haare kräuselten sich wie bei einem Neger. Schlimm sah das aus. Ungefähr acht Stunden war ich bis Teterow unterwegs. Diesen Winkel Deutschlands mit seinen vielen Seen und Wäldern, den weitläufigen Gütern und den strohgedeckten Katen hatte ich auf der Großfahrt zur Ostsee ins Herz geschlossen.

Ein Kutscher holte mich ab. Wie vor drei Jahren fiel mir an den Wiesen der Wegweiser nach »Tellow« auf. Diesmal würde ich herausfinden, wer dort wohnte. Bis Tellow war die Straße gepflastert, dann versank der Wagen bis an die Naben im Schlamm. Hubertus und Lila Hagen, beide vielleicht vier Jahre älter als ich, nahmen mich in dem heruntergewirtschafteten Gutshaus unter ihre Fittiche. Die hochschwangere Frau, ganz rassiger Typ, streckte mir mit einem ansteckenden Lachen die Hand entgegen. Und ihr Gatte entschuldigte sich gleich bei mir: »Wir haben das Anwesen gerade erst erworben, bei Ihnen zu Hause sieht es sicher etwas anders aus.«

Mir erschien die ganze Umgebung vorsintflutlich, im Dorf gab es noch nicht mal Licht. Alles war so fremd, auch vom Geruch her. Hier heizte man mit Holz, nicht mit Braunkohle. In Wellerswalde war es überall so pikobello, jede Ecke fein säuberlich ausgekehrt. An diesem Abend habe ich in meiner Kammer an meine Eltern und an Heinz Adam geschrieben: »Ich komme mir vor wie in der Hundetürkei.«

Mit dem ersten Hahnenschrei spülte ich mir kaltes Wasser ins Gesicht. Jetzt konnte ich mich nicht mehr vor jeder Hausarbeit drücken. In der Küche bereitete ich das Frühstück für die Herrschaften zu, neben mir schlürften die Knechte ihre Klütersuppe, Milch mit Mehlbrocken. Der Inspektor trat hinzu: »Na, Fräulein Christa, wie haben Sie heute nacht geschlafen, haben Sie nichts gemerkt?« »Ne«, wunderte ich mich. »Na«, sagte er, »da schauen Sie mal in Ihr Bett.«

Der Flegel hatte mir eine Tüte mit Maikäfern unter die Decke gesteckt. Die armen Viecher hatten sich aber nicht rausgewagt. »Na warte!« Ich griff eine Scheuerbürste und stopfte sie, zwei Türen weiter, beim Inspektor unters Laken. Die Blödeleien und die Fröhlichkeit im Haus trieben mir flugs mein Heimweh aus. Politik war bei den Hagens kein Thema, die Leute hatten andere Sorgen.

Der schwarze Hengst

Das einzige, was in Gottin bestens in Schuß war, war die Pferdezucht. Hubertus Hagen stellte mir anheim, seinen Hannoveraner auszureiten. Kaum hatte ich den Stiefel im Steigbügel, führte sich der Gaul unausstehlich auf. Auf der Landstraße biß er sich auf seinem Mundstück fest. Da half kein Ziehen und kein Schimpfen mehr. Das Vieh bäumte sich auf, und ich flog in hohem Bogen mit dem Rücken gegen einen Chausseebaum. Betäubt lag ich im Graben, das Tier war längst ohne mich zurückgetrabt.

Mühsam rappelte ich mich hoch und hinkte nach Hause. Ich mußte durchs ganze Dorf, alle haben mich gesehen. »Ach, so eine Schande.« Das Blut pochte mit jedem Schritt in meinen Schläfen. Im Salon schenkte Lila mir einen Cognac ein. Trotz zwölf dicker Blutergüsse auf dem Rücken harkte ich am nächsten Morgen das Laub auf der Wiese zusammen. Ich mußte die Zähne zusammenbeißen, bei jeder Bewegung spürte ich einen stechenden Schmerz im Kreuz.

Wenige Wochen darauf kam Lilas Junge zur Welt. So gut wie möglich ging ich der jungen Mutter zur Hand. Mittlerweile war ich auch dahintergekommen, daß nicht der Storch die Kinder brachte. Sie wuchsen im Bauch. Soviel stand fest. Ich hatte aber noch nicht herausgefunden, wie das zustandekam. Heimlich kroch ich im Stall unter den Bäuchen der trächtigen Stuten herum und forschte, ob die Tiere da unten irgendwo ein Loch hätten. Alles andere erschien mir unplausibel.

Den Gaul vom Chef habe ich keines Blickes mehr gewürdigt. Dafür habe ich mein Herz an einen rabenschwarzen Zuchthengst verloren, der unter einer Hufkrankheit litt. Dreimal am Tag badete ich seinen Fuß in einem Eimer mit

Tinktur. Der Rappe begrüßte mich mit einem Wiehern, sobald ich die Stallgasse betrat. Er rieb seinen Kopf an mir und knabberte zärtlich an meiner Jacke. Der Stallmeister, der uns schon länger beobachtet hatte, schlug vor: »Setz dich doch mal drauf und sieh zu, wie du mit ihm fertig wirst.«

Mit klopfendem Herzen trieb ich das schwarze Muskelpaket aus dem Hof hinaus und wieder hastig zurück. Das hatte wunderbar geklappt. Und wir wiederholten das fortan jeden Tag. Der Hengst hat nie Blödsinn gemacht, es war eher so, als ob er mich beschützen wollte. Hinterher bin ich bis nach Teterow hineingeritten.

Dummerweise hatte sich der Sattler dort ein ausgestopftes Pferd in das Schaufenster gestellt. Mein Hengst entdeckte diese Schönheit und fing an zu wiehern. Ich bekam ihn nicht mehr vom Fleck weg. Die Leute bildeten schenkelklopfend einen Kreis um mich herum. »Wenn das Mädchen diesen Hengst reiten kann, muß er einen guten Charakter haben.« Das ging von Mund zu Mund. Und, sehr zur Freude meiner Gastfamilie, kamen die Leute in der Folge von weither zum Decken mit ihren Stuten nach Gottin.

Kriegsjahre

Mit Ende meines Pflichtjahrs nahte auch das Ende einer unbeschwerten Zeit. Mitte August 1939 wurde Vater zu seinem Panzerregiment nach Wien eingezogen, von da an war er nur noch auf Urlaub in Wellerswalde. Kai ging es nicht anders. Mutter reagierte gefaßt: »Da muß man durch.« Alle Vettern und Freunde waren fort. Mit ihnen Lilas Mann, und zu meinem Kummer auch mein Schwarm

Heinz Adam. Nachdem selbst Arbeiter und männliches Personal ihr Gewehr geschultert hatten, zählte Mutter auf die Unterstützung ihrer Töchter. Ernst, aber gehobener Stimmung zogen all die Tapferen hinaus, erfüllt von dem Bewußtsein einer gerechten Sache. Es begann die Zeit der Feldpostbriefe.

»Du könntest hier als Sekretärin weitermachen«, stellte mir Lila vor meiner Abfahrt in Aussicht. Die frischgebakkene Strohwitwe hatte in der Landwirtschaft von Tuten und Blasen keinen Schimmer. »Ich komme wieder«, gab ich ihr mein Wort. Zu Hause widmete Mutter sich voll und ganz der Außenwirtschaft, meine Schwester stand dem Haushalt vor, und ich langte bei der Feldarbeit mit hin.

Die Gewitterwolken brauten sich schon länger am Himmel zusammen, aber keiner, bis auf Vater, hatte in unserer Burg an das Entsetzliche geglaubt. Über uns brach der Krieg wie ein Donnerschlag herein. Am 1. September sollte »der polnische Staat in einem Blitzkrieg zerschlagen werden«. Jahre voller Bangigkeit, Warten und Verzweiflung setzten ein. Sechs Jahre, die eigentlich die schönsten unserer Generation sein sollten.

Am 2. September verfolgte ich, mit der Gabel auf dem Heuwagen, wie auf der Bahnlinie Leipzig – Dresden Truppentransporte, beladen mit Panzern, in den Osten rauschten. Ein Wagen folgte dem anderen. In der Kirche sprach Pfarrer Albrecht für den Führer und das Reich ein Schlußgebet. »In einem Vierteljahr sind die Kämpfe vorbei«, lautete der allgemeine Tenor. Das Leben ging weiter wie bisher, nur noch vorsichtiger waren wir geworden. Da wir unser neues Personal nicht so gut einschätzen konnten, schlossen wir jedesmal die Türen, bevor wir etwas »Verbotenes« äußerten.

Kurz vor Mitternacht hörten Lütte, Mutter und ich alle möglichen Sender, obwohl das bei Todesstrafe verboten war. Wir hielten unsere Ohren ganz nah an den Lautsprecher, so leise hatten wir gestellt. Ein Sprecher rief die Soldaten zum Überlaufen auf. Wir haben auch BBC gehört, in der Hoffnung, etwas Neues zu erfahren. Sowie jemand im Flur nahte, drehten wir weiter.

Der neue Inspektor

Zu Hause lief alles weiter wie zuvor. Die Lehrerin von Ehrenfried erteilte dem Zwölfjährigen Biologieunterricht am eigenen Körper, was meinen kleinen Bruder begeisterte, unsere Mutter jedoch weniger. Sie hatte endgültig genug von der »Hauslehrerei« und schickte den Jungen auf das ritterschaftliche Internat in Bautzen. Großbritannien und Frankreich erklärten dem Deutschen Reich den Krieg.

In Wellerswalde hielt Mutter fortan die Zügel in der Hand. Sie war aber nicht ganz alleine auf sich gestellt. Die verlassenen Frauen wurden von Gutsbesitzern, die von den Gestellungsbefehlen verschont geblieben waren, beraten. Zu ihnen gehörte Herr Siegert-Canitz, ein alter Jagdfreund der Familie, der wegen einer Verletzung aus dem Ersten Weltkrieg freigestellt war.

Die Betriebe mußten weiterlaufen, ein bestimmtes Soll an Schafwolle oder Spiritus abgeliefert werden. Unser Nachbar guckte einige Male in der Woche in Wellerswalde nach dem Rechten. Er beschaffte uns auch einen neuen Inspektor und öffnete dem Zugereisten noch am Tag seiner Ankunft die Augen: »Laß dich ja nicht vom Herrn Major ins Bockshorn jagen, der ist ein Pessimist. Was in der Landwirtschaft geschieht, hast an erster Stelle du zu verantworten, und die gnädige Frau wird dir helfen.« Erst hat Herr Zimmermann wohl ein bißchen dumm aus der Wäsche geschaut, aber hernach merkte er, daß der Berater recht gehabt hatte.

Das Haus des Inspektors war neben dem Kuhstall angebaut. Seine Küche war in einer extra Wohnung untergebracht, in der er und der Verwalter bekocht wurden. Beiden stand ein von uns bezahltes Dienstmädchen zu. Herr Zimmermann erhielt auch ein eigenes Reitpferd, aber er fuhr lieber Fahrrad. Er war ein Mann, kräftig wie ein Bär, mit buschigen Augenbrauen und typischem raspelkurzen Militärschnitt. Einem wie ihm konnte man blind vertrauen.

Voller Umsicht leitete Mutter mit den beiden Männern an ihrer Seite den Betrieb. Sie rationalisierten, wo es nötig war. Die Anschaffung neuer Zugmaschinen ersetzte die zum Kriegsdienst requirierten Pferde, die Felder wurden mit weniger Aufwand an Arbeitskraft besser bestellt. Der alte Schlendrian unter dem entlassenen Inspektor, der das Vertrauen unseres Vaters schamlos ausgenutzt hatte, endete schlagartig.

Nach dem Kauf eines 50-PS-Traktors nörgelte Vater auf Urlaub, mit einer dicken Zigarre im Mundwinkel, Mutter und Herrn Zimmermann zugewandt: »Ihr beede macht mich noch total pleite!« Als der neue Inspektor kurz darauf mit 60 000 RM Reinertrag das Jahr abschloß, erhob der Brotgeber in Hochstimmung sein Glas. »Herr Zimmermann, wir müssen einen lebenslänglichen Vertrag machen!« Es hätte so schön werden können, wenn dieser verrückte Hitler nicht gekommen wäre.

Kriegsgefangene

Im November 1940 hatte man unsere Wanderarbeiter längst durch Kriegsgefangene ersetzt, denn ohne diese zusätzlichen Hilfskräfte funktionierte so ein großer Gutsbetrieb nicht. Etwa 35 polnische Zwangsarbeiter waren im Einsatz, ihnen war es erlaubt, im Gegensatz zu den 25 Häftlingen sich frei zu bewegen. Manche waren auch bei Bauern in Wellerswalde oder in Leisnitz eingespannt. Bei Sonnenuntergang sperrte einer von der Wehrmacht sie allesamt in unser ehemaliges BDM-Unterrichtszimmer weg.

Nach dem Frühstück hackten die ausgemergelten Gestalten Rüben. Hinter einem mit Efeu bewachsenen Mäuerchen sägte der Wächter, den Bauch in die Luft gestreckt. Mutter ließ derweil die Polen das Sportcabriolet aufbocken und die Reifen abmontieren. Als ein Militär unseren Wagen zu Kriegszwecken einziehen wollte, bedauerte sie: »Tut mir leid, wir haben keine Reifen.«

Entgegen den strengen Auflagen der Regierung bestand Mutter auf einer guten Versorgung unserer Arbeitskräfte. Sie steckte ihnen auch mal Zigaretten zu. Ein deutscher Offizier, der das Essen kontrollierte, beschwerte sich bei Herrn Zimmermann: »Ich werde jetzt zu Ihnen kommen zu Mittag. Das Gefangenenessen ist besser als unser Fraß in der Kaserne.« Dank der Geschicklichkeit, die Mutter im Umgang mit den Nationalsozialisten an den Tag legte, umschifften wir alle Klippen erfolgreich.

Diejenigen Parteigenossen, die sich auf unserem Grundstück einfanden, hatten meist schon eine Tasche bei sich, in der die Hausherrin »ruckzuck« einen Fasan oder Hasen verschwinden ließ. Dafür haben die Herren auch gerne mal ein Auge zugedrückt. Herr Zimmermann steckte dem Wieger etwas zu, damit er die Kilogrammzahl des geschlachteten Schweins unseren Bedürfnissen anpaßte. Mit den maßgebenden Persönlichkeiten wie Ortsgruppenleiter, Bürgermeister und dessen überall herumspitzelnder Gemahlin war es ratsam, sich gut zu stellen. Sonst lief überhaupt nichts.

Zum Schmieren eignete sich hervorragend Schnaps. Alle 18 Tage holten Zollbeamte den 98-prozentigen Alkohol aus unserer Brennerei ab. Um die Fässer in andere Behälter umzufüllen, teilte der Inspektor drei seiner fleißigsten Leute ein. Obwohl die Aufpasser auf jeden Tropfen achteten, waren deren Handlanger, egal ob Deutsche, Polen oder Kriegsgefangene, spätestens am Nachmittag sternhagelvoll und schliefen im Stroh ihren Rausch aus.

Unsere Gefangenen fanden bei Mutter und Herrn Zimmermann stets ein offenes Ohr für ihre Sorgen. Uns war das wichtig, denn vielleicht erging es den eigenen Männern einmal ebenso, wenn sie in die Hände der Feinde fielen. Unser mitmenschliches Verhalten trug mehr als einmal seine Früchte, und auch zuletzt im grausigen Ende des Krieges waren es gerade viele dieser Ausländer, die uns geholfen haben.

Der erste Tote

Vom Dachfenster aus hatte ich Hardi Kutsche, den Sohn unserer Haushälterin und unseres Chauffeurs, im Blick, der eben mit einem Schubkarren in Richtung Misthaufen humpelte. Dem Gleichaltrigen hatten sie in Polen sein Bein unterm Knie weggeschossen. Aber das hat er gut überstanden. Mit seiner Holzprothese merkte man fast gar nicht, daß er behindert war. Der Neunzehnjährige war ein großer, stämmiger Mann. Das weiche Kindergesicht, mit dem er einst am Bett meines lungenschwachen Bruders Ehrenfried Krankenwache gehalten hatte, war ihm geblieben.

Hardi griff zur Mistgabel, als ein Offizier vier Kriegsgefangene in den Hof führte. »Bonjour«, hörte ich. Es waren Franzosen. Vater war in Frankreich. Er war 1940 im Divisionsstab von General Guderian in vorderster Linie bis Dünkirchen vorgestoßen. Von der Front schickte er eng beschriebene Karten, die allgemeine Dinge abhandelten wie: »Ich hoffe, es geht euch gut. Wir sind in zahlreiche Kampfhandlungen verstrickt.«

Kai war unterdessen als Bomberpilot in die Luftschlacht um England verwickelt. Wir warteten tagtäglich auf Post. Manchmal lagen Wochen mit Stillschweigen dazwischen. Den Männern war es verboten, über die militärische Lage oder ihren genauen Aufenthaltsort zu berichten. Es hieß jedesmal bloß O.U. (Ortsunterkunft). Heimlich ersehnte ich auch eine Nachricht von Heinz Adam. Alma, die Köchin, hat mir die Post jedesmal unter der Nähmaschine in der Küche versteckt. Liebesbotschaften waren das keine. Heinz war der geborene Soldat, stolz darauf, kämpfen zu dürfen. Und das war auch sein Thema.

Bis dahin war ich gelegentlich mal mit jungen Offizieren ausgegangen. Ein Bekannter Kais, der auf dem Flughafen in Oschatz gelandet war, klopfte einmal bei uns an, ob er zwei Kameraden mitbringen dürfte. Einer davon machte mir, seine Uniformkappe nervös vor dem Bauch herumschlenkernd, noch am selben Abend einen Heiratsantrag. Es gab Frauen, die sind auf so etwas hereingefallen.

Eines Vormittags fingerte ich einen Brief unter der Nähmaschine hervor. Nicht von Heinz Adam, sondern von seiner Schwester Margot. »Heinz ist gefallen. Am ersten Tag vom Frankreichfeldzug.« Direkt hinter der Grenze sei er erschossen worden. Für mich war er der erste Tote in diesem Krieg. Ich habe niemandem davon erzählt. Enttäuschung und Kummer habe ich heruntergeschluckt. Es gibt so viele Sätze, die ich nie gesagt habe.

Verschiedene Dinge nicht verstanden

Als der Waffenstillstand in Frankreich unterzeichnet war, schickte man die französischen Gefangenen nach Hause und Vater auf Urlaub. Übermütig nahm ich zwei Stufen auf einmal nach unten und rief ihm noch im Gang zu: »Jetzt haben wir den Krieg gewonnen!« Aber er winkte bloß ab. »Hast du eine Ahnung, was uns noch bevorsteht. Das kannst du dir nicht vorstellen.« Müde wirkte er. Fahrig und blaß.

Verschiedene Dinge hatte Vater nicht verstanden. In Dünkirchen hätten die deutschen Truppen 400 000 Mann mit einem Schlag festsetzen können. Hitler hatte jedoch für die Panzerverbände einen »Halt«-Befehl erteilt: »Dünkirchen ist der Luftwaffe überlassen.« Die konnte aber nicht verhindern, daß die feindlichen Einheiten über See evakuiert wurden. Diese Geschichte hat Vater sehr zu denken gegeben. Aber die soldatische Pflicht war letztlich über jeden Zweifel erhaben. Zwar lehnte er als Offizier Hitlers Politik ab, doch zugleich liebte er seinen Beruf.

Vater war in sich gekehrt und froh, wenn er seine Ruhe hatte. Am Tisch führte seine Frau die Konversation. Mir fiel fast der Löffel ins Apfelkompott, als er sie abrupt unterbrach: »Dieser Krieg ist kein normaler Krieg. Er zielt auf massenhafte Vernichtung und Ausbeutung, er kann nicht gewonnen werden. Ihr müßt hier weg!« Aber Mutter, unnachgiebig wie ein Maulesel, beharrte: »Wir bleiben!« Tante Silvies Sohn hatte uns für den Notfall angeboten, eine Weile nach Hannover auf das Schloß Bennigsen zu kommen. Aber es herrschte kein Notfall.

Im Gegenteil. Unser Gut erblühte in vollem Glanze. Für die Franzosen schickte man uns Holländer aus dem Konzentrationslager. Frau Zimmermann päppelte sie hoch. Einer der Holländer hatte bald eine Freundin in Wellerswalde. Das Mädchen wurde vor dem Oschatzer Rathaus an den Pranger gestellt. Auf dem Weg zum Zug nach Gottin lief ich an dem Eisenkäfig vorbei, in dem die kleine Frau versuchte, sich gebückt aufrecht zu halten. Durch einen Lautsprecher tönte ein Schnauzbart in Uniform: »Seht euch dieses Drecksweib an!« Die Leute haben sie angespuckt. Ich wandte den Blick ab.

Verkuppelt in Mecklenburg

Auch in Gottin ging es wirtschaftlich bergauf. Bei Lila waren zwei neue Pflichtjahrmädchen und ein neuer Inspektor angestellt. Dieser fette Riese soff zwar wie ein Loch, setzte jedem Rockzipfel nach und schlug die Polen mit der Peitsche, aber er war wenigstens ein guter Landwirt. Da kaum mehr Männer vor Ort waren, bedrängte mich Lila, noch zusätzliche Aufgaben zu übernehmen. »Nein« traute ich mich nicht zu sagen. Fortan führte ich im Gutsbüro die Zuchtbücher, steckte das Geld in die Lohntüten und telefonierte mir die Ohren heiß.

Da ich die einzige in ganz Gottin mit einer Verbindung zur Außenwelt war, rannten mir Arbeiter und Frauen die Bude ein. Einer klagte, daß er für sein uneheliches Kind keinen Unterhalt zahlen könne. Ich habe für ihn die entsprechenden Ämter kontaktiert. Aus Paris klingelte ein verliebter Soldat an. Sein Mädchen schämte sich, mit ihm zu telefonieren, weil sie so etwas noch nie gemacht hatte. Ich nahm die Liebesschwüre für sie entgegen.

Neben all diesem Kram regelte ich auch die Vergabe von Kleider- und Lebensmittelkarten sowie die Kohlezuteilung. Die Karten waren exakt abgezählt. Sowie mir der kleinste Fehler unterlief, schütteten mich die Ämter mit Formularen zu, in denen ich mich reinwaschen mußte. Ich trug eine große Verantwortung. Für einen jungen Menschen wie mich war sie fast zu groß. Verdient habe ich 100 RM bei freier Kost und Logis.

Der Widerling von Inspektor legte mir seine Hände, schwer wie Koteletts, tröstend auf die Schultern. Sein Mund, der vor allem dazu diente zu schnarchen, wenn er seinen Rausch ausschlief, blies warme Luft an meinen Hals. Für diese Art der Zudringlichkeit bin ich ihm derart an den Karren gefahren, daß er mich hernach nicht mehr angeschaut hat. Im Falle eines Engpasses schien mir der Ortsbauernführer im Nachbarort ein geeigneterer Ansprechpartner zu sein. Bei der Gelegenheit würde ich auch endlich den Besitzer von »Tellow« kennenlernen.

Herr Alwardt hatte dieselbe Aufgabe inne wie Herr Siegert-Canitz in Wellerswalde, er war als Berater für die Güter tätig. Der an den Schläfen vornehm ergraute Herr, Mitte 50, verstand sehr viel von seinem Fach und war äußerst hilfsbereit. Trotz seiner hohen Funktion gebärdete er sich nicht wie ein Nazi, er trug auch keine Uniform.

Seit ich mit ihm Verbindung aufgenommen hatte, unternahm das Hausmädchen mehrmals in der Woche einen Anlauf, um mich mit dessen Sohn zu verkuppeln. »Ich wüßte einen so tollen Mann für dich«, fing sie jedesmal mit schwärmerisch verdrehten Augen an, »du und der junge Claus Alwardt, ihr beide würdet wie Deckel und Topf zusammenpassen. Der reitet auch so gerne wie du.« Natürlich war ich neugierig, aber das ließ ich mir nicht anmerken. Lachend warf ich den Kopf in den Nacken: »Ich kann ihn ja gar nicht kennenlernen, der ist doch beim Militär.«

Gelegentlich trieb ich den schwarzen Hengst über den Hof der Alwardts. Die Landwirtschaft in Tellow war fast so groß wie unsere in Wellerswalde. »Wie geht es, Fräulein Christa?« Der alte Charmeur ließ sich jedesmal auf einen Schwatz mit mir ein. Hereingebeten hat er mich aber nie. Dem Vernehmen nach war seine Frau extrem eifersüchtig. Er war ein absoluter Frauentyp – wie sein Sohn.

Als Claus auf Urlaub in Tellow war, erhielt er über den Förster sogleich Kenntnis von dem »lütten Frollein up dem groten swarten Hengst«. Und der Förster betonte ihm gegenüber: »Alle drei Mädchen in Gottin sind toll, aber die beste von allen ist die Sekretärin.« Das interessierte den jungen Kerl sehr ... und es kam, wie es kommen sollte: Wir blickten einander in die Augen, und es war, nicht am ersten, aber schon am zweiten Abend, um uns geschehen!

Erstes Treffen

Im November 1941 wurde zur Hasenjagd in Gottin geblasen. Lila klagte: »Wir haben zu wenig Männer.« Nach einigem Herumgerenne trieben die Pflichtjahrmädchen und ich mehrere ältere Gutsherren, ein paar Bauern mit Jagdschein und eine handvoll jüngere Soldaten auf. »Besser als nichts«, urteilte ich. In dem Moment meldete uns das Hausfräulein mit triumphierenden Gesichtszügen: »Der junge Herr Alwardt ist in Urlaub.« »Christa, rufen Sie dort an«, befahl Lila. Nichts lieber als das. Der Vater zeigte sich erbaut: »Mein Sohn kommt sicher gerne.«

Nach der Jagd hielten wir im Haus ein Mittagessen ab. Da wir jede Kleinigkeit von den Lebensmittelkarten abknapsen mußten, verarbeiteten wir die Erbsen aus dem Garten zur Suppe. Usch, eines der Pflichtjahrmädchen, mit der ich mich angefreundet hatte, legte mir mein Haar. Halblang, nach innen gerollt. Unsere Chefin beäugte uns ein wenig argwöhnisch. Lila war wie wir jung, aber sie bekam nie Post und hockte mit ihrem kleinen Kind alleine da. Mit gebieterischer Geste legte sie fest: »Fräulein Christa, Sie sitzen ganz unten und geben die Suppe aus.«

Nach und nach fand sich die Gesellschaft an der langen Tafel ein. Mit dem Löffel klopfte die Hausherrin gegen ihr Weinglas, bis Ruhe eingekehrt war. Nach einer knappen Begrüßungsansprache gab sie die Ergebnisse der Jagd kund: »Der Schützenkönig ist Claus Alwardt.« Mein rechter Sitznachbar erhob sich und verneigte sich kurz. Enttäuscht taxierte ich ihn: »Ach, der ist das.« Er war so blaß und so dünn. Das dunkelbraune Haar angeklatscht wie geölte Spaghetti. »Ne, der gefällt mir nicht«, hakte ich die Angelegenheit ab.

Noch mal drehte ich eine Runde mit dem Suppentopf in der Hand, Claus aber lehnte ab. »Sie sehen aber so aus, als wenn Sie noch etwas vertragen könnten«, neckte ich ihn. Da tat er mir den Gefallen, nahm noch eine halbe Kelle und packte die Gelegenheit beim Schopf, um mit mir ins Gespräch zu kommen. Ich habe nicht viel von mir preisgegeben, nur daß ich in Gottin mit zwei anderen Mädchen eine Stellung innehätte.

Mit einer Zigarette in der Hand und einem Funkeln in seinen stahlblauen Augen versuchte er herauszufinden: »Wer von euch ist denn die Sekretärin?« »Keine Ahnung«, erwiderte ich verschmitzt. Der Typ ließ nicht locker. »Ich habe noch ein paar Tage Urlaub. Wenn ihr Lust habt, gehe ich mit euch dreien zum Tanzen nach Teterow.«

Lila gab uns gnädig frei, und am nächsten Abend holte Claus uns geschniegelt in Ausgehuniform pünktlich um 18 Uhr mit der Kutsche ab. Wir hatten uns in Schale geworfen und nahmen sittsam auf der Rückbank Platz. Claus schnalzte mit der Zunge, die Pferde trabten los. Da spürte ich zum ersten Mal dieses Ziehen im Magen.

Der Fahrer, mit hochgeschlagenem Mantelkragen, den Hut in die Stirn gezogen, warf einen Blick über die Schulter auf die drei albernen Gänse hinter sich und forschte nach: »Wer von euch dreien ist denn nun die Sekretärin?« Usch und ich zuckten so unschuldig wie nur möglich die Schultern, die andere hielt sich giggelnd die Hand vor die rotgeschminkten Lippen.

»Ich tanze mit dir in den Himmel hinein«

Erst auf der Tanzfläche habe ich das Geheimnis gelüftet. »Sie können doch reiten«, haspelte Claus aufgewühlt los, »dann können wir auch mal zusammen ausreiten.« Ich bemerkte wieder dieses Ziehen. Wenn dieser Mann lächelte, lächelte alles an ihm mit. Seine gekrümmte Nase kräuselte sich, seine Augenbrauen bogen sich, und Grübchen erschienen, wo vorher keine gewesen waren. Kurz vor Mitternacht schoben wir uns eng aneinandergeschmiegt zu langsamem

Walzer über das Parkett. »Ich tanze mit dir in den Himmel hinein, in den siebenten Himmel der Liebe.«

Die Luft glühte um uns herum, fast wie Phosphor. Das wäre das Allerbezauberndste überhaupt gewesen, wenn mich am Bauch nicht so etwas Hartes dabei gedrückt hätte. Ich zischte ihm ins Ohr: »Nimm doch bitte die Streichholzschachtel aus deiner Hose.« Claus guckte mich so merkwürdig an, bevor er den Saal verließ. Zehn Minuten darauf kam er zurück, ohne Streichholzschachtel.

Auf dem Rückweg gesellte ich mich zu ihm vorne auf den Bock. Die Sterne blitzten. Unser Atem wehte gleich einer Rauchfahne in der kalten Winterlandschaft hinter uns her. Und Claus küßte mich. Ganz vorsichtig. Und ich spürte, wie sich mein Magen zusammenkrampfte. Erst tat ich, als leiste ich Widerstand, ließ aber seine Hand um meine Hüfte gleiten, bis ich seufzend mit den Worten »na gut« nachgab. Und die Kichererbsen hinter mir konnten sich nicht am Riemen reißen.

»Hoffentlich werde ich jetzt nicht schwanger«, trübte sich für eine Viertelsekunde meine Laune, aber meine Sinne waren völlig vernebelt. Solche Gefühle hatte ich vorher noch nie empfunden. Ich war hin und weg. Claus legte den Arm um meine Schultern, in der anderen Hand hielt er die Zügel. Das fand ich unglaublich lässig. Mit geschlossenen Augen schmiegte ich mich an seine Schulter und wünschte mir, dieses Gefühl für alle Ewigkeit festhalten zu können.

Dieser Mann konnte einen in Windeseile um den kleinen Finger wickeln. Er war so gewinnend und so wortgewandt und so aufmerksam …

Es paßte einfach alles

Silvester war im Anmarsch. Mit klopfendem Herzen lag ich wach, den Kopf voller rauschhafter Phantasiegebilde. Claus hatte uns Junggesellinnen zu sich nach Tellow geladen. Das war eine halbe Stunde zu Fuß. Das Haus seiner Eltern war nicht eben üppig ausgestattet, unten öffnete sich der Flur nach zwei Seiten hin. Rechts ins Wohnzimmer und den Salon, links ins Eßzimmer und die Küche.

Im Salon spielte eine Dame Grammophon. Die Paare drehten sich zur Musik. In der Ecke lächelte eine Kopie der Venus von Milo. Langsamer Walzer war wieder angesagt. Claus schwofte wie ein junger Gott. Er sagte, daß er mich großartig fände und mit mir zusammenbleiben wolle. Wir waren bis über beide Ohren ineinander verknallt. Am Morgen darauf holte er mich ab und führte mich durch den Pferdestall in Tellow.

Vor der nächsten Box nahm er mich auf einmal an den Händen und guckte mir ernst in die Augen, »Sag mal, weißt du eigentlich, wie das zwischen Mann und Frau abläuft?« Sanft strich er mir eine Strähne aus dem Gesicht. Mit glühenden Wangen habe ich zugegeben, daß ich keine Ahnung hätte. Er war ein Mensch, dem ich vollkommen vertraute. Einer, der im selben Moment wie ich lachte. »Bei Gelegenheit werde ich es dir erklären«, ließ er mich wissen. Und wir mußten beide wieder lachen.

Am 2. Januar hat uns die Realität von einer Sekunde auf die andere aus unserem Honigmond gerissen. »Ich muß nach Rußland«, sagte Claus. Mir erschien das so weit weg, unerreichbar weit. Für Hitler war diese Schlacht ein »Kreuzzug«, der ihm helfen sollte, ein »großgermanisches Reich« zu gründen. Auch Vater und Kai schlugen sich im Osten durch. Ich knetete meine Hände wie ein Schulmädchen, das ein Gedicht vortragen soll. Claus umarmte mich. »Wartest du auf mich?« fragte er. Ich spürte sein Herz klopfen. Aus meiner Kehle kam ein rauhes: »Ist doch klar.« Wir haben uns jeden Tag Briefe geschrieben, einer zärtlicher als der andere. »Hoffentlich ist der Krieg bald vorbei.« Darauf brannte mein Liebster.

Bei uns beiden paßte einfach alles. Claus war ein geradliniger, aber auch diplomatischer Mensch. Wie ich war er mit Leib und Seele ein Landkind, liebte Pferde und mochte die Jagd. Schon bei unserem zweiten Treffen hatten wir Zukunftspläne geschmiedet. Es war so eine magische Gewißheit, die uns erfaßte, daß wir zusammengehörten. Uns schwebte vor, gemeinsam den Musterbetrieb seines Vaters weiterzuführen. Wir sehnten uns nach Normalität. Bisher hatte mein Freund davon nicht viel mitbekommen. Nach dem Abitur hatte er beim Arbeitsdienst am Westwall mitgeschaufelt, im Anschluß daran hatte man ihn als Reservist zur Artillerie geschickt. »Erst die Pflichtzeit ableisten, dann Landwirt lernen.« Mehr verlangte Claus vom Leben nicht.

In einem seiner nächsten Briefe beschrieb er mir sachlich, wie das zwischen Mann und Frau abläuft. Das Praktische haben wir nachher ausprobiert.

Liebe in Zeiten des Krieges

So oft wie möglich habe ich ein 50-Gramm-Päckchen mit Keksen oder Zigaretten nach Rußland versandt. Einmal im Monat erhielt man eine Briefmarke, mit der JU 52 drauf, damit durfte man ein Kilogramm verschicken. In einen selbstgestrickten Schal wickelte ich ein Fläschchen »Chanel« ein. »Das ist das Schönste«, griff Claus unversehens zur Feder, »an einem so weit entfernten Ort etwas Vertrautes von dir zu riechen. Für Momente bist du mir ganz nah.«

Lila und ich haben auch Kuchen für die Soldaten gebacken. Hubertus konnte ihn nicht mehr essen. Eine Maschinengewehrsalve hatte ihm Unterkiefer und Lunge herausgerissen. Die Witwe war sehr tapfer, ihre Familie stützte sie. Was wäre, wenn Claus dasselbe zustieß wie Heinz Adam und Hubertus Hagen? Ich redete mir selber zu wie einem Kind, das im Dunkeln in den Keller geschickt wurde und sich darin vor Ungeheuern fürchtete: »Ganz ruhig, ruhig bleiben.«

In den Dämmerstunden las ich Usch, im Schneidersitz auf meinem Bett, aus einem Brief von Claus vor. »Wenn ich zu Hause bin, stelle ich dich offiziell meinen Eltern vor. Mit Mutter wird es allerdings schwierig.« Dieser Mecklenburgerin ohne Familienwappen fehlte es noch, daß sie eine adelige Schwiegertochter bekäme. Wie der Deckel von einem kochenden Wasserkessel hüpfte ich in meinem Zimmer wütend auf und ab. »Die ist doch nur neidisch«, beschwichtigte mich meine Gefährtin, die wie ich aus gutem Hause stammte, »schnöder Mammon kann eben nicht alles kaufen. Erst recht keine Klasse.« Tags darauf schnürte ich meine Schuhe. Ich wollte nach Tellow aufbrechen. »Das werde ich geraderücken«, murrte ich.

Das Dienstmädchen öffnete mir die Tür. »Ich möchte Frau Alwardt sprechen«, bedingte ich mir erhobenes Hauptes aus. Die Dame des Hauses hielt gerade Kaffeeklatsch ab. Sie hatte aschblondes Haar und eine Knubbelnase, und ihr Mund sah nicht so aus, als ob sie ihn allzu oft zum Lächeln benutzte. Frau Alwardt blickte mich an, als wäre sie nicht sicher, ob meine Anwesenheit gut oder schlecht für sie war.

»Ich und ihr Sohn«, legte ich schnurstracks los, »wir sind uns einig. Wenn Ihnen das nicht paßt, ist es jetzt noch Zeit, die Sache abzublasen.« »Um Gottes willen, wie kommen Sie denn darauf? Ich wußte ja gar nicht davon«, sagte sie verlegen. Dabei wurde ihr pausbäckiges Gesicht über und über rot, denn sie wußte es natürlich sehr gut. Herr Alwardt trat von hinten hervor. »Unser Sohn kann sich seine Frau natürlich selbst aussuchen.«

Kriegsschule in Potsdam

Das Wiedersehen mit Claus war ein einziges Prickeln. Es war wie ein Besuch in einer anderen Welt, deren einzige Bewohner wir waren. Verändert hatte Claus sich in diesen letzten Wochen des Blutvergießens nicht. Er war liebevoll wie vorher. Schon am Bahnhof sind wir uns in die Arme gefallen, unsere Küsse endeten nicht. Um uns herum war es voll mit weinenden und lachenden und schmusenden Paaren.

Zehn Tage lang war mein Liebster bis hierher auf Tour gewesen. Er stank wie ein Bär. Über seine Erlebnisse wollte er nicht reden. Wir waren einfach froh, daß wir zusammen sein durften. Claus erwähnte nur, daß ein Vorgesetzter ihn zu einem Besuch der Kriegsschule in Potsdam überreden wollte. »Mit Ihrer Vorbildung haben Sie die besten Voraussetzungen zum Offizier«, habe er ihn gelockt. Aber eine Karriere an der Front hat meinen Freund nie interessiert. Und zur Infanterie zog es ihn schon gleich gar nicht. »Ich bin Landwirt, kein Soldat.« Mit diesen Worten habe er das Angebot freundlich, aber bestimmt abgelehnt.

Noch im Urlaub erhielt Claus den Bescheid, daß er in Potsdam angemeldet sei. »Ich will nicht ständig marschieren und ungeschützt als Munitionsfutter vorne im Graben liegen«, sträubte sich mein Freund, obwohl er wußte, daß das Energieverschwendung war. Er hatte ein Gesicht wie ein Verurteilter vor der Hinrichtung. Ich behielt meine Meinung besser für mich. Denn ich fand die Idee mit der Schule gar nicht schlecht. Da war mein Schatz ein halbes Jahr ganz nah bei mir.

Heimlich verlobt

Mit »Körper, Geist und Seele« wurde Claus auf seine militärische Laufbahn vorbereitet. Er lernte »ausgewogene Verstandeskraft mit Charakterstärke und Entschlußkraft« für seine zukünftigen Aufgaben als Truppenführer zu verbinden. Ich bewarb mich derweil in einem Saatzuchtbetrieb bei Halberstadt im Harz als Lehrling. Noch in Gottin erreichte mich ein Schreiben von Margot Adam, durch den Tod ihres Bruders Heinz waren wir uns nahegekommen. Sie sollte in eine Munitionsfabrik eingezogen werden. »Wenn es irgendwie geht, liebe Christa, besorge mir doch auch so eine Stelle, wie du eine hast.« Ich veranlaßte, daß Lila sie als meine Nachfolgerin übernahm.

Meinen letzten Sonntag in Mecklenburg verbrachte ich bei Claus in Tellow. Seine Eltern hatten sich diskret zurückgezogen. Mein Angebeteter umhalste mich. »Wir werden uns jetzt heimlich verloben. Du brauchst dich nicht zu fürchten.« Er öffnete mir die Knöpfe meiner Bluse. Allmählich gab ich nach und ließ meine Hände sinken. Bis dahin hatten wir uns vielleicht viermal getroffen. Im Krieg hatten es die Liebenden eilig. Vielleicht war so ein Denken in solchen Zeiten naturbedingt, die Familie sollte erhalten bleiben.

Claus hatte vor mir einen Haufen Freundinnen gehabt, Gott sei Dank, sonst wären wir beide so blöd gewesen. Während seiner Internatszeit war er längere Zeit mit einer Schneidertochter liiert gewesen. In der Uhrenkette von ihm war noch ihr Name eingraviert. Das, was vorher war, hat mich aber nicht interessiert. Das, was noch kommen sollte, um so mehr.

Dieser Mann gab mir alles, was ich bisher so vermißt hatte: Zärtlichkeit, Liebe und Nähe. Was für ein Gefühl! Dieses Schweben, diese Energie, dieser erotische Taumel. Draußen strich ich mir den Mantel glatt. Vielleicht sah man mir an, was Claus und ich gerade gemacht hatten. Vielleicht sah man ein Leuchten in den Augen oder hörte ein Schwanken in der Stimme. Beschämt senkte ich den Blick, als ein Arbeiter mit einem Sack über der Schulter an uns vorbeischlurfte.

Naturbedingtes Denken im Krieg

In Halberstadt bezog ich im Dezember 1941 mit anderen Lehrlingsmädchen einen an die Schule angegliederten Wohnblock. Als zukünftige Saatgutassistentin mußte ich mit roter Beize hantieren und handelte mir kurzerhand eine Allergie davon ein. Der Arzt schickte mich für zwei Wochen zur Erholung nach Hause. Aus dem europäischen Krieg war zwischenzeitlich ein Weltkrieg geworden.

Jedes zweite Wochenende hatte ich mit Claus in einer Suite im vornehmen Berliner »Fürstenhof« ein Stelldichein. Für die Oper am Abend schlüpfte ich in mein altrosa, wie Damast schimmerndes Kleid, das er so an mir liebte. In Wellerswalde hatte ich Mutter vorgeschwindelt: »Ich besuche Margot Adam in Dresden.« Auch meine Schwiegereltern in spe ahnten nichts von unseren vorehelichen Versuchen, uns so nahe wie möglich zu kommen. Jedoch erwischte uns Frau Alwardt bei einem gemeinsamen Treffen in Berlin in flagranti in den Federn. Die Tür flog genauso geschwind wieder zu, wie sie aufgegangen war. Die Sache war mir unheimlich peinlich. »Sie will doch sowieso so schnell wie möglich einen Enkel«, beschwichtigte mich Claus.

Nachmittags war mein Liebster schon nach Potsdam aufgebrochen, ich wollte zurück nach Halberstadt. Plötzlich fingen auf der Straße die Sirenen an zu heulen. Fliegeralarm! Die Menschen flüchteten in die Hauseingänge. Alle Fahrten wurden bis auf weiteres gestrichen. Ich schlug die Hände überm Kopf zusammen, ich konnte doch nach meinem letzten Allergieschub nicht schon wieder bei der Arbeit fehlen. Mein Geld reichte gerade noch für die Fahrkarte. Eine Übernachtung konnte ich mir nicht leisten.

Vom Brandenburger Tor aus schickte ich erst mal ein Telegramm zur Saatzuchtanstalt. Vereinzelt standen Leute in dem Büro herum, keiner achtete auf den anderen. Verzweifelt machte ich meiner Beklemmung Luft: »Wo soll ich bloß bleiben?« Ein vornehm gekleideter älterer Herr meldete sich zu Wort: »Ich weiß eine Unterkunft für Sie.« Er zeigte über die Straße auf das »Adlon«. »Um Gottes willen!« entfuhr es mir, das Grand Hotel war *die* erste Adresse in Berlin. »Aber leider Gottes müssen Sie da in der Badewanne schlafen«, schränkte der Grauhaarige ein. Er hatte in dieser Nobelburg einen gehobenen Posten inne.

In der Empfangshalle verschlug es mir fast den Atem. Ich zwang mich dazu, den Mund wieder zu schließen. Wo war ich hier bloß gelandet? Unter Kronleuchtern parlierten NS-Bonzen in protzigen Uniformen, einen Cognac-Schwenker in der Hand, mit maisgoldenen Vollweibern. Zwischen dieser Klientel hätte bloß noch der Führer persönlich gefehlt. Ohne große Worte lenkte mich der Gentleman durch einen Flur über weiche Teppiche und mit edlen Stoffen bespannte Wänden in ein Bad aus Marmor.

In der riesigen Wanne lag eine Matratze. »Sperren Sie ab«, riet mir mein wohlmeinender Helfer und wünschte noch eine gute Nacht. Die Welt, wie ich sie von hier aus sah, war von erlesener Eleganz. Nur rüttelte fast alle Stunde jemand an der goldenen Klinke und störte meine Nachtruhe. »Hier ist kein Bad, hier schläft jemand!« erboste ich mich. Als ich am nächsten Morgen mit dunkelunterlaufenen Augen in Halberstadt einlief, kassierte ich erst mal einen heftigen Anschiß. »Glauben Sie etwa, daß für Sie dauernd eine Extrawurst gebraten wird?« machte mich der Lehrer zur Schnecke.

Geheimhaltung

Obgleich ich mit Mutter in regelmäßigem Briefwechsel stand, hatte ich bislang in keiner Zeile den Namen von Claus erwähnt. In ihren Augen war doch sowieso jeder »völlig unpassend«. Zuletzt hatte sie meiner Schwester deswegen das Leben madig gemacht. Lütte hatte sich mit einem unserer Erntehelfer eingelassen. Nach einer Weile hat sie die Heimlichtuerei nicht mehr ausgehalten und Mutter ihre Gefühle offenbart. Als Konsequenz hatte sie die heulende Schwester auf einen Hunderte von Kilometern entfernten Gutshof verstoßen. Erst als deren Liebhaber gefallen war, durfte Lütte wieder heimkehren. Claus sagte einmal zu mir: »Zu euch komme ich erst, wenn ich meinen Leutnantstern habe.«

Früher oder später mußte ich meiner Mutter gegenüber geradestehen. »Ich habe mich an einen Mann gebunden, auch wenn du ›nein‹ sagst, werde ich ihn heiraten.« Forsch setzte ich den Punkt am Ende des Satzes. Mit nervösem Grummeln im Bauch schlitzte ich zwei Tage später ihre Antwort auf. »Liebe Christa, Ich weiß schon längst Bescheid.« Das hätte ich eigentlich ahnen können. Mutter hatte es von einer Tante vernommen, der es wiederum eine andere Adelige zugesteckt hatte. Die Kreise der großen Gesellschaften waren eben klein.

Das Glück von Claus und mir war grenzenlos, als meine Familie uns ihren Segen gegeben hat. Es kam mir vor, als würde ich aus einem Kokon kriechen und meine Flügel entfalten …

Das Leben ist herrlich einfach …

In Halberstadt besorgte ich mir ein Tagebuch. Darin habe ich Briefe an Claus geschrieben. Briefe an meinen Liebsten, von dem ich nicht genau wußte, wo er war und ob er noch lebte. Vorgelesen habe ich ihm daraus aber nie, das war viel zu persönlich.

Tagebuch, 7.3.1942,
Langenstein b. Halberstadt

Lieber Claus,

Sonnabend, das Leben ist herrlich einfach. Meine Laune ist auch danach. Morgen ist Wochenende, ich bin ein freier Mensch, keine Arbeit. Außerdem steht mir eine besondere Ehre bevor. Die Besitzerin des Betriebes hat mich zum

Mittagessen eingeladen. Vielleicht wird sich bei dieser Gelegenheit mal wieder herausstellen, daß da verwandtschaftliche Beziehungen untereinander bestehen. Sie ist eine geborene Gräfin von Vitzthum wie meine Tante väterlicherseits ...

Gestern war ich noch mal beim Arzt, denn mein Gesicht war plötzlich dick angeschwollen. Wenn das nicht besser wird mit der Allergie, muß ich wieder mit der Arbeit aussetzen. Nachts stiehlt mir das Gejucke den Schlaf ...

Nachher steigt mal wieder ein Budenzauber bei einem anderen Lehrlingsmädchen. Das geht folgendermaßen vor sich: Zuerst wird Glut für den Ofen in der Kemenate organisiert. Wenn es endlich bullert, packt unsere Rheinländerin eine Flasche Wein aus. Im Anschluß daran wird geklönt, Jugenderinnerungen werden ausgetauscht, und die Tanzkapelle tagt. Das Haus wackelt vom Jazz und Step-Gejohle, das ich mit meinem Karnevals-Saxophon und mit Händen und Füßen ausführe. Es macht einen Heidenspaß, und die doofe Leiterin oben fliegt fast aus ihrem Bett. Morgen ist alkoholfrei, wegen meiner Allergie.

Heute abend in einer Woche bin ich bei dir. Das wird viel, viel schöner sein. Wir wollen allein beisammensitzen und Berlin Berlin sein lassen und uns aneinander freuen. Die Zeit ist zu knapp, um noch andere Unternehmungen zu machen. Das sind wieder ein paar Stunden unwirklicher Wirklichkeit. Dann wollen wir alles vergessen, was Sorgen macht, und uns, durch die Nähe des anderen, genießen.

Ich gerate schon wieder ins Träumen. Als ich gestern im Wartesaal in Halberstadt auf den Zug wartete, trat ein junger Unteroffizier mit einem Mädchen herein. An seiner Brust prangte ein Sträußchen Maiglöckchen, die beiden waren jung verliebt. Ihre Ringe an der linken Hand glänz-

ten noch so neu. Er mußte ins Feld zurück. Da war nichts von einem Flirt oder einer oberflächlichen Liebe, ein tiefer Ernst lag über beiden. Doch sie lachten sich tapfer zu, um den Abschiedsschmerz zu unterdrücken. Ich habe dabei an uns gedacht. Wir hätten es auch nicht anders gemacht.

Stuhl vor die Tür gesetzt …

14.3.42, Wellerswalde

Lieber Claus

… wegen meiner Allergie hat man mir den Stuhl vor die Tür gesetzt. Na ja, grämen wir uns nicht, die Langensteiner Affäre ist vorüber, und die Welt ist groß. Für mich findet sich da immer wieder ein Fleckchen zum Arbeiten. Und wenn sich nichts findet, komme ich zu dir und führe dir deinen Soldatenhaushalt. Dir komme ich bestimmt nicht ungelegen.

Jetzt bin ich zu Hause und kuriere mich mit viel Schlaf, Essen und Spiritus. Heute sind es schon vier Wochen, seit wir uns das letzte Mal gesehen haben. Doch diese Tage sind noch in mir. Alles und jedes steht mir fest vor Augen. Ich zehre davon.

In einer Woche ist es soweit! Du sollst deine dicke Arbeit in Potsdam vergessen und wieder so glücklich sein wie das letzte Mal. Das habe ich mir vorgenommen, wenn ich bei dir bin, sollst du glücklich sein. Dein zufriedenes Grunzen liegt mir noch in den Ohren. Es hat mir so gut gefallen, daß ich es immer wieder hören möchte.

Unvergeßliche Tage

aus Wellerswalde, am 29.4.42

Lieber Claus,

... die Tage bei dir waren unvergeßlich, das erste Mal in Berlin und die Begegnung am letzten Sonntag mit dir und deinen Eltern im »Fürstenhof«. Eine Fülle von Ereignissen ist auf mich eingestürmt. Daß jedes Zusammensein mit dir ein Fest für mich ist und daß ich nichts unversucht lasse, zu dir zu gelangen, weißt du auch.

Laß mich nur noch ein paar Worte sagen zu dem Treffen mit deinen Eltern. Ich bin nach diesem Zusammensein der beschwingteste Mensch auf Erden. Denn jetzt weiß ich mit tiefer Sicherheit, daß auch der Segen deiner Eltern auf unserer Liebe ruht. Bald ist es soweit. Schon heute denke ich daran, wie ich in unserer Hochzeitsnacht ein Kind von dir empfangen werde. Voller Glück bin ich, daß ich dazu berufen sein werde, diesem von dir geschenkten Leben für eine kurze Spanne Platz unter meinem Herzen schenken zu dürfen. Ach, mein geliebter Mann, wäre es erst soweit. Ich habe solche Sehnsucht danach ...

Offizielle Verlobung

Im Mai 1942 setzten wir unsere offizielle Verlobungsfeier, gemeinsam mit den Schwiegereltern, in Wellerswalde an. Eigentlich hatten Claus und ich darauf gesetzt, daß bis dahin der Krieg zu Ende sei. Ehrenfried hatte Ferien, und Vater war auf Heimaturlaub von der Spionageabwehr im Balkan. Aus Bulgarien hatte er Mutter bis dato mit Unmengen der besten Orientzigaretten eingedeckt, die uns in diesen und späteren Zeiten unschätzbare Dienste leisteten, denn die Glimmstengel waren damals mehr wert als Gold.

Zaghaft setzte ich Vater gegenüber die Worte, ob er mir für das Fest ein Kleid kaufen könne. Ich hatte mich auf zähe Verhandlungen eingestellt. Um so mehr überrumpelte mich seine spontane Reaktion: »Komm, wir fahren nach Oschatz!« Ich traute dem Braten nicht, deshalb gab ich zu bedenken, daß auf meiner Kleiderkarte nur noch zwei Punkte seien. »Dafür erhält man ein Paar Strümpfe.« Verlegen biß ich mir auf die Lippen. »Das spielt keine Rolle«, hielt er dagegen, »du wirst schon sehen, was wir für ein tolles Kleid für dich bekommen.«

Seit Vater im Krieg war, hatte er sich verändert. Seine Wutausbrüche und auch seine Depressionen waren wie weggeblasen. Er war weicher geworden, nahm uns Kinder endlich wahr. Bei Strategiespielen auf dem Papier und bei Feldzügen war er in seinem Element. Auch wenn er im selben Zuge Dinge von sich gab wie: »Dieses Blutvergießen bringt nur Unglück über die Menschen.« Ihm ging es um viel mehr. Um Ehre und Eid, nationale Größe und soldatischen Gehorsam, dazu kam noch sein ausgeprägtes Elitebewußtsein.

Vater warf eine Ledertasche hinten beim DKW auf den Notsitz. In einer Boutique ließen wir uns aus bequemen Polstersesseln verschiedene Kostüme vorführen. Ich wählte ein weißes Kleid, bestickt mit blauen Blumen. Mein großzügiger Spender zog zwei Fasanen an den Füßen aus seiner Tasche, das leblose Geflügel verschwand postwendend hinterm Ladentisch, und das Geschäft war gelaufen.

Die Urlaubstage von Vater waren an der Hand abzuzählen. Er lernte Claus, der seine Schule erfolgreich als Leutnant abgeschlossen hatte, leider nicht mehr kennen.

Während ich mich, überwältigt von meinem eigenen Anblick, in dem Blumenkleid vorm Spiegel drehte, ersann mein kleiner Bruder einen Trick, seinem Internat noch ein paar weitere Tagen zu Sonderferien zu verhelfen. Er wollte unbedingt bei der Verlobungsparty mit dabei sein.

»Stell dir vor«, hatte er mir zuvor noch begeistert berichtet, »ich werde als Flakhelfer die Industriewerke bei Leuna schützen.« Der Junge war 15 Jahre alt. Toll fand das keiner außer ihm selbst. Die Schule lief nebenher weiter. Telefonisch schaukelte Ehrenfried, mit Taschentuch vorm Hörer, dem Schulsekretariat eine durchaus realistische Story vor: »Hier Standortverwaltung Bautzen. Wir erwarten einen großen Transport Verwundeter, die wir nicht mehr in den hiesigen Lazaretten unterbringen können, wir müssen Ihr Internat schließen und erklären es hiermit zum Hilfslazarett!« Der Schulleiter schickte seine Zöglinge kurzerhand wieder heim.

In der Kutsche zuckelte ich zum Bahnhof, um Claus abzuholen. Aus der Verwandtschaft hatte sich nur Tante Marga aus Zöschau pikiert gezeigt, daß ich plante, einen Bürgerlichen zu ehelichen. Wußte doch schon Kaiser Wilhelm II.: »Mit Bürgerlichen ist das wie mit Schwan und Gans.« Mit dem Ringwechsel würde ich meinen Namen ablegen. Für mich war das, als streifte ich etwas Lästiges ab. Als ich mit meinem Liebsten untergehakt ins Turmzimmer schritt, hatte die Zöschauer Tante mit verkniffenen Lippen unter den anderen Gästen an der reich geschmückten Tafel Platz genommen.

Im Nu wickelte Claus alle mit seiner Frische und Herzlichkeit um den Finger. Er parlierte über die Jagd, parodierte den Herrenmenschen Hitler mit abgehackter Stimme und forderte Tante Marga mit einem formvollendeten Handkuß zum Tanz auf. Mutter zog mich zur Seite und flüsterte mir zu: »Du, den mag ich.« Mir fielen etliche Steine vom Herzen. Sogar Tante Marga zwang sich ein mildtätiges Lächeln ab. Beschwingt griff Mutter ihr Glas und rief begeistert. »Dieser Mann ist mein fünftes Kind!«

Eigentlich neigt das mecklenburgische Temperament im Gegensatz zum sächsischen eher zur Steifheit, so wie das meiner Schwiegermutter. Aber mein Geliebter konnte unheimlich ausgelassen sein, wenn man ihn denn nur ließ. Wahrscheinlich hat ihn das auch so an mir angezogen. Daß ich so lebhaft war und lauter Blödsinn im Kopf hatte.

Glückliche Fata Morgana

Sobald das elende Gemetzel auf der Welt beendet sein würde, würden Claus und ich das geliebte Landleben im trauten Familienkreis mit vielen Kindern beginnen. Das war wie eine Fata Morgana, die so greifbar vor uns lag. Daß der Krieg eventuell auch für uns verheerende Folgen haben könnte, haben wir nicht ernsthaft in Betracht gezogen.

Im November 1942 war unsere Hochzeit in Wellerswalde geplant. Mein Verlobter, frisch ausgebildeter Infanterieoffizier, kämpfte einstweilen als Scharfschütze auf dem Vormarsch in den Kaukasus um sein Leben. Ein Todesposten. Vor der Abreise hatte er mir sein Präzisionsgewehr gezeigt. »Das ist von einem Russen, der gefallen ist.« Und nach einer Pause fügte er hinzu: »Ich mußte schon einige töten, damit sie mich nicht töten. Wir sitzen uns ja ständig gegenüber.« Er hat darüber nicht weiter geredet. Nur noch, daß er nichts gegen die Russen habe. Was das alles für seine Seele bedeutete, durchblickte ich damals nicht.

Claus mochte nicht mehr, daß ich ihn zum Bahnhof begleitete. Ich aber wollte bleiben bis zum letzten Moment. Durch das Fenster haben wir uns noch an den Händen gehalten, als der Zug losgefahren ist. Zuletzt bin ich neben ihm hergelaufen und als ich nicht mehr so schnell laufen konnte, bin ich zusammengebrochen und habe wie ein Schloßhund angefangen zu heulen. Diese Abschiede, sie wurden immer schrecklicher.

Mein Brautkleid war schon genäht. Kai hatte mir als Beigabe, von seinen Flugeinsätzen auf Malta, schwere weiße Seide und tolle Nylons zugeschickt. Endlich traf auch das ersehnte Telegramm mit der Heiratsgenehmigung ein, unterzeichnet von Generalmajor Keitel. Wie eine Verrückte tanzte ich mit dem Zettel in der Hand durchs Treppenhaus. »Hurra, ich heirate!«

Kurz vor dem Hochzeitstermin ereichte mich ein weiteres Telegramm, diesmal mit Unterschrift von Claus. »Es tut mir leid, wir haben Urlaubssperre.« Die Briefe blieben aus, das Warten nahm kein Ende. Ich bin halb wahnsinnig vor Kummer geworden. Endlich eine Nachricht! »Ich bin so traurig, daß wir uns so selten sehen können.« Seine erste Zeile.

Besuch der ungarischen Gräfin

Das Leben war einsamer geworden. Die großen Jagdgesellschaften fanden nicht mehr statt. Feste und Geburtstage begingen wir nur noch in kleinem Rahmen. Wenigstens brachte Tante Silvies Tochter etwas Abwechslung ins tägliche Einerlei. Schwesti guckte jeden Abend in Wehrmachtsuniform bei mir vorbei. Sie ritt in der Oschatzer Remonte-Schule junge Pferde für den Kriegseinsatz zu.

Um mal herauszukommen, unternahm Mutter einen Ausflug zu Tante Silvie nach Bayern, und Vater, gerade auf Urlaub, streifte zu unserem Erstaunen seinen glattgebügelten Anzug über. Ein elegantes Auto parkte vor dem Haus, eine ebenso elegante Gräfin entstieg ihm. Es war Vaters Geliebte, die er in Ungarn auf der Jagd kennengelernt hatte, ihr Bruder war ein hohes Tier im Vatikan. Mit einem Räuspern stellte der Hausherr Schwesti und mir seine Holde vor. »Sie wird ein paar Tage als Gast bleiben.« Die Dame, pusteblumenzart, trug nicht zu knapp Schminke, hohe Korkabsätze und lackierte Fingernägel – der komplette Gegenentwurf zu Mutter.

Schützend legte Vater ihr im Garten eine Jacke um die Schultern. Er hofierte sie und turtelte, war kaum wiederzuerkennen. Schwesti und ich haben uns bloß angeguckt und losgeprustet. Nach der Abreise unserer Besucherin gingen Post und Erinnerungsfotos – Christa und Gräfin beim Tischtennis – an meine Adresse. Mutter hat nicht nachgefragt, sicher aus kluger Rücksichtnahme.

»Wie stehen Sie zum Nationalsozialismus?«

»Fleißige Gutssekräterin gesucht.« Über eine Zeitungsannonce erhielt ich eine Einladung zu einem Vorstellungsgespräch. »Blumenow« war auf der Karte ein Tupfer im Süden von Mecklenburg an der brandenburgischen Grenze. Zwei hochgezüchtete Schimmel schnaubten vor einem Wagen mit Gummirädern. Ein Kutscher in Livree nahm mir meine Reisetasche ab. Noch mehr aber beeindruckte mich das Schloß, zu dem wir nach einer langen Auffahrt einbogen. Die gesamte Anlage in der Havelgegend, mit Badesee und Badehaus, war traumhaft. Der Chef des Hauses, ein Kölner, galt als weltgewandter Banker.

In der Halle hing ein Landschaftsbild von Gainsborough, Marmorskulpturen rahmten den Flur, wertvolle Perser dämpften die Schritte. Im holzgetäfelten Büro erwarteten mich Herr Hansen und sein Inspektor. Während sich der Gutsherr anfänglich in vornehmes Schweigen hüllte, klopfte mich der andere nach meinem Können ab. Meine Befangenheit konnte ich gut überspielen, ich plauderte lustig drauflos und erwähnte beiläufig, daß ich bereits mit Pferden gearbeitet hätte. Das kam gut an.

»Und wie stehen Sie zum Nationalsozialismus?« Ich versuchte es mit einem Lächeln, das viele Menschen so an Mutter mochten und das ihr gelegentlich im Gesicht stehenblieb wie eine freundliche, blutleere Maske. Etwas gebremst räumte ich ein, daß ich BDM-Führerin gewesen sei. Den Herren fiel die Klappe herunter, und ich beschwichtigte sie in der nächsten Sekunde: »Damit habe ich jetzt nichts mehr am Hut.« »Waren Sie in der Partei?« nahm mich der Inspektor weiter in die Mangel. Das verneinte ich. Schon besser.

Die politische Einstellung dieser Leute war eindeutig. Zu guter Letzt schaltete sich auch Herr Hansen ein und informierte sich über die politische Ausrichtung meiner Eltern. »Meine Eltern sind keine Nationalsozialisten«, bekräftigte ich und schob hinterher, daß ich selber auch skeptisch gegenüber Hitler sei. Infolgedessen hat mich Herr Hansen angestellt.

Das Dienstmädchen teilte mir ein lichtdurchflutetes Zimmer mit eigenem Bad zu. Bei Tisch wurde vorwiegend Englisch gesprochen. Vielleicht sollten die Angestellten nichts verstehen. Gracy, die Tochter des Hauses, gesellte sich zu mir. Ihre Mutter, eine Gesellschaftsdame ersten Ranges, plauderte zwischendurch rheinländisch. Das paßte irgendwie nicht in diese aristokratischen Räume, fand ich.

Konzentrationslager Ravensbrück

Nicht weit von »Blumenow« hatten die Nationalsozialisten das Konzentrationslager Ravensbrück errichtet. Ich wußte, daß solche Gefängnisse existierten. Daß dort Menschen eingesperrt waren, daß sie sich schwer placken mußten und kaum etwas zu essen bekamen. Über das Vorhandensein von Gaskammern aber war nie etwas zu mir durchgedrungen. Keiner in meiner Umgebung hätte es riskiert, so etwas zu benennen.

Einige der Häftlinge sortierten Kartoffeln auf Blumenower Äckern. Sie wurden gut verpflegt. Das hatte Herr Hansen eingefädelt. Als ich in der Küche einen Tee trank, kam mir eine dieser Stolpergestalten im gestreiften Kleid mit grauer Schürze und grauem Gesicht entgegen, sie sahen alle gleich aus. »Kann ich helfen?« fragte ich. Das junge Geschöpf blickte vom Boden nicht auf. »Ich darf nicht reden«, flüsterte sie hastig. Kürzlich waren zwei Frauen »auf der Flucht« von der SS erschossen worden. Das hatte ich bei Tisch aufgeschnappt.

Im Hof fiel mir ein Berliner im Sakko auf, er tuschelte ständig mit Herrn Hansen. Dieser Freund der Familie hatte mir zuvor unter dem Siegel der Verschwiegenheit anvertraut, daß der Gutsherr einigen Sträflingen aus Ravensbrück zur Freiheit verholfen habe. Er erwähnte auch etwas von einem Krankenhaus und daß dort Versuche mit den Frauen gemacht würden. Was dort genau ablief, dazu reichte meine Phantasie nicht aus.

Saß ich nach Sonnenuntergang allein in meinem Zimmer, habe ich mir manchmal schon meine Gedanken gemacht. Aber es war nun mal Krieg, da konnte man nichts ausrichten. Es war offenkundig, daß Herr Hansen für diese Menschen sein Leben aufs Spiel setzte. Wie alle anderen Eingeweihten habe ich eisern mein Wissen geheimgehalten. Auch zu Hause habe ich nichts erwähnt, das war zu brisant. Die Zeit hat einen schlau gemacht.

Statt mich wegen der düsteren Machenschaften dieses Blutsäufer-Regimes verrückt zu machen, habe ich versucht, die angenehmen Seiten des Lebens zu genießen. Die Köchin in »Blumenow« kochte exzellent, die Pferde boten einen atemberaubenden Anblick. Aber die meiste Zeit des Tages vertiefte ich mich in meinem Büro in Zahlenkolonnen. Ein Klopfen an meiner Fensterscheibe riß mich heraus. »Bonjour Madame, ich haue ab!« Ein französischer Kriegsgefangener sagte mir Lebewohl. »Sie bekommen eine Karte aus Paris.« Ich wünschte ihm viel Erfolg.

Die Karte aus Paris ist tatsächlich angekommen.

Ruhelos in Blumenow

Am 9.9.42, aus Blumenow

Lieber Claus,

eben tappte ich ruhelos in meiner Bude herum und wußte nicht, was ich tun sollte. Ich habe große Sehnsucht nach dir, aber ich will dir das nicht andauernd schreiben, da mache ich dir nur das Herz schwer. Ich ging auf und ab und schaute das Bild von dir über meinem Bett an, und du schaust so ernst zurück. Da fiel mir mit einem Schlag das Tagebuch ein, das ist ja auch etwas, was zu dir gehört.

Weißt du, ich bin hier sehr allein. Keiner interessiert sich so recht für das, was mich innerlich bewegt. Das kann man auch von keinem verlangen, jeder muß sein Päckchen selbst tragen. Aber wenn man den ganzen Tag hinter Büchern sitzt, hat man abends das Bedürfnis, sich auszureden, das eigene Ich spielen zu lassen.

Das Schreiben ist kein Ersatz fürs Reden. Man schreibt und fragt, und es dauert Tage und Wochen, ehe man auf das Geschriebene eine Antwort bekommt. Wenn man die Antwort bekommt, weiß man schon nicht mehr die Frage, die man stellte. Oder man hat selbst eine Antwort gefunden, die man für die einzig wahre hält. So ist das mit der Einsamkeit, viel Schattenseiten hat sie, aber auch viel Gutes. Man denkt über dies und das nach, erlebt es viel intensiver – und ist dir so nah dabei.

Die Tochter des Hauses, Gracy, ist ein eigenartiger Mensch. Sie hat, denkt man, in ihrem Leben noch nie Fragen gestellt, vor allem nicht an sich selbst. Gracy macht sich hauptsächlich Gedanken über die Erhaltung ihrer Schönheit. Weiß sie überhaupt etwas vom Leben? Diese junge Frau hat nur die guten Seiten von allem gehabt, sie ist gereist, hat geflirtet und gebummelt – und mal wieder angenommen, daß der nächste Mann ihre große Liebe sei.

Nicht um die Welt möchte ich mit ihr tauschen! Da ziehe ich doch mein Dasein vor. Ich weiß, was ich will, wen ich liebe und wo ich hingehöre. Mein Weg ist fest umrissen. Wenn er auch nicht gerade und glatt ist. Wo ein Weg ist, da ist auch ein Fuß, der hintreten kann.

Drei Jahre fegt nun schon dieser unselige Krieg übers Land. Vor drei Jahren erntete ich auf dem Feld das Korn, woraus das erste Kriegsbrot gebacken wurde. Drei Jahre sind dahin, die besten Jahre der Jugend, aber der Krieg darf uns nicht unterkriegen. Einmal ist er zu Ende, hernach müssen wir für die Anforderungen des Lebens gewappnet, und nicht schwach und müde sein. Einmal muß der Tag kommen, an dem du zum letzten Mal den grauen Rock anziehst. Einmal ist es soweit, daß wir unser Leben leben können. Einmal kommt der Tag, an dem wir Frauen nicht mehr in ständiger Sorge um euch sein müssen. Wenn es auch noch lange dauert. Bis dahin wollen wir in Stille unsere Pflicht tun, ohne rechts und links zu schauen. Solange wir uns haben, soll uns nichts zu schwer werden.

Gute Nacht, mein geliebter Mann. Ich lebe für dich und unsere Liebe. Sie soll die Brücke über all den Dreck und Schmerz sein, der uns jetzt bedroht.

23. Geburtstag von Claus

24. 11. 42, in Blumenow

Lieber Claus,

… heute ist dein Geburtstag. Jetzt schreibe ich das Gegenstück von dem Brief, den ich eben an dich abgeschickt habe. Ich sorge mich sehr um dich, ich weiß nicht, wo du bist. Die Post geht ewig, und überall lauert der Tod. Bevor ich anfing, dies zu schreiben, habe ich lange geweint. Ich bin doch nur eine Frau – aus meiner Haut kann ich nicht heraus.

Morgens ist das Leben noch leicht, aber abends ist es voller Sorgen. Ich weiß, daß du das Weinen nicht magst, aber wenn ich manchmal vor Angst nicht weiterweiß, sind die Tränen eine Wohltat. Ich will den Meinen nichts vor-

heulen, ich tue es nur, wenn ich ganz allein mit mir bin. Die Zeit, in der wir leben, fordert ganze Menschen, aber andauernd kann man kein ganzer Mensch sein.

Eigentlich müßte heute unsere Hochzeit sein. Jetzt weiß ich nicht, in welcher Ecke Rußlands du um dein Leben kämpfst. Nennt man so was Schicksal oder Pech? Es ist wohl beides. Aber in einem fort kann das Pech uns nicht verfolgen. Es kommen wieder schönere Zeiten, vielleicht müssen bis dahin noch viele Tränen fließen.

Stunde um Stunde nagt die Ungewißheit

21. 1. 43, Blumenow

Lieber Claus,

... vier Wochen ist es her, als du das letzte Mal an mich schriebst. Und diese Karte berichtet mir von heißen Kämpfen am Kuban-Brückenkopf. Seitdem nichts mehr. Kein Deut, das ist für eine liebende Frau schwer zu ertragen. Ohne Unterlaß stellt man sich dieselben Fragen: »Wie geht es dir?« Stunde um Stunde nagt die Ungewißheit an mir, Stunde um Stunde diese Sorge um dich.

Jeden Morgen wache ich mit demselben Gedanken auf: »Heute kommt die ersehnte Nachricht, heute ganz bestimmt!« Ich fiebere dem Augenblick entgegen, daß die Postfrau mit ihrer braunen Tasche zu mir ins Büro kommt. Der Bleistift fliegt in die Ecke, noch ehe sie die Briefe herauskramt. Ich sortiere sie durch und schaue nach der so sehr gewünschten Schrift von dir aus. Lege ich das letzte Schreiben aus der Hand, zerbrechen in mir alle Erwartungen. Wieder umsonst gewartet, wieder nichts.

Warten heißt es. Wieder warten. Ratlos schaue ich zum Fenster hinaus in den kornblumenblauen Himmel. Und ich kann es nicht fassen, daß wieder ein Tag vergehen soll ohne Nachricht von dir. Von Tag zu Tag schmeckt die Enttäuschung bitterer.

Vor mir steht ein Foto, das Mutter am Abschiedsmorgen von uns in Wellerwalde auf dem Turm aufgenommen hat. Unsere lachenden Gesichter, aneinander geschmiegt. Oh, verdammt sei dieser Krieg, tausendmal verdammt! Mir ist bewußt, ich bin nicht allein mit meinem Leid. Doch das ist kein Trost.

25. 1. 43, Blumenow

»... Ich bin dir nie so nah wie nachts
wenn rings um uns das Dunkel schweigt
... Einst ruhen wir ganz vereint
mit allem, was wir je geliebt.«

Ina Seidel

Überraschender Besuch

Am 31. Januar 1943 kapitulierte Feldmarschall Paulus mit den Resten der 6. Armee in Stalingrad. Sie hatten Hitlers Parolen umsonst vertraut: »Haltet aus, der Führer haut euch Heraus!« Noch mal peitsche Goebbels die Truppen zur Hergabe ihrer letzten Kräfte auf. »Wollt ihr den totalen Krieg? Wollt ihr ihn, wenn nötig, totaler und radikaler, als wir ihn uns bis heute noch vorstellen können?« Und die Masse schrie hysterisch »Ja«. Schien es doch so, daß die Alliierten nicht den Nationalsozialismus, sondern das gesamte Deutsche Reich vernichten wollten.

Neun Monate lang hatten Claus und ich uns nicht mehr gesehen. Himmel und Hölle hätte ich in Bewegung gesetzt, um ihm für nur eine Minute nah sein zu dürfen. Ich schlief viel zu wenig und vergaß alles um mich herum. Hunderte Briefe gingen hin und her, und diese so heißersehnten Botschaften brachten uns immer näher. Kurz vor Ostern schellte das Telefon in meinem Büro.

»Ich bin gleich da, aber ich habe jetzt einen Bart.« Es war seine Stimme. Mein Herz schlug Purzelbaum. Für einen Moment war ich derart konfus, daß ich keinen Ton herausbrachte. Aber der Knoten in meinem Hals hat sich gleich gelöst: »Mit einem Bart kommst du mir nicht ins Haus.« Lachen. Sein geliebtes Lachen. »Ich bin gerade in Berlin. Am besten treffen wir uns in Dannenwalde«, schlug er vor, »von dort aus fahren wir weiter zu meinen Eltern.«

Ich ließ alles liegen und stehen und fegte durch die langen Flure des Schlosses zu Frau Hansen. »Du kannst gehen, mein Kind«, gestand mir meine Vorgesetzte großzügig zu, »ich lasse dir die Pferde vorspannen.« Eilig habe ich meine Sachen zusammengeworfen und den Schwiegereltern telefonisch durchgegeben, daß wir in zwei Tagen in Wellerswalde Hochzeit feiern würden.

In Dannenberg fiel mir Claus aus dem einfahrenden Bummelzug direkt in die Arme. Und wir weinten und lachten, umarmten uns immer aufs neue und sagten uns viele gute, liebe und rührende Worte. Erst als wir in Tellow wieder ausstiegen, wurde ich gewahr, daß sein Bart tatsächlich ab war.

Wir hatten kaum die Mäntel abgelegt, da ließ uns die Schwiegermutter wissen: »Ihr heiratet morgen.« Offenbar nahm sie an, daß das die Sache mit dem Nachkommen beschleunigen würde. Verdutzt sah ich zu Claus. Aber der blickte ebenso verdutzt zurück. »Wir heiraten doch in Wellerswalde«, stammelte ich und wurde bleich wie ein Gespenst, »das war doch so abgemacht.« »Nein«, gebot sie, »ihr heiratet hier auf dem Standesamt.« Dieser Tonfall erlaubte keinen Widerspruch.

Ich hatte furchtbare Angst vor meiner Mutter, die zu Hause alles für uns vorbereitet hatte. Es war nun mal so üblich, daß die Vermählung von den Eltern der Braut ausgerichtet wurde. Und vor allen Dingen war es seit hundert Jahren das erste Mal, daß eine von Oppel in Wellerswalde den Bund der Ehe eingehen würde. Aber bevor ich noch etwas herausbringen konnte, schnappte die Schwiegermutter schon wieder nach Luft, um erneut wie ein Raubvogel auf mich herunterzustoßen. »Morgen wird geheiratet!« Claus wiegelte ab: »Im Grunde ist es doch egal«, und begütigte mich, indem er mir liebevoll über den Rücken strich.

»Laßt uns etwas trinken«, bemühte sich der alte Herr Alwardt um ein Ablenkungsmanöver. Mit den Schwiegereltern und einem befreundeten Ehepaar aus Dessau nippten wir an unserem Wein. Nach dem zweiten Glas ließ ich mich von Tante Mietzes guter Laune anstecken. Die Mittfünfzigerin war in die Familie integriert, sie wußte alles über jeden. So wie bei uns zu Hause Tante Silvie. Sie blickte einem gerade in die Augen, lachte oft laut und warf dabei den Kopf in den Nacken. Mietze hatte keine Kinder und liebte Claus wie ihren Sohn. Er liebte sie auch. Wie der Schwiegervater. Da schwebte eine gewisse Eifersucht im Raum …

Mit einem Kater in Kopf …

Mit einem Kater im Kopf wurden wir am nächsten Tag standesamtlich getraut. Die Prozedur lief flott und unromantisch ab, eine typische Kriegsheirat. Mit zitternden Lippen richtete ich meiner Schwester durchs Telefon aus: »Sag der Mutter, daß wir hier schon standesamtlich geheiratet haben.« »Ja, ja«, gab Lütte zurück, obwohl sie wegen ihrer Schwerhörigkeit wieder mal nur die Hälfte verstanden hatte.

Es war kein gutes Gefühl, als Mutter uns in der Burg mit den Worten empfing: »Claus schläft im langen Darm, du in der Wohnung unterm Dach.« »Weißt du nicht, daß wir schon verheiratet sind?« schlidderten mir die Worte heraus. Entrüstet stemmte Mutter ihre Hände in die Seiten. »Wie ist denn so etwas möglich?!« Ihre Wut war schnell verraucht. Geblieben war eine gewisse Ratlosigkeit. »Wie soll ich die Geschichte bloß unserem Standesbeamten beibringen? Er hat sich doch so geehrt gefühlt.« »Aber wir brauchen doch nicht zweimal zu heiraten«, wandte ich mit halblauter Stimme ein.

Irgendwie hat Mutter das mit dem Standesbeamten geradegebogen, und mein Mann und ich durften gemeinsam in einem Zimmer schlafen.

Hochzeit

Zum Polterabend habe ich alle meine Gefährten aus dem Dorf, soweit sie ihre Köpfe nicht in Stalingrad oder sonstwo hingehalten haben, zu uns gebeten. Im Hof hatten die jungen Leute das große Tor mit Tannenreisig umwickelt.

An der Ehrenpforte baumelten Lampions im leichten Wind. Es flossen reichlich Bier und Wein. Wir haben durchdringend gesungen und »Reise nach Jerusalem« gespielt.

Onkel Claus reihte sich in Uniform, meine feine Cousine mit umgehängter Fuchsboa und Schwesti in einem neckischen Abendfummel in die Schlange ein. Der Förster und Claus packten Pfarrer Albrecht an den Beinen und fuhren mit ihm Schubkarre. Zu fortgeschrittener Stunde hing der Fuchspelz beim Onkel um den Hals. Mein Mann fühlte sich pudelwohl. »Wir pachten Wellerswalde mal deinem Bruder ab«, hat er mir, mit dem Arm um die Schulter, vorgeschlagen.

Geschlafen haben wir vielleicht zwei Stunden. Gegen sieben Uhr trippelten Schneiderin und Friseuse die Freitreppe hoch. Viele Hände zupften an mir herum. Ich fühlte mich halbtot. Aber die Äpfelbäume blühten, die Vögel zwitscherten, und die Sonne stand wie bestellt am Himmel. Der zweite Ostertag, am 26. April, hätte nicht zauberhafter sein können. Der einzige Wermutstropfen war, daß Vater und Kai nicht an der Zeremonie teilnehmen konnten, der Krieg wurde deswegen leider nicht unterbrochen.

Um zehn Uhr schritt ich wie eine Königin mit langem Schleier in die Eingangshalle. Unter der Treppe reihten sich mehrere Männer mit erhobenen Degen auf, unter denen ich samt meinem Gefolge hindurchwandelte. Onkel Claus nahm mich bei der Hand und führte mich zu meinem zukünftigen Mann, der in seiner Galauniform sehr gut aussah. Vorneweg tapsten die Blumenkinder, eines vom Pfarrer und eines vom Jäger.

Vor der Kirche hatte sich das ganze Dorf versammelt. »Gesundheit!« und »Glück!« gaben uns die Leute als Wünsche für unsere Zukunft mit auf den Weg. Claus warf den

Kindern nach der Trauung Geld zu. Im Hof reichten die Hausmädchen Sekt und einen kleinen Imbiß. Wie jedes Hochzeitspaar hatten auch wir vom Bürgermeister eine Ausgabe von »Mein Kampf« erhalten. Ich habe nie reingeguckt.

Die Zahl 13

Das Essen war für zwölf Gäste angerichtet. Meine Cousine aus Zöschau stellte sich ein, obwohl sie nicht auf der Gästeliste verzeichnet war. Ich wollte aber keine dreizehn Personen am Tisch haben, weil ich überzeugt war, daß das Unglück bringen würde. Folglich mußte meine Cousine in der Küche essen. Sie nahm es mit Humor.

Im Turm verlas Onkel Claus derweil einen so lieben Brief von unserem Vater, daß ich ganz gerührt war über seine Worte, die er für mich und seinen ihm noch unbekannten Schwiegersohn gefunden hatte. Er benannte auch offen seine Sorgen, die er sich um unsere gemeinsame Zukunft machte. »... die Zeiten werden nichts Gutes für euch mit sich bringen. Verliert den Mut nicht!« Schon mehrmals hatte Vater mit seinem zweiten Gesicht seine fast unheimlichen Vorahnungen der Familie mitgeteilt.

Aber wir waren nicht dazu auf der Welt, um das Leben noch drückender zu machen, als es ohnehin schon war. Über kurz oder lang hatten wir alle einen in der Krone sitzen. Im Morgengrauen konnten wir kaum noch die Augen offenhalten. Lütte und Schwesti hatten unser Bett mit Pfingstrosen bestreut. »Wie schön«, seufzte ich und sank nieder. Daß die Pfosten gelockert waren, ahnten wir nicht. Unter gräßlichem Geächze gaben sie nach. Die Matratze hing im

45-Grad-Winkel nach unten. »Mir schnuppe«, brummte ich und schlief eng an Claus gekuschelt ein.

Nur wenige Tage nach meiner Hochzeit hat auch meine Schwester einem Soldaten ihr Ja-Wort gegeben. Der Versuch, sie davon abzuhalten, war verlorene Liebesmüh: »Nimm doch nicht den Erstbesten, der dir über den Weg läuft.« Aber sie wollte es so. Mutter wußte nichts davon. Sie war entsetzt – wie üblich. Lüttes Mann ist direkt nach dem Hochzeitsurlaub gefallen. Meine Schwester hat viel Pech gehabt.

Alles mögliche haben Claus und ich unternommen, um nicht darüber nachdenken zu müssen, daß wir uns demnächst wieder trennen sollten. Ich wachte morgens vor ihm auf. Wie schön er war. Eine Strähne hatte sich auf seine Stirn verirrt, sein Mund war leicht geöffnet. Ich wollte ihn nicht wecken. Es war einer dieser magischen Augenblicke, in denen alles noch offen ist, bevor Sätze gesagt werden, die mühlsteinschwer die Realität einleiten. Ich wollte die Zeit anhalten. Die Wärme unter der Decke, unsere Höhle, die uns schützte, nicht aufgeben. Ich mochte nicht in die Welt da draußen.

Zwei Wochen später rannte ich wieder neben seinem Zug her.

Loch im Leben

Es war vernünftiger, die Arbeit in Blumenow an den Nagel zu hängen. Ich wollte Zeit haben, wenn Claus mal ein paar Tage Urlaub hatte oder wenn ihn, was öfter der Fall war, eine Verwundung in die Heimat brachte. Zuerst erhielt er das Silberne Verwundetenabzeichen nach vier Verletzungen, zuletzt das Goldene Abzeichen nach sechs. Claus war hochdekoriert. Seine Arme und Beine vernarbt. Auf den Mut meines Mannes war ich stolz.

Mutter hatte für uns zwei Zimmer und eine Küche in den ehemaligen Turnsaal einbauen lassen. Tante Silvie hatte ihr Atelier woanders hinverlegt. Einen Teil unserer Möbel, inklusive eines Kinderbettes, vermachten uns die Schwiegereltern. Eine Cousine schenkte mir einen Biedermeier-Schreibtisch, an dem ich fortan die Zeilen an Claus aufsetzte.

Wieder hörten wir nichts mehr voneinander und litten beide darunter, weil sich das anfühlte, als habe jemand ein Loch in unser Leben gerissen.

Leben in Wellerswalde im Krieg

Der Alltag in der Landwirtschaft nahm mich weiter in Anspruch. Ich erledigte die wöchentlichen Löhnungen, war mit dem Gespann beim Pflügen, Eggen und Drillen, eben überall dort, wo Not am Mann war. Einer unserer Arbeiter steckte mir im Stall zu: »Weißt du, daß euer Hausmädchen das Reitabzeichen gemacht hat? Die rennt ewig mit so einer braunen Jacke herum, da ist das Abzeichen drauf.« In der Tat hatte sich das Weib, jedesmal wenn sie zum Tanzen ausgegangen war, meine Jacke aus dem Kleiderschrank gefischt, und sie danach wieder brav an ihren Platz zurückgehängt.

Es schwebte etwas in der Luft. Der Respekt ging den Angestellten allmählich verloren. Es war schwer, noch an zuverlässige Leute zu kommen. Dem gefeuerten Hausmädchen folgte eine vierzehnjährige Polin, die mit ihren Eltern im Drescherhof hauste. Ein nettes Mädchen, immer so fröhlich. Meiner Schwester fiel nur auf, daß sie jedesmal Pumphosen trug. In den weiten Beinen verbarg sie ihr Diebesgut. Es waren nur Kleinigkeiten, wir haben darüber hinweggesehen.

Unsere Abende verbrachten wir weiterhin vor dem Radio. Wir lasen den »Oschatzer Gemeinnützigen«, den wir »Oschatzer Unnützigen« nannten, und die »Leipziger Neuesten Nachrichten«. Eine Vorstellung, welche Hölle die Männer in den Schützengräben durchlitten, hatten wir nicht. Man wollte sich das auch nicht vorstellen. Ich habe mir das im Kopf sauber zurechtgelegt. Ohne Blut und ohne Schmerz. Die Männer werden erschossen und fallen tot um. Aus. Amen.

Der Heimatschuß

Im Oktober 1943 verpaßte ein Russe meinem Mann bei der Räumung des Kuban-Brückenkopfes, etwa 350 Kilometer ostwärts Sewastopols gelegen, einen »Heimatschuß«. »Ich bin in einem Lazarettzug«, meldete er sich aus Wien, »hole mich bitte in Oschatz ab.« Ich stand mir am Bahnhof die Füße in den Bauch, aber es tat sich nichts. Stunden danach das nächste Gespräch: »Ich bin in Frankfurt am Main, der Zug hat nicht gehalten. Wir fahren immer weiter, ich versuche irgendwie rauszukommen.« Im Morgengrauen wurde Claus in St. Wendel an der französischen Grenze ausgeladen. Sein Armdurchschuß war fast schon verheilt.

Im Lazarett, unweit des Wartesaals, hatte er sich auf einem Feldbett langgemacht. Neben ihm hockte einer, den Kopf wie einen Turban umwickelt, ein anderer trug eine Augenklappe und Pflaster quer über der Nase. Ich drückte mich an einem seiner Gefährten mit zwei Beinstümpfen vorbei und warf dabei fast die ans Bett gelehnten Krücken um. »Ich habe ein Hotelzimmer besorgt«, lachte mir Claus entgegen, als ich mich scheu umblickte.

Die Matratze dort war total durchgelegen, bei jeder Bewegung quietschte das Eisengestell. Die restlichen Zimmer im Flur bevölkerten Kameraden aus Claus' Truppe. Die Männer hatten alle ihre Pistolen bei sich, einer hat damit nachts laut schreiend herumgeballert. Mein Mann schlief wie ein Murmeltier. Von Alpträumen habe ich bei ihm nie was gemerkt.

Ein Abstecher führte uns nach Tellow. Die Schwiegermutter faselte etwas von künstlicher Befruchtung, weil mit dem Erben nichts vorwärtsging. Schuldbewußt senkte ich die Lider. »Laß dich nicht unter Druck setzen«, baute Claus mich im Gästezimmer auf, »das geht ganz von selbst.« Vorerst sollte mein Mann in Züllichau, das nur acht Kilometer von der polnischen Grenze entfernt lag, mit leichtem Dienst beschäftigt werden. Ich begleitete ihn dorthin, bis er Ende Januar 1943 wieder zurück in den Kaukasus mußte.

In Wellerswalde spürte ich zu meinem großen Entzücken, daß ich schwanger war. »Es wird ein Junge«, schrieb ich an den werdenden Vater, der sich einen Gutserben für Tellow wünschte. Meine Brüste blähten sich auf wie zwei Ballons, ich preßte sie an den Kachelofen, um den Schmerz etwas zu lindern. »Streng dich bloß nicht an«, ermahnte mich der alte Herr Alwardt in aufgekratzter Laune durch die Leitung. »Leg dich ins Bett«, schrie aus dem Hintergrund die Schwiegermutter.

Arbeit auf dem Feld war bis auf weiteres gestrichen. So wartete ich auf mein Kind und auf gute Nachrichten von

Claus. Dazwischen blätterte ich in *Die deutsche Mutter und ihr Kind.* Jeden Abend um die selbe Uhrzeit lauschten wir auf dem Soldatensender Belgrad dem Lied »Lili Marleen«. »Wenn das an der Front übertragen wird, hören sogar die Russen zu schießen auf«, hatte mein Mann mir vorgeschwärmt.

Ausgebombte Verwandte

Nachts warfen die Amerikaner Brandplättchen in die Getreidefelder, sie entzündeten sich in der Sonne und setzten die Felder in Brand. Es flogen auch Kartoffelkäfer oder Stanniolstreifen vom Himmel. Überall im Hof glitzerten diese Streifen, die den Radar stören sollten. Wir hatten oft Fliegeralarm und häufig Angst. Als sie den Fliegerhorst in Oschatz bombardierten, zersprangen vom Luftdruck die Scheiben im Wohnzimmer. Mutter blieb die Ruhe selbst. »Nun stellt euch nicht so an«, predigte sie, »wir können es nicht ändern.« Und wir kehrten die Scherben zusammen und sammelten die Käfer von den Pflanzen.

Inzwischen hatte sich Wellerswalde mit ausgebombten Verwandten gefüllt. Mutters Schwester, Elsa von Hannecken, war mit ihrem Mann aus Offenbach entwischt. Die Mansardenwohnung neben mir belegte die Cousine Siegtrud Zimmer-Vorhaus, die wie ich im sechsten Monat schwanger war, mit ihren zwei kleinen Söhnen und ihrer Mutter Trude. Jede von ihnen war froh, noch mal davongekommen zu sein.

Hanneckens zogen über Nacht weiter nach Gießen. Meine Cousine Siegtrud und ich haben uns in diesen Wochen erst richtig kennengelernt, unsere Schwangerschaften haben uns verbunden. Siegtrud verkehrte sonst in anderen Zirkeln in Berlin. Sie war mit Schmollmund und Strahlenkranzwimpern nicht nur schön wie ein Engel, sie war ein guter Kumpel und sang gerne mit ihrer glockenhellen Stimme von der Fensterbank aus: »Auf der Rue Madeleine … «.

Zum Schrecken aller Mitbewohner war ihr Mann nationalsozialistischer Führungsoffizier. Seine Frau selbst hatte uns vor ihm gewarnt: »Paßt auf, was ihr sagt!« und ihr Kleinstes dabei liebevoll zu sich herangezogen. Wenn dieser Bilderbuch-Nazi, der nach dem Krieg im Verteidigungsministerium Karriere machte, im Haus war, herrschte bei uns das Schweigen im Walde.

Mit all den neuen Bewohnern mußte vieles geregelt werden. Meine Schwester nahm die Versorgung mit Essen und den Lebensmittelkarten in die Hand. Ansonsten hatten wir genug Platz, und freuten uns wie in alten Zeiten über jeden Gast. Mutter bildete den Mittelpunkt des Ganzen. Sie war für jeden da, sie hat die Leute ermutigt und getröstet.

Schwere Verwundung

Es war Juni, die Äpfel reiften. »Ihr Mann liegt mit einer schweren Kopfverletzung im Lazarett in Wien«, stand im Telegramm. Ein Pilot hatte ihn mit der JU 52 aus dem eingekesselten Sewastopol ausgeflogen. Ich mußte mich übergeben, bevor ich beim Amt die Nummer von den Alwardts in Tellow verlangte. Noch am selben Tag machte sich mein Schwiegervater auf den Weg nach Österreich. In meinem Zustand durfte ich diese beschwerliche Reise nicht mehr antreten.

Ich bewegte mich von dem schwarzen Telefon mit dem

Reichsadler drauf nur weg, wenn ich zur Toilette mußte. Als es endlich klingelte, fuhr ich zusammen vor Schreck. »Das Gehirn ist nicht verletzt«, besänftigte mich der alte Herr Alwardt »aber das rechte Auge bleibt blind.« Ein Granatsplitter sei in die rechte Schläfe eingedrungen und habe den Sehnerv zerfetzt. Den Splitter könne man nicht entfernen. Mit Mühe hatten die Ärzte den Besinnungslosen wieder zusammengeflickt.

Nach der Operation überführte man meinen Mann nach Rostock in eine psychiatrische Klinik. Unter Umständen habe sein Denkvermögen Schaden genommen, setzte man mich ins Bild. Die Ärzte wußten auch nicht, ob der Splitter vielleicht eines Tages beginnen würde zu wandern. In das Soldbuch von Claus hatte man »a.v.« (arbeitsverwendungsfähig) gestempelt. »Hauptsache, er lebt!« wiederholte ich meiner Familie gegenüber wie ein Mantra. In der Nähe der Klinik schlug ich bei Freunden meine Zelte auf.

Die erste Begegnung mit Claus hat mich zutiefst verstört. Seinem Auge merkte man nichts an, aber mit dem eingefallenen Gesicht und dem kahlgeschorenen Schädel erkannte ich meinen eigenen Mann kaum wieder. Wie ein Fremder war er. Matt und schwach. Er hatte kaum die Kraft, seine Lider zu heben. Vom Fieber glitzerten feine Schweißperlen auf der Stirn. Und dann habe ich für einen kurzen Augenblick seine blauen Augen gesehen. Nur diese blauen Augen. Da stand ich und wußte: »Das ist der Mensch, den du liebst.«

Nach acht Tagen richtete sich Claus wieder auf, wenig später konnte er schon in kleinen Schritten herumgehen. Jeden Tag nahmen wir eine Tasse Tee im Garten. Manche Kameraden hatte es schlimmer erwischt. Unweit von uns wippte einer am Tisch gleichförmig mit dem Oberkörper vor und zurück. Der Nebenmann am Tisch drehte sich die ganze Zeit über um. Eine Reflexbewegung. »Warum tut er das?« fragte ich. »Man weiß nie«, gab Claus trocken zurück, »vielleicht steht einer hinter dir.« Er scherzte schon wieder. Geklagt hat er nie. Es war ein traumhafter Sommer. Und ich habe angenommen, daß nun alles wie von selbst gut werden würde.

Amerikaner und Briten waren in der Normandie gelandet. Stalins Divisionen standen hundert Kilometer vor der Grenze Ostpreußens.

20. Juli: Attentat auf Hitler

Wegen Fliegeralarm und Sondermitteilungen stellten wir das Radio im Herrenzimmer gar nicht mehr ab. Am 20. Juli gab ein Sprecher aus der Wolfsschanze bekannt, daß der Führer bei einem Attentat ums Leben gekommen sei. Mit der Nachricht: »Hitler ist tot!« fegte ich in das Biedermeier-Zimmer, in dem Mutter sich gerade mit einer Zigarette in der Hand über Papiere beugte. Kurz verschluckte sie sich am Rauch und quäkte: »Das gibt es ja gar nicht.« »Doch«, frohlockte ich, »der Krieg ist vorbei!«

Gemeinsam gingen wir runter und verfolgten die weiteren Nachrichten. Um 18.28 Uhr meldete der Deutschlanddienst des deutschen Rundfunks, daß Hitler lebe. In den folgenden anderthalb Stunden wurde Hitlers Überleben noch fünfmal gemeldet. Der geplante Staatsstreich war zu Ende, ehe er richtig begonnen hatte, und der Führer kreischte wegen der Attentäter: »Ich will, daß sie gehängt werden, aufgehängt wie Schlachtvieh!« Das Hochgefühl war dahin. »Jetzt geht es wieder weiter wie vorher.« Resigniert strich ich über meinen Bauch.

Einzeln wurden die Namen der Verschwörer vom 20. Juli aufgeführt. Jeder zweite stammte aus dem Adel. Hitler sagte, es sei sein »tiefer Glaube, daß meine Feinde die ›vons‹ sind«. »Hoffentlich ist Karl nicht dabei«, erschauderte Mutter und tigerte wie ein eingesperrtes Tier von einem Eck ins andere. Ich hörte, wie sie mit der Gräfin Lehndorff telefonierte. Meine Patentante erwähnte Probleme wegen des »Kreisauer Kreises«, einer zivilen Widerstandsbewegung gegen Hitler. Sie war nur kurz angebunden.

Wenige Stunden nach dem Attentat wurde Vater als Stadtkommandant an die slowakische Grenze versetzt. Die Schulzeit meines kleinen Bruders endete. Mit 17 Jahren zog auch ihn der Krieg in seinen Strudel. Kai litt wegen seiner Einsätze in den Bombergeschwadern unter blutigen Magengeschwüren, er wechselte nach Berlin in das Luftfahrtministerium.

Im Laufe der nächsten Wochen und Monate wurden etwa 5000 Menschen hingerichtet. Darunter ein Generalfeldmarschall, acht Generäle sowie mehrere hundert Offiziere.

Wiedersehen

Mitte September wurde Claus aus der Klinik entlassen. Als wir uns in Wellerswalde in die Arme schlossen, war ich schon rund wie der Vollmond. Das Kind trat mit den Füßen gegen die Bauchwand, und wir waren selig. Ich nahm Claus an der Hand und zeigte ihm im Stall eines meiner Lieblingspferde. Wegen der Schwangerschaft hatte ich das Tier aber noch nicht geritten.

»Die sattle ich jetzt«, begeisterte sich Claus. »Spinnst du?!« versuchte ich ihm den Kopf zurechtzusetzen, als er dem Pferd das Zaumzeug anlegte. Dieser Mann hatte einen Splitter im Gehirn und gerade ein Auge verloren. Aber ich hätte genausogut an die Wand hinreden können. Das Pferd bockte und hüpfte vor Übermut. Ich hielt die Luft an. Keine fünf Minuten vergingen, da lag mein Liebster mit dem Kinn nach vorne im Gras. Er rappelte sich aber ohne weiteres wieder hoch und blickte dem davonstiebenden Gaul anerkennend hinterher: »Die Dame hat Temperament!«

Zufällig hatte Vater in dieser Zeit auch ein paar freie Tage. Die beiden Männer verstanden sich auf Anhieb prächtig. Jeden Tag gingen sie zur Jagd »auf den Bock«. Trotz seines zerstörten Auges konnte Claus treffen, er hatte sich eine Kimme ausgedacht, die das Zielen mit dem linken Auge ermöglichte. Abends hatte er regelmäßig Fieber, manchmal klagte er über Kopfschmerzen.

Der Erholungsurlaub meines Mannes lief am 25. September aus. Ich befürchtete, daß er die Geburt seines Kindes nicht mehr miterleben würde, der Termin war auf Anfang Oktober angesetzt. Bei einem Spaziergang durch den »Großen Garten« kam Claus eine Idee, wie sich das ändern ließe. »Spring doch mal über den Graben!« Da nahm ich Anlauf und habe mit meiner Kugel einen großen Satz darüber gemacht. In der gleichen Nacht hatte ich einen Blasensprung.

Ulis Geburt

Leise, ohne Claus zu wecken, zog ich mir eine Jacke über und schlich die Treppe hinunter zu Lütte. »Geh zurück ins Bett«, raunte meine Schwester, »ich hole die Hebamme.« Kaum lag ich wieder flach, setzten auch schon die ersten

Wehen ein. Ich war sicher, daß das Kind in den nächsten zwanzig Minuten in meinen Armen liegen würde. Aber Lütte war anderer Ansicht: »Die Hebamme ist noch woanders im Einsatz. Das wird ohnehin dauern, bis es soweit ist.«

Mein Mann drehte sich im Schlaf um, als ich ihr zuflüsterte: »Die Mutter steht um 6 Uhr auf, bitte sage ihr nichts davon, ich will sie nicht dabeihaben.« Ich hätte mich zu Tode geschämt, vor dieser Frau Gefühle oder Nacktheit zeigen zu müssen. Mutter, die Eiserne, die mich als Kind wegen meiner Tränen verlacht hatte, weil der Arzt mir mit bloßen Fingern hinter dem Augapfel ein Getreidekorn herausgepult hatte.

Nach dem Aufstehen unternahm die Herrin des Hauses wie üblich einen Ausritt. Bis sie zurück war, um acht Uhr, wollte ich das Kind geboren haben. Die Hebamme brachte meine Illusionen allerdings zum Platzen. »Vielleicht kommt es erst morgen früh.« Als Claus aufwachte, war er ganz baff, was alles um ihn herum im Gange war. Er hatte sich mit Vater zu einem Pirschgang verabredet, und ich war froh, als ich den zappeligen Mann aus dem Zimmer hatte.

Der Zeiger der Uhr drehte unbarmherzig eine Runde nach der anderen. »Lieber Gott, laß Mutter nicht hochkommen«, betete ich innerlich. Unten frühstückte die Hausherrin mit Lütte. »Wo bleibt Christa?« wunderte sie sich. Meine Schwester druckste herum, bis es ihr über die Lippen purzelte: »Das Kind kommt.« Echauffiert warf Mutter ihre Serviette auf den Tisch. »Wieso sagt mir das niemand?« Im nächsten Moment stürzte sie nach oben.

Mir war das so unangenehm. »Bitte laß mich allein«, bedrängte ich sie. Mutter dachte aber gar nicht daran zu gehen. Prompt setzten meine Wehen aus. Wieder und wieder habe ich sie angefleht, den Raum zu verlassen. Um elf Uhr zog es kräftig im Bauch. »Geh doch endlich!« fauchte ich und krümmte mich zusammen. Meine Schwester bekam bei meinem Anblick auch gleich Bauchschmerzen. Als die Preßwehen einsetzten, habe ich die furchtbarsten Urlaute ausgestoßen. Beklommen erkundigte sich mein Mann, der eben zurück von der Jagd in den Flur getreten war: »Wer schreit da so?« Das Hausmädchen antwortete: »Das ist eine Kuh im Stall.«

Am 20. September 1944 um 12 Uhr erblickte unser Sohn das Licht der Welt.

Jubel und Trubel

Als erstes brüllte der Fratz seine Oma an, und alle außer mir fanden ihn wunderhübsch. Ich war einigermaßen geschockt über das blaurote Etwas, aber wahrscheinlich würden sich Farbe und das Verdellte mit der Zeit verlieren. Die Hebamme badete das Baby und legte es in Windeln. »Ein Junge!« Claus streifte ihm mit dem Finger so behutsam über das Näschen, als sei es aus Kristall. Er und Vater standen an seiner Wiege, ihre stolzen Gesichter leuchteten um die Wette. Der frischgebackene Großvater schaffte es als erster, sich von dem Anblick loszureißen. Er bimmelte im Hof mit der Glocke Sturm.

Es war gerade Mittagszeit. Arbeiter und Personal rannten von ihren Suppentellern weg in der Annahme, daß es brannte. Statt dessen jedoch verkündete der Hausherr der überraschten Menge, daß soeben sein erster Enkel geboren sei. Von meinem Bett aus hörte ich ihre Stimmen rufen: »Wir gratulieren!« »Heute braucht ihr nicht mehr zu arbeiten«, bekundete Vater, »geht in den Gasthof, ich bezahle!« In Wellerswalde herrschten Jubel und Trubel, und mein Mann hatte in Bälde einen sitzen. So war die Geburt von unserem Ulrich das letzte frohe Ereignis im Ort.

Am nächsten Tag nahm Vater seine Schirmmütze, es war ein Abschied für immer.

Abschied für immer

Auf meinen Wunsch hin hat Inspektor Zimmermann mir aufgeschrieben, wie seine letzte Begegnung mit Vater abgelaufen ist:

Herr Major hatte Urlaubsende. Ich ging rüber ins Schloß und wollte mich von ihm verabschieden. Ich klopfte am Herrenzimmer an, hörte »Herein« und trat ein. »Herr Major, ich möchte Ihnen auf Wiedersehen sagen.« Er begrüßte mich mit »Guten Morgen«, drehte sich zum Fenster und schwieg. Eine Minute lang stand er mit dem Rücken zu mir, von draußen drang der Hufschlag der Pferde in die Stille, bis er sich wieder umwendete und erwiderte: »Herr Zimmermann, es ist alles Scheiße, der Krieg ist verloren, ich sehe mein schönes Wellerswalde nicht wieder.«

Ich wollte ihm noch etwas erwidern, aber er gab mir schnell seine Hand: »Herr Zimmermann, sagen Sie meiner Frau kein Wort von dem, was wir gesprochen haben!« Noch ein Händedruck, das letzte »Auf Wiedersehen«. Es hat eine Weile gedauert, bis ich das verkraftet habe.

Von der slowakischen Grenze aus verschleppten die Russen meinen Vater zum Ende des Krieges hin in das ehemalige

Vernichtungslager Auschwitz, wo er im Oktober 1945 elendiglich verhungert ist. Somit hatte sich auch diese letzte Vorahnung erfüllt. Aber noch wußten wir nichts davon …

Die Taufe

Mutter war vom Pferd gefallen und konnte sich nicht rühren. Lütte ging in der Küche zur Hand, meine Cousine Siegtrud kämpfte in einer Berliner Klinik mit der Geburt ihres Töchterchens, und ich war noch etwas ermattet ans Wochenbett gebunden. Claus blieb nichts anderes übrig, als unser Baby erst mal alleine zu versorgen.

Ich habe mich kaputtgelacht, wie unbeholfen er sein Söhnchen vor dem Trinken auf die Waage legte. Wie eine heißgekochte Kartoffel hielt mein Mann den Hosenmatz in den Händen. Am dritten Tag nach der Geburt eilte uns eine Säuglingsschwester zur Seite. Die Dresdenerin lief jedesmal knallrot an, wenn sie mir morgens das Kind brachte, während sich neben mir mein Mann im Pyjama ausstreckte.

Am 29. Oktober 1944 waren wir vier Oppel-Geschwister zum letzten Mal in Wellerswalde vereint. Kai hatte in der Zwischenzeit eine reiche Hamburgerin geheiratet. Nach Ulis Taufe beabsichtigte Claus uns zu seinem Standort in Züllichau nachzuholen.

Für die Feierlichkeiten ließ Pfarrer Albrecht die Kirche mit bunten Blumen schmücken. In dem für die von Oppels reservierten, vom übrigen Kirchenschiff abgeteilten Raum, der durch einen Extraeingang zugänglich war, rückten die Gäste auf den Bänken zusammen. Nach der Taufe knallten die Sektkorken. Bis auf unser Kind war niemand anwesend, der keinen Rausch hatte. Mein Mann unterschrieb sogar auf der Gästeliste. Einmal lachte er laut und faßte sich dabei an den Kopf, als würde er prüfen, ob er auseinandergebrochen sei.

Das letzte Aufgebot

Aufgrund seiner schweren Verwundung durfte mein Mann nicht mehr unmittelbar am Kriegsgeschehen teilnehmen. In Züllichau war er zum Chef einer Versehrtenkompanie ausgewählt worden. Das letzte Aufgebot. Für unsere kleine Familie war das eine feine Sache. Endlich war es Claus und mir mal erlaubt, länger als zwei Wochen zusammenzusein. Mitten in der Stadt bezogen wir eine Wohnung in der Kaserne. Ein Bursche bekochte uns. Die Zimmer waren einfach eingerichtet, aber das störte uns nicht. Claus verwöhnte mich mit Geschenken. Darunter ein Ölgemalde, auf dem der Kopf eines kohlschwarzen Hengstes, ähnlich dem in Gottin, abgebildet war.

In der Versehrtenkompanie handelte es sich überwiegend um Soldaten, denen man, wie Claus, ihre Verletzungen nicht sofort anmerkte. Die Männer absolvierten unter der Aufsicht meines Gatten Schießübungen oder hoben am Oderwall Panzergräben aus. Sie kannten sich meist noch von der Front. Viele hatten ihre Frauen dabei.

Keiner der Soldaten hat sich mit seinen Taten gebrüstet. Niemand hat übers Sterben in den Schützengräben große Worte gemacht. Diejenigen, die aus dem Krieg kamen, haben in der Regel nicht viel gesprochen. Sie waren froh, wenn sie die qualvollen Bilder beiseite schieben konnten. Die Musiker in der Kompanie spielten in unserem Wohnzimmer Ziehharmonika und Gitarre. Claus legte auch Jazzplatten auf, obwohl man für diese »entartete« Musik an die Wand hätte gestellt werden können. Die Schwiegereltern hatten uns eine Kiste Wein zugeschickt und ihren Besuch angemeldet. Sie wollten ihren Enkel kennenlernen.

Für einen kurzen Moment hatten wir mitten im Krieg unseren Frieden gefunden. Am meisten liebte ich es, am Wochenende zu dritt im Bett zu fläzen. Uli an meiner rechten, Claus an meiner linken Brust. Wenn das Kind abends schlief, sind wir gelegentlich in das Hotel nebenan zum Essen ausgegangen. Der Kellner schenkte uns Wein nach. Hinter ihm schlängelte sich in unsere Richtung Claus' Kommandeur in Begleitung zweier Offiziere zwischen den Tischen durch. Claus klopfte seine Zigarette aus und erhob sich. Sein Vorgesetzter legte zum Gruß die Hand an die Mütze, schlug die Hacken zusammen und sagte: »Ich beglückwünsche Sie zum Deutschen Kreuz in Gold.«

Mein Mann zog ein komisches Gesicht. Einen Orden warf man nicht einfach in einem Restaurant neben den Teller. Normalerweise wurde dem Geehrten ein Verdienstabzeichen solchen Ranges im Rahmen eines feierlichen Aktes vor der gesamten Kompanie verliehen. Als die Offiziere sich wieder abgewendet hatten, sagte Claus verbittert: »Das steck ich mir nicht an!«

Seine Abzeichen, das EK 1 und die anderen Orden, hatte er in eine Schublade im Wohnzimmerschrank gelegt. Wir lebten in dem Glauben, daß der Krieg so gut wie überstanden sei. Deutschland »sei ein einiges Volk, verschworen auf eine Idee«, schwadronierte Goebbels. Die Nachrichten verbreiteten Zuversicht. Denn an Weihnachten wollten alle Frieden. Wunschdenken statt Wahrheit. Und es kam so anders und so schrecklich.

Sieben Jahre Unglück

»Stille Nacht«, trällerte der Chor im Radio. Auf der weißen Tischdecke ein Gesteck mit roten Kerzen. Mit glitzernden Augen schaukelte ein Kamerad von Claus unseren Knirps auf dem Schoß. »Das ist unser Christkind«, ergötzte er sich. Wir fühlten uns wie eine richtige Familie. Wir waren so beschwingt. Wir waren so unbeirrt. Und das blieb so, bis wir am 31. Dezember 1944 im Kasino den Jahreswechsel begossen.

An der Grenze bei Schneidemühl waren die Russen durchgebrochen. Einige Männer auf der Tanzfläche hatten schon Befehl, am nächsten Tag dorthin aufzubrechen. Die Frauen unternahmen alles, um ihre Partner abzulenken. Ausgelassen schwangen sie das Tanzbein. Auch viele ungarische Offiziere mischten sich unters Publikum. Schicke Typen, sehr galant, mit Handküssen flott dabei.

»Bevor ich in russische Gefangenschaft gehe, erschieße ich mich lieber.« Claus lachte leise in sich hinein, setzte sein Glas Whiskey an die Lippen und stürzte es in einem Zug herunter. »Nimm dir einen anderen Mann, wenn ich einmal nicht mehr bin.« »Red nicht so ein Zeug!« ärgerte ich mich, und bevor er noch etwas entgegnen konnte, verschloß ich ihm den Mund mit einem Kuß. Und wir knutschten so schnell, so wild, so schlampig, als gäbe es kein morgen.

Claus war betrunken. Er tanzte mit einem Kumpel, beide kletterten, sich vor Lachen biegend, auf einen der Tische und schwangen dort weiter die Hüften. Dann sprang Claus von oben hinunter, mitten in einen Spiegel hinein. Die Scherben lagen überall herum. Für einen Moment setzte die Musik aus. Da niemand verletzt war, ging die Party aber gleich weiter wie zuvor. Ich war zutiefst betroffen: »Mensch

Claus, das bringt sieben Jahre Unglück.« »Du bist doch wohl nicht abergläubisch.« Seine Stimme schwankte vom Wein.

Es war eine eigenartige Stimmung.

Raus aus Züllichau!

Im Januar 1945 brachen die Russen bei Posen durch die deutschen Linien und näherten sich, ein Heer von Entwurzelten vor sich hertreibend, Züllichau. Die bevorstehende Angriffswelle nannte Hitler den »größten Bluff seit Dschingis Khan«. Es war nichts zu hören. Kein Schuß. Nur die Gläser haben ganz leise im Schrank geklirrt. Und ein Stück Farbe ist von der Wand abgeblättert. Auf einmal das Getrappel von Pferdehufen auf der Straße.

Ich schaute aus dem Fenster. Es war bitterkalt. Wagen an Wagen rumpelte vorbei, besetzt mit Flüchtlingen aus Posen. Dick eingemummte Gestalten mit blauen Nasen und eisüberzogenen Augenbrauen. »Ich muß sehen, wie ich euch hier rauskriege!« Claus beugte sich mit einem tiefen Ausatmen hinter mir vor. Zivilisten war es nicht erlaubt, die Stadt zu verlassen. Wehrmachtskolonnen erhielten den Befehl, deutsche Flüchtlingstrecks auf verschneite Feldwege abzudrängen.

»Ich gucke mich mal am Bahnhof um«, schlug ich meinem Mann vor, der weiter angestrengt überlegte. Die Straßen bis dahin waren menschenleer. Stacheldrahtrollen versperrten hier und da den Weg. Drei Züge fuhren durch, gestopft voll mit Menschen. Keiner hat gehalten. Indessen hatte Claus eine LKW-Besatzung ausfindig gemacht, die jenseits der Oder Brot für die Soldaten holen sollte. Mit mir drängelten sich noch viele andere Frauen und Kinder vor dem Fahrerhäuschen. Claus hielt den Griff des Spankorbes, in dem Uli unter vier Decken eingegraben lag. Im Hintergrund grollten die ersten Geschütze. Der Fahrer versprach: »Ich versuche euch alle rauszubringen!«

Mir schnürte sich das Herz zusammen. Wieder eine Trennung. Aber ich habe nicht geweint, ich hatte nur unser Fortkommen im Sinn. »In Wellerswalde bist du sicher«, glaubte mein Mann. »Der Krieg geht seinem Ende zu, bald haben wir unsere Ruhe.« Das sagte er so monoton, als wiederhole er eine schwerverständliche Lektion.

Den Spankorb mit meinem Söhnchen steckten die Soldaten zu sich ins Führerhaus, ich quetschte mich mit unserer Bekannten, Frau Reimers, und ihren Kindern, sechs und acht Jahre alt, hinten auf die offene Ladefläche. »Köpfe runter«, lautete die Anweisung. Der Motor sprang an. Es hatte 24 Grad minus. »Hoffentlich erfriert mir das Kind nicht.« Mir war ganz schlecht vor Sorge. Als wir die Crossener Oderbrücke hinter uns hatten, atmeten die Leute etwas freier, denn bis hierher würden die Russen nie kommen. Das Propagandaministerium hatte uns die Oder als magische Grenze verkauft. Hinterher nahm man das scheibchenweise wieder zurück. Dann galt die Elbe als die magische Grenze.

In Guben hieß es: »Absteigen.« Ich konnte nicht auch noch meinen Koffer tragen, weil ich das Kind in dem großen Korb hatte. Frau Reimers sicherte mir am Bahnhof zu, das Gepäck nachzuschicken. Bevor sie sich zwischen den anderen Gestalten mit Mänteln und Mützen am Gleis verlor, hatte ich ihr noch das Angebot unterbreitet: »Wenn Sie von zu Hause wegmüssen, kommen Sie zu uns nach Wellerswalde. Da passiert Ihnen nichts.«

Ein eisiger Wind trieb die Menschen an den Gleisen wie

eine Herde verfrorener Schafe zusammen. Sanitäter trugen den leblosen Körper einer Frau an uns vorbei, sie war über Nacht in einem der Waggons erfroren. Zähneklappernd versuchte ich mich zu erwärmen, indem ich die Arme kreuzweise über der Brust zusammenschlug. Den Korb hatte ich vor meinen Füßen abgestellt. Im Hinterstübchen nichts anderes als den Gedanken: »Hoffentlich stirbt mir das Kind nicht weg.«

Beim nächsten vollgepferchten Zug in Richtung Dresden setzte ich meine Ellbogen ein. Ein hilfsbereiter Soldat hatte mir unter den Vertriebenen aus Posen einen Stehplatz verschafft und den Korb oben am Gepäcknetz festgebunden. Uli war ein ruhiges Baby, er hat viel geschlafen. Als er nach zwei Stunden anfing, leise zu weinen, wollte ich ihm sein Fläschchen geben. Doch ein Bauer entriß es mir und trank den Inhalt gierig in drei Zügen aus. Ich hatte noch ein bißchen Milch in der Brust, zwei Frauen sind aufgestanden, damit ich das Kind stillen konnte.

Nach zwei Tagen erreichte ich Wellerswalde. Total erschöpft. Danach habe ich eine Woche lang nicht mehr gesprochen. Ulrich hatte alles bestens überstanden, er bewies damals schon seine Qualitäten, die mir in der Folge die verwegensten Situationen mit ihm zu überstehen halfen.

Das war unsere erste Flucht.

Flüchtlinge im Haus

Wellerswalde hatte sein Gesicht verändert. Eine Kommission, die sich zuvor in unserer Burg umgesehen hatte, teilte uns heimatlose Familien aus Ostpreußen und Schlesien zu. Im Handumdrehen war in unserer Burg das kleinste Eckchen bis auf den Dachboden belagert. Treckwagen versperrten den Hof, Pferde scharrten hungrig mit den Hufen. Kleine Kanonenöfen qualmten aus den Fenstern, überall hing Wäsche. Ein unsagbares Durcheinander. Die Menschen strebten in ihre Heimat zurück. Aber das war ihnen versagt.

Mutter, Herr Zimmermann und unser Verwalter Herr Siegert-Canitz waren ständig auf den Beinen, um bei den Behörden die Freigabe von Futter, Fleisch und Gemüse für die etwa vierzig Zugezogenen zu erstreiten. Eines Morgens klingelte auch Frau Reimers aus Züllichau mit ihren Kindern an der Tür. Sie brachte mir die Neuigkeit, daß Claus nach Frankfurt an der Oder in den Stab verlegt worden sei. »Um ihn vor Kriegshandlungen zu schützen«, hieß es. An die Neuankömmlinge trat ich eines meiner beiden Zimmer unterm Dach ab.

Lütte kümmerte sich im Haus um einigermaßen Ordnung, sie regelte die Kochzeiten auf dem Herd. Mutter stellte eine Hausordnung auf. Anders funktionierte das nicht. Alle fünf Minuten klopfte jemand an, den Leuten fehlte doch alles. In jedem Flur liefen einem Fremde über den Weg. Kinder stopften sich die Taschen voll mit allem, was ihnen nützlich schien. Die Gemütslage war angespannt. Jeder blickte angstvoll in die Zukunft. Die Russen rückten Stück für Stück näher. Was sollte nur werden?

Das Personal, sofern es sich nicht aus dem Staub gemacht hatte, verweilte im rechten Flügel. Zum Teil übernahmen die Vertriebenen dessen Aufgaben. Unsere privaten Räume, auch das Eß- und Wohnzimmer, behielten wir alleine unserer Familie vor. Am 2. Februar 1945 erfuhren wir aus dem Radio, daß »der Verräter Carl Friedrich Goerdeler« hingerichtet worden sei. Einer der Anführer der Widerstandsbewegung vom 20. Juli. »Jetzt haben sie den Goerdeler auch noch erwischt!« Mutter sackte leblos in ihrem Sessel zusammen. Der Oberbürgermeister von Leipzig war ein sehr guter Bekannter der Eltern gewesen.

Wein mit Ei

Die Russen waren im Anzug auf Bautzen, sie stießen in Richtung Elbe vor. Unsere Gefühle schlugen in Verzweiflung um. »Wo bleiben die Russen stehen? Jetzt sind sie schon an der Elbe!« Der Feind stand praktisch vor unserer Tür. Es war wohl nur eine Frage der Zeit, bis Mutter zusammenklappen würde. Sie ernährte sich fast ausschließlich von Zigaretten, überarbeitete sich restlos, ihre Kraft für die alltägliche Tretmühle schwand.

Das Weiß der Wände blendete sie und schmerzte in den Augen. Im Februar erkrankte Mutter schwer an einer Rippenfell- und Lungenentzündung. Unser Hausarzt Doktor Schmidt aus Oschatz tat sein Bestes, aber allem Anschein nach hatte sich die Gutsherrin selbst aufgegeben, da sie seit bald zehn Tagen jede Nahrung verweigerte. »Wenn sie so weitermacht, ist sie bald tot.« Kopfschüttelnd nahm der Arzt sein Köfferchen.

Lütte starrte ihn mit angstvoll geweiteten Augen an, hinter ihr die Hausbewohner. Alle bangten um die gnädige Frau. »Was sollen wir tun?« bestürmte meine Schwester den Mediziner auf dem Weg nach unten. Da durchzuckte ihn der rettende Lichtblitz: »Flößen Sie der Kranken Weißwein ein, wenn sie etwas zu trinken verlangt.« Der darin enthaltene Traubenzucker könne ihren Organismus stärken.

Mit dem Wein, in den wir schließlich noch ein verquirltes Ei hineinmogelten, haben wir die Schwerkranke wieder hochgekriegt. Der Alkohol machte sie heiter, und sie fand zu ihrem alten Lebensmut zurück. Als ihr Körper einigermaßen zu Kräften gekommen war, hatte sie auch das letzte seelische Tief überwunden und besann sich erneut auf ihre Pflichten. Mit der ihr angeborenen Energie schaffte Mutter die endgültige Genesung und war binnen kurzem wieder voll im Einsatz.

Das war auch bitter nötig, denn wir waren alle restlos überfordert. Jeder Tag trieb uns weiter in die Krallen des Krieges.

Die Bombardierung von Dresden

Lütte riß mich aus dem Bett, hinunter in den Keller, wo wir die Einschläge bei den Industrieanlagen der etwa 15 Kilometer weit entfernten Stadt Riesa hörten, die ewigen Einschläge, die das ganze Haus zittern ließen, es aber kaum beschädigten. Oben im Regal die »Kleine Luftschutz-Hausapotheke«. Die Zigarette glomm auf, wenn Mutter zog, und beleuchtete ihr verschattetes Gesicht.

Die Führung der Nationalsozialisten setzte weiter auf das Heile-Welt-Spiel. Im Gasthof lief der Film »Mit Musik geht alles besser«. Ilse Werner pfiff auf der Leinwand gerade ein Lied, als das Licht im Saal anging und eine Männerstimme dem Vergnügen ein Ende setzte: »Es ist Fliegeralarm, geht nach Hause.« Im Schrittempo rollte ein LKW durchs Dorf, ein Soldat drehte eine Handkurbel, damit die Sirene losheulte.

Lütte und ich haben uns nicht mehr viel dabei gedacht und sind ins Bett gekrochen. Beim Frühstück entnahmen wir dem Wehrmachtsbericht, daß Dresden in der Nacht mit einem Flächenbombardement überzogen worden sei. Kurz darauf folgte der Angriff bei Tag. Über unseren Hof zogen die Bombengeschwader hinweg, etwa 60 Stück zählte ich. Am stahlblauen Himmel pufften schwarze Wolken auseinander. Die Flakgeschütze am Boden erreichten die Flieger nicht.

Welle auf Welle folgte. Die einen flogen hin, die anderen zum Betanken für weitere Angriffe zurück. Gehört haben wir von den Einschlägen nichts. »Sieh mal!« Hardi zeigte nach oben. Eine brennende Maschine torkelte dem Boden zu, ein Fallschirm hinterher. Ortsgruppenleiter Nicklitzsch schickte sofort seine Männer zum Suchen los.

Die Sterne zogen am Himmel weiter, die Schatten der Häuser wandelten langsam ihre Gestalt dabei. Am Morgen war die Luft kühl und klar. Ich atmete tief durch. Mit dem nächsten Windstoß segelte ein angesengtes Stück Papier auf meine Jacke. Ich nahm es und schaute es an. »Ein Kontoauszug«, stutzte ich. Mit einem Mal flatterten immer mehr Papiere vom Himmel. Wie graue Vögel segelten sie im Kreis nach unten. Rechnungen und Briefe. Auf manchen die Stempel von Dresdener Firmen.

Während wir Schnipsel und Notizen auffegten, läutete der Telefonapparat. Mutter nahm ab. »Mein Name ist Frau von Tresckow«, stellte sich eine Unbekannte ihr vor. Unser Vater und ihr Mann seien im selben Stab zusammen gewesen. Ihre Stimme geriet ins Stocken. »Ich komme aus Dresden, ich weiß nicht mehr wohin mit meinen vier Kindern.« Mutter beruhigte die Frau: »Wir bringen Sie schon unter.« Dann senkte sie die Stimme. »Sind Sie verwandt mit Generalmajor Henning von Tresckow?«

Das schnappte ich noch auf, als ich mit dem Besen über der Schulter ins Zimmer trat. »Weitläufig«, kam durch den Hörer zurück. Henning von Tresckow hatte sich mit einer Handgranate getötet, nachdem der Staatsstreich am 20. Juli gescheitert war. Zuvor hatte er mehrmals versucht, Hitler umzubringen. Mutter fragte nicht weiter nach. Es war besser, wenn man nicht zu viel wußte.

Den Mantel zog Frau von Tresckow nicht aus, behielt ihn an wie einen Panzer. Mutter rückte der etwa Vierzigjährigen den Lehnstuhl zurecht, in dem ihr schmaler Körper fast verlorenging. Die Blondine zupfte am Rock über ihrem Knie und sah sich unbehaglich um. Sie machte einen abwesenden Eindruck, als sei sie nach diesen Nächten im Keller nicht mehr ganz von dieser Welt.

Mit einem Mal fing sie an zu erzählen. Heftig, aufgeregt und leise in einem Fluß. So leise, daß man an sie heranrücken mußte, um sie zu verstehen. So schnell, als würde jedes Wort die Seele ein Stück weit erleichtern. Sie schilderte, wie im Feuersturm der Asphalt und das Fleisch der Menschen geschmolzen sei. Wie die Leute schreiend in die Elbe gesprungen waren und sich in dem heißen Wasser die Haut verbrüht hätten. Wie ihr Sohn sich gewundert habe, warum die Menschen, die am Straßenrand schliefen, so klein waren. Sie betäubte sich selbst mit diesem pausenlosen Weiter und Weiter. Wir hörten das und konnten es doch nicht glauben.

Aus der Stadt hatte Frau von Tresckow ihre langen weißen Glacéhandschuhe gerettet, die sie mit einer würdevollen Geste den schlesischen Bauersfrauen im Flur vorzeigte. Mich befremdete das. Wie konnte man so etwas Überflüssiges einpacken, wenn um einen herum Menschen und Häuser abfackelten? Hinterher würde ich es schon noch verstehen, da würde ich es genauso machen ...

Soldatische Tugenden

Zwei Monate waren ohne Claus vergangen. Aber ich wußte, daß es ihm gut ging, weil er nicht mehr kämpfen durfte. Am 15. April 1945 machte mein Mann mit zwei Kameraden in Wellerswalde halt. Er war auf der Durchfahrt von Frankfurt an der Oder nach Gera. Dort sollte er Waffen für den Festungsstab heranschaffen.

»Die Nacht schläfst du dich erst mal aus«, sagte ich und streichelte ihm über sein abgespanntes Gesicht. Claus setzte sich aufs Bett. »Komm her«, meinte er ungewohnt ernst. Seine Finger klopften ungeduldig auf die Matratze neben sich. Im nächsten Moment zog er eine kleine Pistole aus seiner Jackentasche und drückte sie mir in die Hand. »Wenn dir jemand zu nahe tritt, dann schieß.« Ich wollte diese Waffe nicht, aber er hat sie nicht zurückgenommen.

Claus schob die Stiefel von den Füßen und ließ sich nach hinten auf das Bett sinken. Die Hände hinterm Kopf. Kaum eine Sekunde später war er weggedämmert. Ich zog seine Beine nach oben. Mit einem Tuch tupfte ich dem Schlafenden die Stirn ab. Er hatte wieder Fieber. Mitten in der Nacht krachte in der Nähe eine Bombe herunter, das Schlafzimmerfenster zerplatzte. Das Haus bebte, als rege sich unter der Oberfläche ein großes Tier. Ich fuhr mit einem Satz auf. Neben mir mein Mann, sein Pyjama mit Scherben übersät. Er hatte überhaupt nichts gemerkt. Ich rüttelte ihn wach, mein Liebster winkte ab: »Das ist doch nichts.« In dem Moment habe ich zum ersten Mal erfaßt, was mein Mann schon alles durchgemacht hat. Daß er die Welt hat brennen sehen.

In den Buchenkronen zeigte sich nach dem langen Winter das erste grüne Laub. Claus stand locker vor dem Fenster, die

Beine breit gespreizt, die Hände in den Hosentaschen, den Kopf schräg zurückgeworfen. Seine halbgeschlossenen Augen waren schläfrig. Ich küßte die Stelle an seinem Hals über der Kette, an der die Erkennungsmarke baumelte. »Hundemarke«, nannte Claus die Metallscheibe. Die Nummer darauf diente zur Identifizierung der Toten. Immer dabei hatte er, in der Brusttasche, auch eine zarte Bleistiftszeichnung von unserem Sohn. Tante Silvie hatte sie ihm geschenkt.

Lange blickte ich dem Militärfahrzeug nach, das hinter der Kastanienallee abbog. »Laß meinen Mann in Gefangenschaft geraten«, schickte ich ihm meine Wünsche hinterher. In Gera waren die ersten amerikanischen Besatzer, aber mein Mann, dieser Idiot, drehte unverrichteter Dinge wieder ab. Noch mal machten er und seine Soldaten für einen Tag und eine Nacht halt in Wellerswalde.

Aufgewühlt zündete sich Claus im Garten eine Zigarette an. »Beinahe wäre ich in amerikanische Gefangenschaft geraten.« Er nahm einen tiefen Zug. In dem Augenblick konnte ich mich nicht länger zusammenreißen. »Warum hast du dich nicht festnehmen lassen?« Mein Mann fiel aus allen Wolken. »Ich kann doch meine Kameraden im Festungsstab nicht im Stich lassen«, herrschte er mich an. In so einem Tonfall hatte er bisher noch nie mit mir gesprochen. Voller Abscheu wendete er sich ab. Er fluchte sehr leise mit verhaltener Stimme vor sich hin.

Am liebsten hätte ich mich in Luft aufgelöst. So schämte ich mich. Zwei oder drei Minuten verstrichen. Wie mich mein Liebster so niedergeschlagen sah, entschuldigte er sich gleich wieder bei mir: »Meine Kameraden warten auf mich. Ich muß zurück.« Er zog mein Kinn nach oben. »Das mußt du doch verstehen, Christa.« Die Augen niedergeschlagen, nickte ich. Offiziere wie er konnten nicht nach Belieben abhauen, selbst wenn die bessere Einsicht mit dem Berufsethos in Konflikt lag.

Mein Mann hatte einen Eid geschworen. Das waren dieses verflixte Pflichtbewußtsein, diese soldatischen Tugenden. Dabei hatte er doch nie Soldat werden wollen. Bei Tagesende nahmen Lütte, Mutter, die Männer und ich im Herrenzimmer einen Drink ein. Ich schenkte noch mal nach. »Bleibt ruhig«, mahnte mein Mann die Runde zur Besonnenheit, »die Russen kommen nicht über die Elbe.«

Mutter reichte eine Zigarettenschachtel herum. Ich hielt den Männern ein brennendes Streichholz hin. »Wenn mir heute noch die Leute zur Verfügung stünden, die ich am Anfang gehabt habe, dann sähe die Lage anders aus«, resümierte Claus über die eilig zusammengerafften Einheiten aus Sechzehn- bis Siebzehnjährigen. »Sie wissen nicht, wie man sich eingräbt. Sie können aus dem Heulen der Granaten nicht heraushören, wo sie einschlagen wird. Aber der Endsieg wird trotzdem noch kommen.« Ob er wirklich davon überzeugt war, weiß ich nicht. Den Sieg hat er nicht für die Nazis gewollt, aber für seine Soldaten. Von Hitler hat niemand geredet.

Ich habe meinem Mann keine weiteren Vorwürfe gemacht. Weiß der Teufel, was ihm in Gera sonst zugestoßen wäre. Wäre er nicht in Gefangenschaft der Amerikaner geraten, hätten ihn womöglich die Deutschen als Deserteur drangekriegt. Eine Bauersfrau aus Staupitz hatte beobachtet, wie sie jüngst einen Feldwebel an einer Linde gegenüber der Kirche aufgehängt hatten. Die letzen Worte des Mannes waren: »Ich habe doch auch noch Familie.«

Als er am Lindenast hing, stellte sich heraus, daß dieser viel zu dünn war und er so weit durchhing, daß er mit den Füßen wieder auf der Erde auftraf. Da mußten drei andere

Soldaten den Halbtoten wieder hochheben und an einem höheren Ast befestigen. Auf die Weise konnten auch alle das Schild um seinen Hals lesen: »So geht es jedem, der sich unerlaubt von der Truppe entfernt.«

Mutter drehte den Wehrmachtsbericht an, danach folgte das Wunschkonzert mit dem Lied vom unerschütterlichen Seemann.

Jeder Abschied kann der letzte sein

Nebel waberte über den Wiesen. Claus wuchtete mein Fahrrad hinten auf den Lastwagen. Ich hatte darauf bestanden, ihn noch bis Jüterbog zu begleiten. Zu viert zwängten wir uns vorne ins Führerhaus, mein Mann und ich hielten uns an den Händen. »Ich komme zurück nach Wellerswalde«, redete er wie auf eine Schwerhörige auf mich ein, »es wird alles gutgehen.« Ich nehme an, er wollte mich bloß beruhigen.

In Jüterbog haben sie mir mein Rad heruntergeholt. Ich umarmte ihn noch ein letztes Mal. Tief sog ich seinen Duft ein. Er war so vertraut, daß ich ihn am liebsten mitgenommen hätte, um mich an grauen Tagen daran wie an etwas Weichem zu erwärmen, um alles erträglicher zu finden. Unsere Blicke trafen sich und ließen einander nicht los. Einer der Männer räusperte sich. Ich stand am Wegrand, den Hals gestreckt, und winkte ihm hinterher. »Ich komme bald zurück«, hat er mir zugerufen. Ich bekam kaum Luft, die Tränen blieben stecken, ich dachte, das muß jetzt wohl so sein.

»Es ist so schwierig, dich anzurufen«, bat Claus mich Tage darauf durch die Sprechmuschel um Nachsicht, »ich muß jedesmal über das Oberkommando der Wehrmacht in Berlin vermittelt werden.« Gott sei Dank hatte ich eine Bekannte beim BDM, die im Oschatzer Postamt in der Telefonzentrale beschäftigt war. »Könntest du mir nicht eine Verbindung zum Oberkommando machen?« ließ ich ihr keine Ruhe. »Bist du verrückt?!« stutzte sie mich zurecht. Mit der Rechten lüpfte ich die Füße von einem Fasan aus meiner Tasche. Mein Gegenüber entspannte sich. »Ich versuche nachts um drei Uhr den Festungsstab in Frankfurt über das Oberkommando der Wehrmacht zu erreichen. Aber ich kann nicht garantieren, daß es klappt.«

Im Wohnzimmer richtete ich neben dem Telefon meine Decke auf dem Sofa. Nachts um drei Uhr schepperte es. Sie hatte es tatsächlich fertiggebracht! Kaum hatte ich das Kabel entheddert, schnäbelte der zackige Tonfall eines Soldaten aus dem Oberkommando los. Ich schluckte und versuchte so normal wie möglich zu klingen: »Bitte den Festungsstab in Frankfurt an der Oder.« Es wurde gestöpselt, und schon hatte ich Claus am Telefon, der in seinem Büro gewacht hatte. »Jetzt können wir jede Nacht miteinander sprechen«, freute ich mich.

Schatzkiste vergraben

Die sowjetischen Panzer waren schnell – sie überrollten alles, was ihnen auf ihrem Vormarsch in den Westen im Weg stand. »Wir sollten unsere Wertsachen eingraben«, bearbeitete ich Mutter. »Nimm das in die Hand«, willigte sie ein, fügte dem Aschenbecher einen qualmenden Stummel hinzu und zündete sich eine frische an. Gemeinsam mit Lütte steckte ich die in Ölpapier eingewickelten Schmuckstücke in eine Eisenkassette. In das Sicherheitsschloß im Deckel gab ich das Codewort »RENO« ein.

Kurz vor Mitternacht schob ich mein Fahrrad aus dem Hof. Den Spaten hatte ich unter den Arm geklemmt, die Kiste auf dem Gepäckträger. Es war eine unheimliche Nacht. Jenseits des Lichtkreises, der den Hof umgab, wurde alles von der tiefschwarzen Finsternis verschluckt. Ich wagte nicht, die Lampe anzustellen, und fuhr in die Nacht hinein. Weit weg knallten Schüsse. Hoffentlich hatte mich niemand beobachtet.

Plötzlich löste sich etwa 50 Meter vor mir ein riesiger Schatten heraus, der sich zwischen den Kastanien duckte. »Du lieber Gott, was ist das denn!?« Mein Herz machte einen Satz. Fast ohne ein Geräusch legte ich mein Rad in die Wiese und tastete mich Schritt für Schritt an dieses Ungetüm heran, bis ich die Umrisse eines Panzers ausmachte. Das Gefährt schien unbesetzt zu sein. Vielleicht war es kaputt.

Über einen Schleichweg pirschte ich etwa zwei Kilometer weiter in den Wald. Mein Ziel war der Dachsbau. Jeder dritte Baum, der sich an meinem Weg erhob, schien ein Mensch, eine Gefahr zu sein und ließ mich den Atem anhalten. Es waren Sterne und Wolken am Himmel, der Mond brach manchmal durch. Es knackte hinter mir. War da jemand? Überall zogen schwerbewaffnete Soldaten und Vertriebene durch. Ich preßte mich an eine Tanne und kniff die Augen zu, aber das machte es nur noch schlimmer.

Auf einer Lichtung erhob sich der große Dachsbau. Die Erde roch nach Tau. Wie lange lag das zurück, daß wir Kinder hier mit Vater Frettchenjagd abgehalten hatten? Mir schien es eine Ewigkeit her zu sein. An der höchsten Stelle des Hügels setzte ich den Spaten an. Das ging leicht, der Boden war sandig. Vier oder fünf Stiche. Das reichte. Kassette ins Loch, Sand festtreten, Steine drauf legen. Und nichts wie weg! Immer näher kam ich unserer Burg, und endlich stürzte ich durch die Tür und fiel erleichtert in den dahinterliegenden Schatten. »Gott sei Dank, bist du wieder da.« Mutter hatte bei Kerzenlicht auf mich gewartet.

Sonderausgabe: Oschatzer Kreiszeitung

Aus der Oschatzer Kreiszeitung,
Dienstag 17. April 1945

... Zum letzten Mal ist der jüdisch-bolschewistische Todfeind mit seinen Massen zum Angriff angetreten. Er versucht Deutschland zu zertrümmern und unser Volk auszurotten. Ihr Soldaten aus dem Osten wißt zu einem großen Teil bereits heute schon, welches Schicksal vor allem den deutschen Frauen, Mädchen und Kindern droht. Während die alten Männer und Kinder ermordet werden, werden Frauen und Mädchen zu Sklavinnen erniedrigt. Der Rest marschiert nach Sibirien ...

Gez. Adolf Hitler

... Jetzt gilt es die Nerven zu behalten und Ruhe zu bewahren ... Gerüchtemacherei, Flüsterpropaganda und Defätismus sind Sabotage übelster Art gegenüber unseren tapferen Soldaten und Verhöhnung unserer Kämpfer an der Front ...

Albrecht, Kreisleiter

An unsere Leser: Wegen technischer Schwierigkeiten kann heute keine Zeitung erscheinen.

Verlag u. Schriftleitung der Oschatzer Kreiszeitung

»Wie lange werden wir noch freie Menschen sein?«

An Postzustellung war nicht mehr zu denken. Deshalb notierte ich all meine Gedanken für Claus in mein Tagebuch. Wenn ich so nachdenke, haben wir die meiste Zeit unserer Partnerschaft mit dem Schreiben von Briefen verbracht.

15.4.1945 Wellerswalde

Lieber Claus,

... draußen ist das ferne Grollen des Kampfes zu hören. Ich packe einige Koffer mit Kleidern und Wäsche für uns und stelle sie auf dem Dachboden sicher. Wer weiß, ob nicht doch noch eine Bombe gesegelt kommt.

Die amerikanischen Panzer sind vor Grimma, in Leisnig, Rochlitz und vor Leipzig. Wie lange werden wir hier noch freie Menschen sein?

Die letzten zwei Tage war ordentlich was los. Vorgestern hatten wir die ersten in den Westen zurückflutenden Truppen hier, begleitet von einem Haufen polnischer HIWIS (Hilfswillige aus besetzten Gebieten). Eine gefährliche Bande in Soldatenröcken. Sie hatten Lastwagen voller gestohlener Sachen und auch »hilfswillige« Weiber bei sich.

Erst haben diese Rauhbeine ihre Pferde getränkt, anschließend forderten sie Essen. »Ihr könnt hier rasten! Ansonsten seht zu, daß ihr weiterkommt«, stieg Mutter ihnen aufs Dach. Daraufhin kochten sie sich über einem Feuer eine Erbsensuppe. Eine unserer Flüchtlingsfrauen, Frau von Tresckow, hat sich einen Teller voll davon erbettelt. Wir nahmen ihr das krumm. »Wie kann sie das tun?« Natürlich ist es bei den Flüchtlingen mit den Lebensmittelkarten knapp, aber wir helfen doch, wo es geht.

Gestern beobachteten Lütte und ich vom Turm aus mit einem Fernglas einen Tieffliegerangriff auf den Oschatzer Flugplatz. Fünf Hornissen hüllten den Platz in Rauch und Feuer. Ein Treibstofflager ging dabei mit Krachen in die Luft.

Ununterbrochen surren die Tiefflieger übers Dach. Die Luft vibriert, wenn sie kommen. Tagsüber stellen wir Ulis Bettchen unter die großen Apfelbäume im Garten, nachts schieben wir es in die breite Türnische zu Mutters Zimmer. Hoffen wir, daß es ihn schützt. Zum Glück ist der Kleine ruhig und ausgeglichen.

Nachmittags bekamen wir Einquartierung von einer Artillerie-Einheit, die auf dem Marsch nach Süden war. Die drei Offiziere blieben im Haus, die Soldaten in der Scheune. Sie haben uns den Gartenzaun ausgebessert. Mutter gefielen die Männer so gut, daß sie Lütte und mir vorgeschlagen hat: »Heute abend köpfen wir mit ihnen unsere letzten Sektflaschen.«

Im Garten auf den Bänken haben wir uns zugeprostet. Einem der Offiziere vermachte ich die Pistole, die Claus mir aufgedrängt hatte. Der Mann besaß keine Waffe mehr. »Ich muß sie gleich mal ausprobieren«, sagte er beglückt, und im nächsten Moment löste sich ein Schuß. Die Kugel krachte in den VW-Kübel, durchschlug die Tür und zerriß eine Bettdecke auf der Rückbank. Eine Wolke von Federn flog aus dem offenen Fenster. Der Arme bekam eine knallrote Rübe, so hochnotpeinlich war ihm das.

Eben im Moment knallen wieder mal Bomben in die Gegend, daß das Haus wackelt. Ich versuche noch ein Telefongespräch mit dir zustande zu bringen, aber das nette Mädchen vom Amt in Oschatz macht mir wenig Hoffnung. Sie verspricht aber fortwährend neue Versuche zu unternehmen, den Festungsstab in Frankfurt/Oder zu erreichen. Aber dort sind jetzt schlimme Kämpfe.

Wann werden wir uns wiedersehen?

Letztes Telefonat

16.4.1945 Wellerswalde

Lieber Claus,

... dieses Telefongespräch mit dir hat mich so gefreut! So konnten wir uns noch mal vor den schwersten Stunden unseres Lebens sprechen. Auch wenn es nur ein paar Worte von dir waren. Gott beschütze dich!

Es ging alles so schnell. Seine Stimme am Telefon klang, als wäre es bis zu ihr unendlich weit. »Wir sind in der Nähe von Berlin«, hetzte Claus von einem Wort zum nächsten. »Christa, wir liegen unter Beschuß! Wir gehen in Richtung Wellerswalde.« Und ich habe ihm noch zugerufen: »Claus, ich bekomme wieder ein Kind!« Ob er es noch gehört hat, weiß ich nicht.

Die wenigen Stunden unserer letzten Begegnung hatten ausgereicht, damit ich erneut schwanger wurde. Ich spürte es genauso schnell wie beim ersten Mal. Und diese kleinen Zellen, die da in mir wuchsen, bewahrten mich vier Wochen danach davor, einen russischen Bankert austragen zu müssen.

Es war unser letztes Telefonat. Danach habe ich vier Jahre lang jeden Tag auf eine Nachricht von meinem geliebten Mann gewartet. Das letzte, was mir von ihm geblieben ist, war diese halbe Minute von unserem Gespräch. Eine halbe Minute, die sich meinem Gedächtnis für immer eingebrannt hat.

Tanz auf dem Vulkan

Lieber Claus,

... die Panzer stehen bei Nerchau, Trebsen und Mutschen.

Die Bürgermeisterfrau hat gestern das Bürgermeisterschild vor ihrem Haus abmontiert, auch das Hitlerbild hat sie von der Wand genommen und vernichtet. Der Brennmeister, der Schuster und noch einige andere Männer mußten heute nach Oschatz zur Verteidigung. Man hat sie aber wieder heimgeschickt, da man keine Waffen für sie hatte.

Die polnischen Kriegsgefangenen sind gezwungen worden fortzuziehen. Teilweise weinten sie bitterlich. Zehn Kilometer weiter sind sie ausgeplündert worden und mit leeren Händen wieder zurückgekommen. Die Natur grünt und blüht – und dann all dieses Schreckliche. Ist dieser Krieg nicht ein Wahnsinn? Was soll da Gutes herauskommen?

Oschatz ist gesperrt. Überall Barrikaden. Ob sich die Menschen wirklich einbilden, daß die Panzer da nicht durchkommen? Wir geben unsere Milch jetzt an die Vertriebenen aus und buttern wieder. Abnehmer gibt es genug.

Gestern hat der Zoll die noch lagernden 8000 Liter Spiritus frei zum Verkauf für eine Reichsmark pro Liter gege-

ben. Eine richtige Völkerwanderung setzte zu unserer Burg ein. Bauern kamen, von nah und fern, mit Pferdewagen und Milchkannen. Der Kartoffelschnaps ging rasend ab. An einem halben Tag war der Sammelbehälter fast leer. Einen Teil haben die Leute in ihren Gärten vergraben. Im Dorf herrschte gestern abend beste Laune.

Ein Tanz auf dem Vulkan!

Zu unserem Unglück befanden sich noch etwa 200 Liter Schnaps im Behälter, als die Russen einmarschierten.

Feuerzauber

18. 4. 1945 Wellerswalde

Lieber Claus,

... beim Spargelstechen mußten wir uns wegen der Tiefflieger öfter zwischen den Beeten langmachen. Den durchziehenden Truppen hat Hardi Kutsche geraten: »Geht in die große Allee, zwischen den Bäumen können sie euch nicht so gut sehen.« Letzte Nacht sollen ein furchtbarer Feuerzauber und ohrenbetäubendes Geschieße stattgefunden haben. Ich habe nichts gehört. Heute ist es ruhig. Man hört keine Tiefflieger, da wird man gleich mißtrauisch. Kommt jetzt noch etwas Schlimmeres nach? Oder gibt es vielleicht doch noch einen Gegenschlag? Ich bin ein grauenhafter Optimist.

Wo stecken bloß Ehrenfried und Vater? Und wo bist du? Wenn es dir bloß so erginge wie dem deutschen Oberst, der kürzlich von den Amerikanern entlassen worden ist. Er kam durch Dahlen und trug in seinem Soldbuch den Stem-

pel »Prisoner of War«. Kai ist auch von den Amerikanern festgesetzt worden. Sie haben ihn in München bei Tante Silvie aus der Badewanne gefischt. Bei uns hat sich die Lage noch nicht geändert. Die amerikanischen Truppen drehten vor Wurzen nach Norden ab, um Leipzig in den Kessel zu nehmen.

Frühmorgens hatte sich wieder ein Treck durch den Ort geschoben. Von der Straße aus machte eine Gräfin von Schweinitz unseren Turm aus. Sie ist auf ihrem Trecker mit Kindern und ein paar ihrer Leute aus der Flüchtlingsschlange zu uns abgebogen und wurde bei Mutter vorstellig, ob sie sich vorläufig bei uns niederlassen könne. Sie macht einen netten Eindruck, ist vielleicht Ende dreißig, ebenso attraktiv wie resolut. Wir waren selig über die acht Pferde, die die Gräfin von ihrem riesigen Besitz in Schlesien erhalten hat. Nun können wir den Boden wieder richtig bearbeiten.

Bei Nicklitzsch bekamen wir heute auf Anordnung der Kreisleitung pro Person ein halbes Pfund Bohnenkaffee, ein Pfund Reis, Erbsen, Schokolade. Alles wird verteilt, bevor wir überrannt werden. So gut gelebt wie jetzt haben wir im ganzen Krieg noch nicht.

Das Schlimmste sind jetzt die Gerüchte. So soll sich der Kreisleiter erschossen haben, die Amerikaner in Oschatz sein und Wurzen die weiße Fahne »gehißt« haben. Natürlich ist nichts von alledem wahr. Man darf wirklich nur das glauben, was man selber sieht!

Ich denke ständig an dich.

Kurz und klein geschlagen

19.4.1945 Wellerswalde

Lieber Claus,

... gestern eggten Herr Zimmermann, Hardi Kutsche und ich bis 19 Uhr abends. Das war eine gute Ablenkung von all dem Schiet um uns herum. Die Tiefflieger schwärmten aus wie die Fliegen. Gott sei Dank ließen sie uns in Frieden, trotzdem sie ständig über uns neue Anläufe zum Angriff auf den Flugplatz in Oschatz nahmen. Morgens sind wir fast zwei Stunden im Keller gesessen. Die meisten Bomben fielen hinter die Elbe, wo alles, was brennenswert ist, brennt.

Es ist verrückt, was für ein Mist ständig verzapft wird. Man weiß schon nicht mehr, was man vor lauter Angst zuerst machen soll.

Auf unserer Koppel hinter dem Tor kampieren seit kurzem 350 kriegsgefangene Russen. Sie werden von Wehrmachtssoldaten bewacht. Nahenden Tieffliegern winken sie mit weißen Tüchern, damit sie nicht beschossen werden. Die Männer sehen vollkommen zerrissen und heruntergekommen aus, sie tun uns leid, aber uns wäre es lieber, wenn sie weg wären!

Mit Herrn Zimmermann drillte ich heute Zuckerrüben, bis wir die Reihen in der Dunkelheit nicht mehr sehen konnten. Jetzt geht tagsüber wegen der Tiefflieger überhaupt nichts mehr.

Bei unseren Polen ist es heute zu einer Messerstecherei gekommen. Alles wird verrückt! Einige von ihnen haben sich selbständig gemacht und auf den Nachbargütern alles kurz und klein geschlagen. Seltsamerweise ist uns bisher nichts passiert. Vielleicht liegt es daran, daß wir unsere Leute immer gut behandelt haben.

Mit den Zöschauern und den anderen Verwandten und Freunden haben wir kaum noch Kontakt. Die meisten haben selbst das Haus mit Obdachlosen voll.

Ich liebe dich.

Unzählige Sterne

22.4.1945 Wellerswalde

Lieber Claus,

... die letzten zwei Tage bin ich nicht zum Schreiben gekommen. Schwesti rief an, ich solle nach Oschatz kommen und einen Sattel abholen, wir könnten auch zwei Pferde haben, die Remonteschule werde aufgelöst. Mit Hardi holperte ich auf dem Milchwagen um 17 Uhr los, die Zeit des »Dinners« der Tiefflieger, und wir gelangten unbehelligt bis Oschatz.

Nach einigen Umwegen durch die mit Sandsäcken und Holzhäufen versperrten Straßen erreichten wir die Remonteschule. Schwesti übergab uns einen wertvollen Sattel aus weißem Wildleder. Leider waren wir für die Pferde zu spät dran, sie waren schon alle verteilt.

Auf dem Rückweg gerieten Hardi und ich in die Dunkelheit. Dadurch bot sich uns ein schaurig-schöner Anblick: das in die Luft fliegende Munitionslager von Zeithain! Ein Feuerwerk von unbegreiflichen Ausmaßen, glühende Rauchwolken jagten wieder und wieder in den Himmel, begleitet von unzähligen Sternen, die minutenlang über dem schrecklichen Zauber standen. Weiter rechts glühte in

Riesa das brennende Lauchhammerwerk gleich einer untergehenden Sonne dunkelrot auf und verlosch wieder, um nach einiger Zeit abermals hell zu erstrahlen.

Das Gefangenenlager der Russen neben uns soll weiterbestehen. Das bedeutet noch eine große Gefahr für uns! Die russischen Truppen treiben unsere Soldaten bei Großenhain in die Enge. Das ist ebensoweit ab wie Wurzen, wo der Amerikaner den Deutschen nachsetzt. Wir sind eingekesselt. Gerüchten nach soll es zu einer Waffenruhe mit den Amerikanern kommen. Es ist heute auch auffallend ruhig.

Wellerswalde ist abgeschnitten von der Umwelt, der Strom ist stundenweise gesperrt. Radio und Zeitung gibt es nicht mehr. Wie soll ich nun in Erfahrung bringen, ob Frankfurt an der Oder noch existiert?

Heute strömten den ganzen Tag über Menschen von rechts der Elbe durch Wellerswalde. Wo wollen sie in diesem Hexenkessel bloß hin? Es herrscht ein großes Elend auf der Welt. Wie gut geht es uns dagegen, nur weiß man nicht wie lange noch.

Am Abend war Schwesti mit einem verheirateten Oberst hier zu Gast. Ich war sowieso furchtbar gereizt, und die beiden haben vor meinen Augen herumgeturtelt, als ob draußen eitel Sonnenschein wäre. Unmöglich!

Die Soldaten verlassen das sinkende Schiff

27.4.1945 Wellerswalde

Lieber Claus,

... wie soll ich nur all die Ereignisse der letzten Tage schildern? Am 23. April morgens krakeelten im Hof Menschen und Soldaten durcheinander: »Der Russe ist in Strehla über die Elbe gekommen!« Über Nacht sind auch die kriegsgefangenen Russen verschwunden. Wahrscheinlich sind sie erschossen worden. Das Chaos nimmt seinen Lauf. Deutsche Wachmannschaften erpreßten von Mutter mit vorgehaltener Pistole ein Gespann, um sich in Sicherheit zu bringen.

»Mutter«, begehrte ich auf, »jetzt müssen wir auch weg!« Aber sie war nicht zu bewegen. »Ihr könnt machen, was ihr wollt, ich bleibe!« In meiner Not klingelte ich in der Remonteschule durch und sondierte bei Schwesti die Lage. »Ich habe keine Zeit, wir hauen ab«, schmetterte sie mir ins Ohr, »der Russe ist in Strehla, der ganze Standort wird geräumt!« »Flüchten nur die Frauen oder auch die Soldaten?« wollte ich von ihr wissen. »Der ganze Standort geht weg«, ergriff sie ungeduldig das Wort.

So war das also. Die Soldaten verließen das sinkende Schiff. Vorneweg meine beste Freundin mit ihrem Oberst, der seine Frau alleine sitzen ließ. Die nisteten sich im warmen Westen ein, aber hier fielen den Menschen die Bomben auf den Kopf. »Schweine!« stieß ich hervor. »Sei doch froh, wenn wir nicht schießen«, bekam ich noch zur Antwort, bevor ich den Hörer angeekelt auf die Gabel warf.

Im Hof trommelten Herr Zimmermann und ich unsere

Arbeiter, Flüchtlingsfamilien und Kriegsgefangenen zusammen. »Packt euer Zeug!« Wir beabsichtigten den Weg in Richtung Westen mit allen verfügbaren Wagen, Pferden und Zugochsen zu den Amerikanern einzuschlagen. »Um siebzehn Uhr geht es los!« gab Herr Zimmermann bekannt. Kaum hatte jeder sein Gepäck verstaut, überraschte uns die Nachricht, daß der Russe von ein paar Volkssturmmännern über die Elbe zurückgeschlagen worden sei. Wir ließen vorsorglich alle Wagen gepackt. Die einzige, die trotzdem das Weite suchte, war die Gräfin von Schweinitz. Mutter rief stündlich beim Kreisleiter an, der als einziger über den aktuellen Stand auf dem laufenden war.

Noch zweimal haben sie den Iwan über die Elbe zurückgeworfen, beim dritten Mal gelang es ihm, auf unserer Seite zu bleiben, er war im Anzug auf Wellerswalde, so daß wir unseren Aufbruch am 24. April auf ein Uhr nachts festgesetzt haben. Der Beginn einer Massenflucht. Mehr als 20 Millionen Menschen wurden zum Ende des Krieges zwangsumgesiedelt, in die Flucht geschlagen oder evakuiert. Nur wenigen war klar, daß ihr Abschied von der Heimat endgültig sein würde. Verlorengegangenen Kindern mußte man neue Namen geben. So wurde ein Mädchen nach seiner Fundstelle Inge Postkeller genannt.

Kriegsende: ein vogelfreies Niemandsland

Wie Diebe in der Nacht ...

Lieber Claus,

... wie Diebe in der Nacht mußten wir uns aus unserer Heimat fortschleichen!

Gleich einer Statue stand Mutter, in Tweedrock und Lederjacke, mit erhobener Hand an der Hausecke, an der der Weg zum Tor hinausführte. Auf den Hügeln flackerten Brände, Geschützfeuer knatterte. Der letzte Blick auf Wellerswalde zeigte uns den Turm vom Schloß und den Kirchturm als schwarze Schatten vor einem blutroten Himmel im Osten. Ich habe gedacht, daß ich Mutter nie mehr wiedersehen würde.

Herr Zimmermann und ich haben den Treck geleitet. Er bestand aus 18 Ackerwagen und etwa 150 Menschen, die teilweise mit Handkarren und Fahrrädern folgten. Jeder hatte nur das Nötigste bei sich, vor allem Decken und Nahrungsmittel. »Wir gehen nach Schloß Bennigsen nach Hannover«, hatte ich als Ziel angepeilt.

Die Straße führte zum Flüßchen Mulde, nach Wurzen. Die Tiere waren friedlich, die Menschen gefaßt. Mittendrin steuerte der Inspektor einen Traktor mit Anhänger, der mit meiner Cousine Siegtrud, ihren Kindern, ihrer Mutter Trude und Frau Reimers' Kleinfamilie aus Züllichau besetzt war. Außerdem hatten wir einen kleinen Herd mit Ofenrohr und unser Hühnerhaus aufgeladen, in das zwei Kinderwagen und zwei Matratzen hineinpaßten. Darin waren Siegtruds Baby und mein kleiner Ulrich gut geschützt vor Regen und Wind.

Lütte und die meisten unserer Arbeiterfrauen hatten sich auf einem extra eingerichteten »Personenwagen« niedergelassen. Nach und nach lösten sich die Leute mit denen ab, die zu Fuß gehen mußten, so konnte sich jeder einmal ausruhen. Weit vorne lenkte Hardi Kutsche unseren »Gepäckwagen«. Ich befand mich in einem derart dumpfen Zustand, daß ich zwischen Koffern und Kochtöpfen augenblicklich einschlief. Bei Morgengrauen habe ich Hardi abgelöst.

Wo ist der Feind?

Wir wußten nicht, wo die Russen waren. Ein Bauer am Wegrand wies uns an: »Dreht um!«, der nächste gab uns die Empfehlung: »Fahrt weiter!« In den Dörfern hatten die Leute weiße Fahnen herausgehängt. Ziellos rumpelten wir über Dahlen und Börln bis nach Haida, wo wir auf dem Rittergut Rast machten und die Babys trockenlegten. Nach dem Mittagessen bekam Herr Zimmermann einen Rappel, er wollte wieder nach Hause fahren. »Das hat doch alles keinen Sinn!« polterte er. Neuigkeiten, die wir von Nachkömmlingen aus der Heimat erhielten, klangen recht beruhigend. Daher wendeten wir wieder in Richtung Wellerswalde. Einige der Frauen radelten die zwanzig Kilometer voraus.

Halb verhungerte Gestalten mit dreckverschmierten Gesichtern säumten den Weg. Es waren befreite Kriegsgefangene. Gruppenweise Franzosen, Russen, Holländer. In Haida schwenkten wir noch mal ins Rittergut ein, um eine Lagebeurteilung zu machen. Der Treck kam hinter einem anderen in einer Allee zum Stehen. Überall Heimatlose, überall dasselbe.

In einem Arbeitszimmer beriet ich mich mit den Schloßbesitzern. »Sehen Sie zu, daß Sie über die Mulde kommen«, war die Ansicht von Herrn von Carlowitz. Er wirkte gelassen, jeder auf dem Anwesen rechnete mit den Amerikanern. Ich nahm ein surrendes Geräusch wahr, das vorher noch nicht da gewesen war. Irritiert blickte ich zum Fenster, als ein Flieger dicht am Fenster vorbeischoß. Frau von Carlowitz hielt sich die Ohren zu. Ich sah die Leuchtspurmunition in das Scheunendach gegenüber einschlagen. Ein Riesenknall. Und schon züngelten die Flammen heraus. »Mein Uli!« kreischte ich, noch bevor ich meine von Überraschung benommenen Sinne zusammenraffen konnte.

Draußen biß der Rauch in den Augen. Schreiende Menschen rannten durcheinander. »Uli!« versuchte ich den Lärm zu übertönen. Mit Gewalt bahnte ich mir den Weg. Siegtrud lief mir entgegen, sie brachte mich zur Besinnung: »Es ist nichts passiert!« Einer der Holländer hatte meinen Sohn aus dem Hühnerhaus gerissen und sich mit ihm im Arm unter den nächsten Wagen geworfen. Ich weiß nicht, ob der Mann wirklich begriff, wie dankbar ich ihm dafür war.

Ein Riß geht durch die Leute

Wegen der Fliegerangriffe gedachten wir uns erst mit Einsetzen der Dunkelheit fortzumachen. Die Frauen, die nach Wellerswalde mit den Rädern vorausgefahren waren, brachten beunruhigende Botschaften mit: »Die Russen sind in Gaunitz!« Das war von daheim vielleicht drei Kilometer entfernt. »Ihre Mutter läßt ausrichten, daß wir so schnell wie möglich das Weite suchen sollen!«

Stehenden Fußes machten wir kehrt. Aber die uns entgegenkommenden Trecks verstörten uns: »Die Amerikaner lassen keinen mehr in das von ihnen besetzte Gebiet hinter die Mulde.« Wohin bloß? Alles wuselte wirr durcheinander. Jeder glaubte, was er für richtig hielt – oder was er am meisten befürchtete. Ein Riß ging durch unsere Leute. Einen Teil trieb es nach Hause, einen Teil weiter, bloß weg. »Wir müssen so nah wie möglich an den Amerikaner herankommen«, setzte sich Herr Zimmermann durch. Sein Hut war ihm vor Erregung über das eine Ohr gerutscht.

Ein paar Kilometer weiter schlugen wir im Unterholz unser Nachtlager auf. Nachdem wir Pferde und Ochsen mit dem mitgeführten Heu versorgt hatten, legten Lütte, Frau Reimers und ich uns auf dem Gepäckwagen nieder. Es war eine eisige und feuchte Nacht »Wenigstens die Babys liegen im Hühnerhaus warm«, tröstete ich mich.

Die Einschläge der Flakgranaten, das Brummen der Motoren, die Abschüsse der Geschütze ließen uns kein Auge zumachen. Nachts um drei Uhr sägte ich mit meiner Cousine Siegtrud Holz. Wir entzündeten ein Feuer und kochten Kaffee darauf. Nach und nach fanden sich immer mehr verfrorene Menschen bei uns ein. Unsere holländischen Kriegsgefangenen, die als Spähtrupp durch die Gegend gestreunt waren, wußten, daß der Russe vor Oschatz lag. Die Amerikaner wären lediglich mit einigen Jeeps nach Falkenhain aufgebrochen, um deutsche Soldaten zu entwaffnen und sich anschließend wieder nach Wurzen hinter die Mulde zu verkriechen.

»Amerikaner lassen Gefangene über Mulde«, radebrechte einer der Holländer in seinem gebrochenem Deutsch. Er hatte mit ihnen verhandelt. »Du und Schwester dürfen mitkommen.« Wir wußten dieses Angebot sehr zu schätzen, aber das kam für uns nicht in Frage. Wir konnten unsere Leute nicht im Stich lassen. Und so nahmen wir Abschied von diesen hochanständigen Menschen, die trotz der schlimmen Stunden unsere Freunde geworden waren.

Irrfahrt in die zweite Nacht

Die Odyssee setzte sich fort. In Falkenhain vermüllten zerbrochene Waffen, Stahlhelme, Gasmasken und zerfetzte Uniformen den Straßenrand. Über all dem lag dieser süßliche Verwesungsgeruch. Es war, als ob der Tod selbst versuchte, in meinen Körper zu kriechen, durch die Nase und alle Poren des Körpers. Endlose Züge deutscher Soldaten trotteten mit leeren Blicken nach Westen in die Gefangenschaft. Manche waren besoffen und beschmissen uns mit Dreck. »Was seid ihr für ein Sauhaufen?« lallte eines dieser Milchgesichter. Selbst Offiziere fanden das lustig. Das Ganze war ein Bild des Zerfalls und der Auflösung.

»Das also ist unsere Wehrmacht«, schämte ich mich, »mit solchen Leuten kann man den Krieg ja nur verlieren.« Wir dachten an unsere Männer oder Söhne und fühlten eine sinnlose Wut auf diesen demoralisierten Haufen. Viele von uns weinten. Vielleicht waren diese Jungen froh, daß der Krieg vorbei war. Vielleicht hätte man sie verstehen sollen. Ich konnte es in diesem Moment nicht.

Um das Durcheinander zu vervollkommnen, stießen von drei Seiten zur selben Zeit mehrere Trecks auf die schmale Landstraße. »Der Russe ist keine acht Kilometer mehr von Falkenhain entfernt«, übertönte eine Stimme die anderen. »Was sollen wir nur machen?« heischte jemand nach Antwort. Verzagt drehte ich mich nach Herrn Zimmermann um. Aber in seinem Gesicht hing dieselbe Ratlosigkeit wie überall.

Hartnäckig hielten wir die Richtung nach Westen-Hohburg. »Es ist zwecklos, sie lassen niemanden über die Mulde«, winkten uns die Entgegenkommenden zurück. Verzweifelt schlugen wir die andere Richtung ein. Da war es aber genauso, alles war verstopft mit flüchtenden Menschen. Kurzentschlossen bogen wir links in ein Wäldchen ab.

»Pause!« ordnete Herr Zimmermann an. Wir holten den Herd heraus, auf dem Lütte und Frau Zimmermann Hammelkoteletts brieten. Derweil breiteten Siegtrud und ich eine Decke für die Babys in der Sonne aus. In Milchkannen machten wir Wasser warm. Seit unserem Aufbruch wuschen wir uns zum ersten Mal. Hernach sah die Welt etwas aufgehellter aus.

Zu Fuß begab ich mich in den nächsten Ort, um mir dort beim Bürgermeister ein Nachtquartier für Frauen und Kinder auszubitten. »Die Nacht können wir warm und sicher in einer Scheune schlafen«, teilte ich den anderen mit. »Wir wollen heme, wir wollen heme«, knatschten die Kinder. Die Eltern blickten geradeaus. Sich gegenseitig trösten? Irgendwie war man dazu zu abgestumpft.

Morgens setzten wir uns mit Herrn Zimmermann zusammen. Unser Inspektor unterbreitete den Vorschlag heimzufahren, »egal was uns da erwartet«. Alles andere ergäbe keinen Sinn, war seine Ansicht. Das war der 26. April, mein Hochzeitstag, den ich vor lauter »Nicht-wissen-wohin« völlig vergessen hatte.

Ich stellte mich entschieden gegen Herrn Zimmermanns Vorhaben und pochte darauf, daß zuerst ein Spähtrupp vorausgeschickt werden müsse. Aber keiner wollte sein Rad herleihen, aus Angst, es könne geklaut werden. Ich hatte eine Sauwut im Bauch. Als Herr Zimmermann weiter nach Wellerswalde trieb, gab ich zähneknirschend nach. Doch vor versammelter Mannschaft habe ich klargestellt: »Die Verantwortung dafür übernehmen Sie alleine.«

Die Gefühle in diesen Tagen lassen sich nur schwer beschreiben. Diese ewigen Gerüchte, die uns von einem Moment zum nächsten von der größten Hoffnung in die tiefste Verzweiflung stürzten. Die fortdauernde Ungewißheit, die Heimatlosigkeit und das Angewiesensein auf die Güte anderer Menschen.

Schafmeister Rothe, der bereits am Vorabend aus Sorge um seine Schafherde mit seinem Rad nach Wellerswalde aufgebrochen war, keuchte unserem Treck entgegen. »In Wellerswalde waren die Amerikaner! Der Russe kommt nicht mehr über das linke Elbufer.« Alle schöpften Atem. Ich hob Uli aus seinem Wagen und setzte ihn auf meinen Schoß. Der Zwerg kreischte vor Wonne.

Gegen 19 Uhr waren wir zu Hause. Tief beglückt, daß wir Mutter und unser Zuhause unversehrt vorgefunden hatten. Am nächsten Tag schrieb ich in mein Tagebuch: *»Nie wieder will ich flüchten, lieber dort sterben, wo man hingehört.«*

Wiedersehen mit Mutter

Lieber Claus,

... Mutter hat während unseres Auszugs schwere Tage durchgemacht, sie wirkt sehr angeschlagen. Raubende deutsche Soldaten konnte sie sich nur mit der Pistole vom Hals halten. Den durchziehenden Flüchtlingen hat sie Nahrung angeboten, wenn sie ihr im Gegenzug halfen, das Vieh zu versorgen.

Sie war sehr erleichtert, daß wir wieder da waren. Und ich war selig, daß ich wieder in meiner Wohnung sein durfte. Uli stank wie ein Raubtier. Ich habe gleich den Badeofen angeheizt und ihn von oben bis unten abgeschrubbt.

Die Russen diesseits der Elbe sind keine regulären Soldaten, es sind ehemalige Kriegsgefangene, die sich bewaffnet haben und die Gegend unsicher machen. Die Waffen liegen ja überall herum. Wir müssen jede Minute damit rechnen, daß sie uns überfallen.

Beim Flackern unserer Petroleumlampen sprachen wir Frauen über unsere Männer. Über die Unsicherheit. Und über unsere Sehnsüchte. Keine wußte, wo ihre zweite Hälfte steckte. Wir lebten wie auf einer Insel im Meer. »Wenn dieser Krieg zu Ende ist«, versuchte Mutter der Trostlosigkeit ein Ende zu setzen, »kommen die Männer zurück, und mit Wellerswalde wird es wieder aufwärts gehen.«

Für eine halbe Stunde floß Strom. Ich drehte den Wehrmachtsbericht an. »Schwere Kämpfe an der Elbe«, klang es blechern aus den Lautsprechern.

Vogelfreies Niemandsland

29.4.1945 Wellerswalde

Lieber Claus,

vorgestern plünderten die ausländischen Arbeiter das Provianthaus in Oschatz. Es muß ein unbeschreiblicher Betrieb gewesen sein. Unsere Polen haben Kastenwagen voll mit Kaffee, Fett, Wurst, Tabak, Keks und Fleischkonserven angefahren. Einen Toten soll's gegeben haben. Dem Mann war ein Holzfaß mit Margarine auf den Kopf gefallen. Auch die Deutschen haben sich intensiv an der Klauerei beteiligt. Jetzt leben sie in Saus und Braus, und später verhungert alles!

Zwei deutsche Panzer brachten vollständige Verunsicherung in Oschatz. Sie feuerten aus allen Rohren und bogen dann auf der Straße nach Dresden ab. Im Ort riefen die Amerikaner die Bürger dazu auf, ihre Waffen abzugeben. Am gleichen Vormittag hörten wir eine wilde Schießerei aus dem Nachbargut Lampertswalde, wo russische Banditen Höfe brandschatzten, schließlich aber von einer amerikanischen Streife verscheucht wurden.

Die Räuber ziehen von Dorf zu Dorf. Sie sitzen in VW-Kübelwagen. Vorne haben sie ein Maschinengewehr und eine rote Fahne, damit man gleich erkennt, daß es Bolschewisten sind. In Laas haben sie einen Bauern erschossen, weil er ein Russenweib splitternackt ausgezogen und nach Strich und Faden verdroschen hatte. Sie hatte seine Kleider geraubt.

Diese Sippschaft hat unseren Polen unter Androhung der Erschießung verboten, weiter für uns zu arbeiten.

Vielleicht zwanzig sind noch auf dem Hof. Nun bleiben

sie natürlich zu Hause. Aber die Leute verhalten sich weiter allesamt uns gegenüber friedlich, sie brachten uns sogar Käsepulver, Milchpulver und braunen Rohzucker aus dem Oschatzer Proviantlager.

Von dem stundenlangen Herumgerenne auf dem Feld habe ich eine dicke Haxe. Wir sind jetzt ein vogelfreies Niemandsland, das von Banden tyrannisiert wird. Wir sehnen die amerikanische Besetzung herbei, aber es soll noch immer nicht geregelt sein, ob wir amerikanisch oder russisch werden. Hoffentlich nimmt dieser Zustand bald ein Ende.

Könntest du nur bei mir sein und mir beistehen. Liebster, ich sehne mich so sehr nach dir. Es ist alles ein Wahnsinn!

An diesem Tag ist mein Mann von einer russischen Handgranate zerrissen worden. Vielleicht war es besser, daß ich das erst Jahre später erfahren habe. Claus war mein letzter Halt. Hätte ich gewußt, daß er nicht mehr lebt, hätte ich keine Kraft mehr gehabt weiterzumachen.

1.5.1945 Wellerswalde

Lieber Claus,

man weiß immer noch nicht, zu welchem Staat wir gehören. Alles ist nur halb. In Oschatz hält sich eine zehnköpfige amerikanische Besatzung auf. Unser Landrat ist ein furchtbarer Nichtskönner, er bringt es nicht auf die Reihe, etwas mit den Alliierten zu regeln. Zimmermann nennt ihn einen »Hai aus einem Leipziger Freudenhaus«.

Die Sache mit Remer

Im Hof streifte ich mir die vom Acker verschlammten Gummistiefel ab. Zwei deutsche Offiziere redeten mit Mutter in der Eingangshalle. Sie trugen Uniformmäntel ohne Dienstabzeichen, darunter Zivil. Beide waren groß gewachsen und sportlich. Das Abbild des perfekten Deutschen, ganz die nordische Rasse, wie Adolf Hitler das zeitlebens vorschwebte. »Wir sind seit Tagen unterwegs und wollen weiter in die Tschechoslowakei zu General Schörner«, setzte der Ranghöhere der Hausherrin auseinander, »dürften wir uns eine Nacht bei Ihnen ausruhen?«

Mutter reichte dem Älteren mit dem hageren Gesicht aus Vaters Schrank frische Kleidungsstücke. Frau Reimers richtete den Männern das Bad. In der Küche gab Lütte Anweisungen für das Abendessen. Ich lüpfte gerade neugierig einen der Topfdeckel, als meine Cousine Siegtrud hereinhuschte. »Seid bloß vorsichtig mit euren Äußerungen«, zischte sie mit weit aufgerissenen Augen, »eure Gäste sind der General Remer und sein Adjutant.« Sie kannte die Herren über ihren Gatten, der im Führerhauptquartier in der Bendlerstraße ein- und ausging.

Mutter trat hinzu. Ihre Gesichtsfarbe paßte sich der gekalkten Wand hinter ihr an. Ich kapierte nur Bahnhof. Da wurde meine Cousine deutlicher. »20. Juli, Attentat auf Hitler. Der Remer war damals Major des Wachregiments, der den Putsch vereitelt hat und deshalb befördert worden ist!« Nun wußten wir Bescheid und verhielten uns entsprechend. »Da müssen wir jetzt durch«, sagte Mutter tonlos und griff nach einer Zigarette.

Das Ganze erschien uns wie ein Alptraum. Niemand zeigte im Eßzimmer seine Erregung offen, aber es war keine unter uns, deren Atem noch genauso ging wie zuvor. Angestrengt nahmen Lütte, Mutter, Siegtrud, Tante Trude und ich nach der Mahlzeit auf dem Sofa Platz und hofften, daß keiner von uns etwas Falsches über die Lippen rutschen würde. Möglicherweise hatte Vater mit den Widerstandskämpfern Verbindungen. Wer wußte das schon? Für eine fehlgeleitete Bemerkung hätten uns die Offiziere unversehens abmurksen können.

Die beiden Männer wirkten jedoch recht bescheiden. Sie warfen auch nicht mit Parolen um sich. General Remer schilderte, wie sein Verband bei Großenhain in eine Panzerschlacht geraten und total aufgerieben worden sei. Mit seinem Adjutanten hätte er sich in Richtung Elbe abgesetzt. »Eine alte Frau hat uns Zivilkleidung gegeben«, führte er aus. Sein Ritterkreuz habe er einem Bauern vor den Pflug geworfen. Das Eichenlaub trug er noch als Ring.

»Wie haben Sie es bis hierher geschafft?« erkundigte sich Mutter und aschte ihre Zigarette ab. »Da ich aus einem Ort an der holländischen Grenze stamme, beherrsche ich die Sprache sehr gut«, gab Remer Aufschluß. Er habe einem russischen Soldaten auf holländisch deutlich gemacht, daß er Kriegsgefangener sei und mit seinem Freund nach Hause wolle. Der Russe habe ihn infolgedessen unbehelligt über die Elbe gelassen. Knapp 15 Kilometer weiter waren die Herren bei uns gelandet.

Die Glühbirnen sprangen an. »Es gibt Strom!« Ich lachte auf. Mutter entkorkte eine weitere Flasche Wein. Auf Wunsch der Herren drehte ich den Volksempfänger an. Wenig später, es war halb elf Uhr, meldete der deutsche Rundfunk plötzlich den Tod Hitlers. Von Selbstmord war jedoch nicht die Rede. »Unser Führer Adolf Hitler ist gefallen … Am Ende dieses seines Kampfes … steht sein Heldentod in der Hauptstadt des Deutschen Reiches …« Es dauerte einen Moment, bis unser Gehirn das verarbeitet hatte.

Remer und sein Helfer sprangen auf. Mit erhobenem Arm zum Hitlergruß standen sie wie eingefroren stramm. Wir erhoben uns auch, ließen aber die Arme unten. Wir wußten nicht recht, wie wir uns verhalten sollten. »Was wird jetzt aus uns? Wo sind unsere Männer?« surrten die Fragen kreuz und quer hinter der Stirn herum.

Nachdem sich die Offiziere nach einer Weile etwas gesammelt hatten, kam Remer auf den 20. Juli zu sprechen: »Ich bin froh, den Widerstand unterdrückt zu haben.« Der Zufall habe es so gewollt, daß damals Reichsminister Goebbels, den einen Moment zuvor noch Endzeitvisionen geplagt hatten, für ihn die Verbindung mit dem Führer hergestellt habe. »Hören Sie mich? Ich lebe also! Wir werden mit dieser Pest kurzen Prozeß machen«, habe Hitler ihm gegenüber unmißverständlich klargestellt.

Mutter warf müde ein: »Jetzt ist doch sowieso alles aus.« Aber Remer hielt dagegen: »Nein, nein, es ist noch lange nicht aus.« General Schörner würde die entscheidende Wende mit einem Gegenschlag herbeiführen. Wir haben ausgetrunken. »Ich muß nach meinem Sohn gucken«, entschuldigte ich mich. Auf dem Weg nach oben folgte mir Remer: »Kann ich ihn sehen? Ich habe auch so einen kleinen Jungen.« Versonnen betrachtete er das schlafende Kind. »Das ist ja so eine Freude, diese Unschuld zu sehen«, sagte er. Seine Stimme klang bedrückt. Ich war überrascht, daß einer wie er so menschliche Züge zeigte.

Nach dem Frühstück drückten wir einander die Hände. Von hinten ähnelten die Offiziere in Vaters grünen Jägermänteln zwei Bauern. Remer gehörte später zu den Gründern der neofaschistischen »Sozialistischen Reichspartei«, die zu Beginn der 50er Jahre eine beträchtliche Anzahl von Anhängern fand. »Endlich sind sie weg«, entfuhr Mutter ein Stoßseufzer.

Was ist aus dem starken Deutschland geworden?

3.5.1945 Wellerswalde

Lieber Claus,

die Unruhe um dich wächst mit jedem Tag. Ich stelle mir vor, wie du eines Tages vor mir stehst im Räuberzivil, wie die zwei Offiziere, die hier Pause gemacht haben.

Unsere Polen haben Angst, daß sie von den Russen zum Militär gepreßt werden. Sie arbeiten nun auch wieder. Auf manchen Gütern sieht es sehr traurig aus. Es sickern nur spärliche Meldungen durch, die aber alles andere als erfreulich sind. In Borna belegten die Polen das Herrenhaus. In Canitz haben Banditen den gesamten Hausrat mit Lastautos weggeschafft. Der Besitzer, Herr Siegert-Canitz, mußte sich das untätig aus der Ferne mit anschauen. Ein anderer Nachbar hat kein Gespann mehr im Stall und nur noch drei deutsche Arbeiter. Langsam geht alles in die Brüche.

Was ist bloß aus unserem starken Deutschland geworden?

Die Russen kommen

8. 5. 1945 Wellerswalde

Lieber Claus,

in den letzten drei Tagen ist hier die Hölle ausgebrochen! Eben verstecke ich mich mit drei anderen Mädchen im Drescherhof auf einem der Dachböden. Auf den obersten schmalen Brettern unter einem Giebel kauern wir, ganz an die westliche Wand gepreßt. Die Leiter haben wir zu uns hochgezogen. Ob ich alles noch zusammenbekomme, ist fraglich, aber ich will's versuchen.

Am 5. 5. sind nacheinander zwei Lastautos, beladen mit kyrillisch beschrifteten Wegweisern und roten Fahnen am Kühler in den Hof gebraust. Die Fahrer trugen Schlägermützen und hatten es sehr eilig. Einer hielt Mutter die Pistole vor den Bauch und schnauzte: »Wo ist der Weg nach Gaunitz?« Es fuhren noch mehrere solcher geheimnisvoller Wagen vorbei, sie hielten aber nicht an, und wir scherten uns nicht weiter darum.

Mittags gegen 13 Uhr schlenderten Lütte und ich zum Spritzenhaus, an dem ein Anschlag prangte. Jedes Haus müsse die weiße Fahne hissen, die amerikanische Besetzung sei in zwei bis drei Tagen zu erwarten. Alle Waffen seien bis dahin beim Bürgermeister abzuliefern. »Nun sollen wir doch amerikanisch werden!« Meine Schwester hüpfte von einem Bein aufs andere.

Im Wohnzimmer nahm ich mit Mutter die Schlösser aus Vaters Jagdwaffen heraus, um sie unbrauchbar zu machen. Vier Gewehre lagen vor uns auf dem Tisch, als der Fahrer eines Panzerspähwagens seinen Motor unter unserem Fenster ausschaltete.

»Da sind schon die Amerikaner«, sagte ich zu Mutter und guckte hinab, »nur komisch, daß die auch einen roten Stern aufgemalt haben.« Soldaten im Kampfanzug trampelten mit der MP im Anschlag ins Haus. Versteinert standen wir vor den Waffen, als die Tür aufsprang. Automatisch rissen wir die Hände hoch, der Soldat schleuderte uns unverständliche Worten entgegen und machte mit der MP eine Bewegung, die wir zu deuten wußten. Erst jetzt hatten wir erfaßt, daß das Russen waren. Wir nahmen die Beine in die Hand!

Mein erster Gedanke galt Uli, der oben seinen Mittagsschlaf hielt. Ein mongolisch aussehender junger Mann riß im Treppenaufgang die antiken Gewehre herunter und schmetterte sie auf die Steinfliesen des Flures. In meiner Verstörtheit bog ich in die Küche ab, wo meine Schwester seelenruhig beim Spargelschälen hockte, und schrie ihr entgegen: »Die Russen sind im Haus!« Lütte, die nichts begriff von dem, was geschehen war, reagierte überhaupt nicht.

Ich hetzte weiter, nur das Kind im Kopf. Über die hintere Treppe gelangte ich endlich in die Wohnung. Im Schlafzimmer traf ich auf einen Soldaten, der sich Ulis Badeseife in die Tasche steckte und wieder stumm entschwand. Mein Junge! Ein Krampf zog mein Herz zusammen, als ich mit einem Satz an sein Bettchen sprang. Gott sei Dank, der Kleine schlummerte nichtsahnend. Ich weckte ihn auf und lief mit ihm auf dem Arm ins Nebenzimmer, in dem Frau Reimers mit ihren zwei Sprößlingen gerade einen Kuchen backte.

Inzwischen wimmelte das ganze Haus von Uniformierten, unaufhörlich klapperten Gespanne mit Panjepferden über den Kies. Aufs neue riß ein Fremder die Tür unserer kleinen Küche auf und brüllte: »Soldatis, Volkssturm, SS?« Frau Reimers und ich schüttelten bloß den Kopf, die Kinder plärrten. Am liebsten hätten wir uns in eine der Ritzen zwischen den Dielenbrettern verkrochen. Einer der Soldaten, dem schon die Uhren aus seinen Taschen quollen, spürte meine Armbanduhr auf. »Uri, Uri«, plärrte er. »Du hast doch schon so viele«, lehnte ich mich auf. Er nahm sie mir trotzdem ab. Dem nächsten hat Frau Reimers ein Stück Kuchen angeboten. »Viele Kinder, gut, gut«, sagte er und ging wieder raus.

Schlüssel zur Brennerei

»Ich muß Mutter helfen«, sagte ich zu Frau Reimers und überließ ihr Uli. Im Eßzimmer fand ich sie mit erhobenen Händen vor einem russischen Offizier. Er bellte irgend etwas mit »Wodka« und fuchtelte dabei wild mit seiner Maschinenpistole herum. Der Groschen fiel. Er wollte den Schlüssel zur Brennerei! Wenn ich diesen nicht binnen fünf Minuten beschaffte, würde er Mutter erschießen.

Wie eine Sprungfeder schnellte ich davon, ab zur Inspektorwohnung, in der die Schlüssel hingen. Frau Zimmermann, ein wimmerndes Häufchen Elend, wischte sich in der Küche mit dem Ärmel die nassen Augen. Ihr Mann hatte sich auf einem Heuboden verkrochen, wie überhaupt alle Männer mit einem Mal untergetaucht waren. Nur der verkrüppelte Hardi hatte mit seinem amputierten Bein nichts zu befürchten. Ansonsten galt unter den Russen der Schlachtruf: »Fangt die deutschen Mörder und erschlagt sie, wo sie Widerstand leisten!«

Ich kannte den Schlüssel zur Brennerei nicht und flehte Frau Zimmermann an, ihn mir zu geben, aber sie war derart benommen, daß sie mich nicht verstand. Da riß ich das ganze Schlüsselbrett von der Wand. Mit der MP im Genick, ließ der Offizier Mutter vor sich hergehen. Ich folgte mit den Schlüsseln. Sobald er den richtigen gefunden hatte, wedelte er mit seiner Hand, als ob er ein lästiges Insekt vertreiben wolle. Dann ging die Sauferei los.

Mutter lief in die eine Richtung, ich in die andere zu Frau Reimers. Die Ruhe dauerte nicht lange, denn die Russen hatten den 98prozentigen Schnaps pur aus Tassen in sich hineingekippt. Wenn diese Männer tranken, war das, als füllte sich ein Dampfkessel. Der Druck wurde immer größer, und durch das Ventil, das sie schließlich öffneten, strömte nichts als Gewalt. Johlend und mit ihren Waffen drohend bliesen sie zur Jagd auf die Frauen.

Es war überall das Gleiche, die meisten Familien haben es erlebt.

Jagd auf Frauen

Wir waren so kopflos, wußten weder ein noch aus. Wo eine Frau war, da war auch ein Russe. Die Kinder tapsten da zwischen herum. Ihre Mütter nahmen von einem Zimmer zum anderen Reißaus, jede drängte zu jeder. Die Männer trieben uns die Treppen hinunter. »Frau, komm!« Unten wartete ein anderer, der uns wieder hinaufhetzte. Das Geschrei ihrer Opfer drang durchs ganze Haus.

Es bereitete den Russen sichtlich Spaß, uns in Angst und Schrecken zu versetzen. Einer zerrte das Küchenmädchen an den Haaren hinter sich her. Es dauerte auch nicht lange, bis mich einer erwischte und mich in das Zimmer von Tante Trude dirigierte. »Kind! Um Gottes willen, was macht der mit dir?« Mutter wollte sich zwischen uns werfen, aber ein

Uniformierter schubste sie ans Geländer. Ich rief ihr zu: »Mutter bleib ruhig, mir kann nichts passieren, ich bin schon schwanger!« Bisher hatte ich niemandem gegenüber etwas davon erwähnt, es war ja noch ganz im Anfangsstadium, vielleicht in der vierten Woche.

Tante Trudes Bett war unbesetzt. Mein Vergewaltiger, schätzungsweise siebzehn Jahre alt, hatte noch einen Flaum im Gesicht. Erst probierte er es im Guten. Umständlich wurstelte er in seinen weiten Hosenbeinen und kramte eine abgestaubte Bluse von Siegtrud und ein Kleid von Tante Trude heraus. Er machte eine Geste, als ob er sie mir schenken wolle. »Ich bin krank«, sagte ich. Etwas anderes fiel mir nicht ein.

»Du nix krank!« Mit einem Ruck schmiß er mich aufs Bett und riß meine Bluse auf. Er ließ seine Hose herunter und preßte seine Lippen auf meine. Sie waren klebrig, sein Atem stank. Mich ekelte, und ich wollte schreien, aber ich konnte nicht. Er murkste an mir herum, hatte sein Pulver jedoch scheinbar schon verschossen, weil er zuvor das fünfzehnjährige Dienstmädchen mißbraucht hatte. Mich berührte auf einmal das alles nicht mehr, ich wehrte mich auch nicht, lag wie ein Klotz unter ihm. Nur mein Herz hüpfte wie ein Kaninchen.

Mit einem Tritt flog die Tür auf, die Klinke schlug ein Loch in die Wand. Einer unserer Polen, den wir als besonders fanatisch eingeschätzt hatten, machte sich im Türrahmen breit. Ein langer Kerl, der im Hof oft gesungen hatte: »Noch ist Polen nicht verloren.« Mit einem von Vaters Gewehren in der Hand machte er den Russen über mir herunter. Jener ließ augenblicklich von mir ab, stopfte die gestohlenen Kleidungsstücke zurück in seine Hosenbeine, schnappte seine MP und war weg.

»Jetzt fällt der Pole über mich her«, war ich überzeugt. Aber statt dessen lärmte er: »Raus! Du mußt raus, alle Kapitalisten sonst tot.« Ich nahm zwei Stufen auf einmal, an zwei betrunken in der Ecke liegenden Kerlen vorbei, schnappte mein Kind und ein paar Windeln. Auf dem Flur traf ich auf Mutter, sie stotterte: »Tante Trude ist dasselbe geschehen.« Aber das half nun mal alles nichts, wir waren vogelfrei. »Mir ist nichts passiert«, spielte ich die Angelegenheit herunter, »ich verstecke mich mit dem Kind im Drescherhof.«

Auf dem Dachboden

Frau Kutsche schickte mich aus ihrer Wohnung gleich weiter unter das Spitzdach des Hauses. »Uli behalte ich unten«, sagte sie. Leise ließen die Mädchen für mich die Leiter herunter. Im Dunkeln begrüßten mich Elfriede, die Tochter von Frau Kutsche, Lüttes ehemalige BDM-Führerin Hertha und das schlesische Flüchtlingsmädchen Elli.

Erst jetzt fand ich Zeit, die kaputte Bluse in meinen Rock zu stecken. Wir Frauen kannten uns vom Sehen, wir waren alle in einem Alter, etwas über zwanzig. Nach vorne war die Plattform offen. Wir preßten uns in die Ecke. Jede hatte ihren Platz und ihre Decke. Jede war bereit, sofort die Luft anzuhalten, wenn sie ein verdächtiges Geräusch hörte.

Ich hätte mich herumgewälzt und nervös hin- und hergeworfen, hätte ich nicht gefürchtet, daß sich dabei ein Strohhalm lösen und unser Versteck verraten könnte. So lag ich reglos da und starrte mit den anderen in die Finsternis. Balken knackten. Die Treppenstufen zu dem Geschoß knarrten leise. Und auf einmal hörte man von draußen die gedämpften Stimmen der Russen.

»Sie kommen«, bangte Hertha. Unser Geflüster verstummte ganz, denn die vier Männer hatten den Dachboden erreicht und standen längst nur noch wenige Meter von uns entfernt. Durch die Ritzen der Dielenbretter konnten wir ihre Haare sehen. Einer hob die Kerze in die Höhe, so daß ihr Schein auf sein breitknochiges Gesicht fiel. Er war so nah, daß wir ihn mit ausgestreckter Hand hätten berühren können.

In den nächsten Nächten verkrochen sich noch zwei andere Flüchtlingsmädchen bei uns. Jede von uns war vergewaltigt worden. Ein solches Vergehen konnte einem das Leben vergiften, man mußte jeden Zentimeter verteidigen. In meinem Tagebuch hielt ich fest: *»Am 5. am Nachmittag hat mich so ein wüstes Vieh geschnappt, aber mir ist zum Glück nichts geschehen.«* Das war gelogen, aber es fühlte sich besser so an.

In unserem Verschlag war es so unerträglich heiß, daß wir uns erst die Röcke, danach die naßgeschwitzten Blusen, schließlich die letzten Stoffreste vom Leib rissen. Es hatte bestimmt zwischen 50 und 60 Grad. Nackt oder nicht. Das spielte auch keine Rolle mehr. Entblößt, wie wir waren, balancierten wir über den zehn Meter langen Hahnenbalken zum anderen Giebel. Drüben stand unser Kloeimer. Irgendwann mußte jede mal auf den Lokus, da half nichts. »Wenn das die Russen sehen!« Wir wollten nicht lachen. Aber wir konnten nicht mehr aufhören. Wir lachten, daß es uns schüttelte. Wir waren wie irre.

»Leise!« raunte ich, bevor ich mich im Stroh hochrappelte. Still war es, wie schallgedämpft von dieser dicken Isoliermasse aus Luft. Vorsichtig setzte ich einen Fuß vor den anderen. Während sich die anderen die Bäuche hielten, mußte ich mich sehr konzentrieren, um nicht in drei Meter Tiefe abzustürzen. »Guck mal«, sagte Elfriede zu mir, als ich wieder zurück auf meinen Platz sank, und rieb sich die Gänsehaut an den Unterarmen, »ich zittere, obwohl es so heiß ist.«

Die Mütter versorgten uns mit Nachrichten

Frau Kutsche und die anderen Mütter aus dem Drescherhof versorgten uns jeden Morgen mit Gemüsesuppe, einem Eimer frischem Wasser und den neuesten Nachrichten. Mutter guckte nie vorbei. Keine wußte etwas über ihren Verbleib. Auch über Lütte hatte niemand etwas herausgebracht.

»Die Russen haben alle Pferde und das Sportcabriolet geholt. Die Schweine haben sie mit den Maschinengewehren niedergemäht«, setzte uns Herthas Mutter in Kenntnis. Sie wußte auch, daß der Bürgermeister das Weite gesucht hatte und die Russen den Nicklitzsch abgeknallt hatten. »Kinder haben seine Leiche an dem Weg in Richtung Böhla gefunden. Dort hat man ihm die Nazimütze aufgesetzt, das Nazikoppel auf den Bauch gelegt und Kleingeld drumherum gestreut.«

Ich brannte darauf zu erfahren, wo sich meine Cousine Siegtrud und Tante Trude verborgen hielten. »Sie leben bei einem Bauern in Wellerswalde. Ihnen geht es gut«, war sich Herthas Mutter gewiß. Sie ahnte nicht, daß ein Mongole jeden Nachmittag meine Tante aufsuchte. Er machte ihr Liebesschwüre, brachte Schokolade und Kinderschuhe für die Enkel mit, bevor er sie schändete. Als ich das später vernahm, fragte ich mich oft, wie sie das ausgehalten hat. Sie war eine so ausnehmend distinguierte Dame, sie schritt mehr, als daß sie ging, machte beim Reden feine Gesten – sie war doch schon Mitte sechzig.

Nach einer Woche wagte ich, zu meinem Sohn hinunterzuklettern, um nach ihm zu sehen.

Gerüchte und Läuse

14.5.1945 Wellerswalde

Lieber Claus,

... Seit neun Tagen stehen wir unter russischer Besetzung und haben in diesen neun Tagen die Russen hassen gelernt bis aufs äußerste. Das sind keine Menschen, Bestien ist noch gelinde ausgedrückt. Wir sind manchmal furchtbar deprimiert. Ich erkundige mich dauernd nach Mutter und Lütte. Aber keiner weiß Bescheid.

Über dem Eimer guckte ich aus dem Fenster. Die Kastanienbäume blühten. In der Dämmerung des Frühlings zerfloß die Landschaft in Sonnenuntergangsfarben. »Es ist so schön«, dachte ich, gerührt von der Anmut der schattenblauen Hügel und der stillen Gewässer. Diese Gegensätze wirkten so widersprüchlich auf mich. Die ganze frühlingshafte Welt war bis zum Überströmen mit Leben erfüllt. Aber darin lauerten Tod und Zerstörung.

Sobald die Nacht schwarz und kühl zwischen den Häusern hockte, schlugen die Fremden bei Frau Kutsche an die Haustür. Wo ein kleines Kind war, mußte auch eine Mutter sein. »Wo Frau?« rumpelte einer. Hardi Kutsche gab sich als mein Ehemann aus, er zog ein weinerliches Gesicht und bedauerte: »Frau tot.«

Im Erdgeschoß unter Frau Kutsche hatten sich jüngst zwei tschechische Männer mit ihren deutschen Freundinnen eingenistet. Wie Spürhunde witterten sie, wo was zu holen und wo was zu verraten war. Wir drängten uns noch enger aneinander, obgleich die dumpfe Hitze erstickend war.

Mit den Russen waren auch Flöhe und Läuse über uns hergefallen. Unsere Körper waren übersät mit Einstichen, Beine und Arme blutig gekratzt. Die Juckerei hat mich anfangs halb in den Wahnsinn getrieben. Aber schon nach ein paar Tagen spürte ich nicht mehr viel davon.

Ins Haus schleichen

Was war mit Mutter und Lütte los? Ich mußte das herausfinden. Zudem brauchte ich dringend Kleidung für Uli. Frau Kutsche hatte zwar fleißig Windeln und Höschen gewaschen, aber es reichte hinten und vorne nicht. Sie sicherte mir den Weg, als ich nachmittags am 7. Mai an den Gespannen mit den Panje-Pferdchen vorbei in unser Haus schlich.

Durch den Hintereingang stahlen wir uns auf Zehenspitzen die Steintreppe zur Küche hoch. Am Tisch schnitten zwei Flüchtlingsfrauen für die Soldaten Schweinefleisch. Abfälle und Innereien blieben einfach am Boden kleben. »Versteckt euch lieber«, rieten sie uns von unserem Vorhaben ab, »alle sind in Frau Christas Wohnzimmer eingesperrt.«

»Wir gehen hoch«, blieb ich standhaft. Noch mal spähte unsere Zugehfrau um die Ecken, bevor sie mich hinter sich herwedelte. Im Flur zögerten wir einen Moment. Ein Russe, der Wache vor meiner Wohnung geschoben hatte, führte in die entgegengesetzte Richtung Frau von Tresckow ab. Ihre vier Kinder hefteten sich an ihre Fersen.

Es war unbeschreiblich, was sich in meinem Zimmer abspielte. Ein furchtbarer Gestank schlug uns entgegen. Die Russen hatten sämtliche im Haus verbliebenen Bewohner, es waren um die dreißig, auf zwanzig Quadratmetern zusammengepfercht. Frau Kutsche und ich fanden kaum einen Platz, auf den wir hätten treten können. Die Frauen wirkten apathisch, wer keine Sitzgelegenheit hatte, hockte auf dem Boden.

Ein älteres Ehepaar krümmte sich mit geduckten Köpfen auf meinem Sofa. Ein vierjähriges Mädchen zog einen Brief von Claus aus meinem Schreibtisch. Unbewegt Mutter, mit verschränkten Armen, mittendrin. »Wie geht's?« fragte sie, ohne ihre Lippen zu bewegen. Sie freute sich, schaffte aber kein Lächeln. »Mach dir um mich keine Sorgen.« Ich machte mich hart. So war ich mir selbst ein Halt und erkundigte mich im gleichen Zug nach Lütte. Aber Mutter sagte nur: »Sie ist nicht mehr im Haus.«

Ich guckte mich unter den verwahrlosten Gestalten um. Die Haare wirr, die Kleider teils zerrissen, die Augen leer. »Was geht hier vor sich?« »Die Frauen werden zu den Russen gerufen«, antwortete Mutter ungeduldig – »und jetzt sieh zu, daß du hier wegkommst!« Im Takt müsse sich eine nach der anderen »freiwillig« melden. Ginge keine mit, hielten sie Mutter die Pistole an die Stirn.

Die Zimmerbewohnerinnen sprachen sich untereinander ab, welche als nächste dran war. Zwei Männer waren gezwungen, tatenlos zuzusehen, wie ihre Frauen zu demjenigen abgeführt wurden, der sie »bestellt« hatte. Was war bloß aus all diesen tapferen Menschen geworden? Dressierte Haustiere, die gelernt hatten, auf kurze Handbewegungen ihres Herrn zu reagieren.

Ich zuckte zusammen, als Frau von Tresckow hereingestolpert kam. Die vier Kinder trippelten wieder hinterher. Ein sadistischer Offizier zwang die Adelige mehrmals am Tag zu sich. Die Dresdenerin hatte einmal blendend ausgesehen. Davon merkte man aber jetzt nicht mehr viel. Ihre rechte Augenhöhle hatte einen schweren Schlag abbekommen. Das Lid hing herunter. In der Kopfhaut klaffte eine offene Wunde. Frau von Tresckow starrte aus dem Fenster, als suche sie eine Haarnadel im Hof. Ihre Kinder, die sich an ihren Rock festklammerten, schien sie gar nicht zu bemerken.

»Verschwindet aus dem Haus!« Ich war derart verschreckt, daß ich dauernd dasselbe wiederholte. »Aber Frau Alwardt«, eine junge Bäuerin mit leiser Stimme und scheuem Blick erhob Einspruch, »sollen wir auch noch das Letzte verlieren, was wir haben?« Sie besaßen gerade noch etwas Bettzeug, einen Wagen und vielleicht ein Pferd. Ansonsten war ihnen sowieso nichts mehr geblieben – außer ihrer Angst. »Aber so ist das doch auch kein Zustand mehr«, brabbelte ich weiter und drehte mich zu Mutter hin: »Geh doch wenigstens du!« »Aber ich muß den Leuten doch Schutz geben«, sagte sie streng. Zum Diskutieren blieb keine Zeit.

Frau Kutsche und ich kruschtelten Windeln und Waschzeug aus dem Schlafzimmer nebenan heraus. Von meinen Kleidungsstücken hing nichts mehr in den Schränken. Ulis Sachen waren dafür fast noch vollständig vorhanden, offenbar hatten die Russen keine Verwendung für Babykleider. Neben meinem Bett hatten die Soldaten ihre Notdurft verrichtet, wie überhaupt das ganze Haus voller Kacke und Erbrochenem war. Diese Männer hatten noch nie ein Wasserklosett gesehen, sie wuschen Kartoffeln darin und zogen dabei ständig an der Spülung.

Ehe der Wächter die nächste abholte, hatten Frau Kutsche und ich fluchtartig mein Wohnzimmer verlassen. An der Schwelle habe ich noch mal alle aufgefordert: »Haut ab! Das ist doch hier kein Leben!« »Wo sollen wir denn hin?« folgten mir die Worte in den Flur hinaus.

Leben im Versteck

Wieder waren fünf Tage im Versteck vergangen. Nicht der leiseste Windhauch rührte sich. Die Nächte waren ruhiger geworden. Mit dem Abzug der nächsten Einheit hatten auch die meisten Vertriebenen das Weite gesucht und sich in alle Winde verstreut. Wie ich mir auf dem Dachboden den Schweiß von der Oberlippe wischte, fiel mir mit einem Mal wieder etwas sehr Schönes ein, das ich beinahe vergessen hatte. Wie Tante Silvie am Lenkrad unseres Cabriolets die Chaussee entlangsauste und Schwesti und ich mit langausgestreckten Armen unsere weißen Badetücher hinter uns herflattern ließen.

Lieber Claus,

ich weiß wieder nicht, wo Mutter steckt, aber bestimmt ist sie nicht weit fort, denn sie will sicher alles retten, was zu retten ist.

Die Truppen haben Befehl, das Viehzeug nach Rußland abzutransportieren. Zu dem Zweck richten sie riesige Sammelkoppeln ein, auf denen Kühe, Schafe und Ziegen zusammengetrieben werden. Heute hat Hardi einen Teil unserer Milchkühe bei Gaunitz wiedergefunden und in stundenlangem Marsch heimgetrieben. Die Rinder sind das Laufen doch gar nicht gewohnt.

»Ich werde nie den Anblick all dieser Tiere vergessen«, hat Hardi gesagt, »die brüllend, halb wahnsinnig vor Schmerz über die zerstörten Felder gerannt sind, weil keiner sie gemolken hat.« Pferde haben wir auch kaum noch, es sind alles fremde Viecher im Stall, die die Russen gegen unsere eingetauscht haben.

Der blinde »Bully«, unser Rotschimmel, trottete nach vier Tagen zurück auf unseren Hof. Wie er wohl die Heimat wiedergefunden hat? Aber am nächsten Tag haben ihn die Russen erneut geholt. Es ist zum Heulen! Wann das alles mal ein Ende hat!?

Die Sonne brennt auf den Dachstuhl, wir liegen nackig da und schwitzen uns halbtot, die Flöhe krabbeln nur so an uns herum. An Anziehsachen habe ich nur noch das, was ich trage. Schuhe habe ich geschenkt bekommen. Jetzt nimmt man schon Almosen an.

»Hier Baby, wo Frau?«

Durch das ständige Liegen auf den harten Brettern litt ich unter ziehenden Rückenschmerzen. Das hing wahrscheinlich auch mit der Schwangerschaft zusammen. Frau Kutsche redete mir gut zu, für eine Nacht in ihrem Ehebett zu schlafen. »Ich bleibe mit dem Kind vorne in der Küche auf dem Sofa, da höre ich, wenn ein Russe kommt.« Im Notfall könnte ich durch das Durchgangszimmer die Treppe zum Dachboden hoch, die Mädchen würden mir gleich die Leiter herunterlassen.

Ich war gerade eingeschlafen, da weckte mich das Geräusch hämmernder Fäuste an der Wohnungstür. Stiefel trappelten im Nebenraum. Alles war so schnell gegangen, daß ich keine Zeit mehr hatte, durchs Nebenzimmer zu entwischen. Wie ein verängstigtes Tier sauste ich unter das Ehebett, legte mich aber nicht längs darunter, sondern quer an ein Fußende. Ein Koffer verdeckte mich.

»Wo Frau?« Das klang so nah, als ob er schon in meinem Zimmer stünde. »Nix Schnaps, nix Frau«, pfiff Frau Kutsche ihn an. »Hier Baby, wo Frau?« Der Kerl ließ nicht ab. Er hatte scheinbar den Kinderwagen mit meinem Söhnchen entdeckt. »Frau kaputt, Russe bum bum, Frau kaputt!« Frau Kutsches Stimme überschlug sich vor Hast, »hier keine Frau, alles schlafen!«

Im nächsten Augenblick flog die Tür zu meiner Kammer auf. Mein Herz schlug so laut auf die Dielenbretter, daß ich meinte, er müsse das hören. Sein Schatten wanderte auf mein Bett. Die schwarzen Stiefel bewegten sich hin und her. Auf einmal hielten sie ein. Er ging in die Knie, ich sah die Kerze, mit der er unter das Bett leuchtete. Und ich wußte, daß nun alles vorbei war. Seine Hand griff nach dem Koffer, zog ihn hervor und klappte ihn auf. Da er nichts Brauchbares darin fand, beförderte er ihn mit einen Fußtritt zurück unters Bett und zog schnaubend Leine.

Frau Kutsche konnte sich nicht erklären, wo ich abgeblieben war. Vielleicht lag es an meinem rotweißkarierten Schlafanzug, vielleicht hatte er das Licht geschluckt? Als ich unter dem Bett hervorrobbte, schlug sie fassungslos die Hände über dem Kopf zusammen. »Wo warst du? Das ist ja ein Wunder, ein Wunder ist geschehen!« Ich sagte bloß: »Ich geh wieder nach oben«, und kletterte auf dem Dachboden zu meinen Holzbrettern hoch.

»Du fehlst mir so«

26. 5. 1945 Wellerswalde

Lieber Claus,

noch immer hausen die Mistrussen hier und halten uns in Angst und Schrecken. In einer Scheune, vier Kilometer außerhalb, hatten Hardi und seine Jungs noch die letzten Pferde von uns versteckt. Die Tschechen im Erdgeschoß haben das verraten. Dadurch sind nicht nur die Tiere, sondern auch die Mädchen im Stroh den Russen in die Hände gefallen.

Unsere Polen mußten am Pfingstsonntag mit Sack und Pack wegziehen. Sie spannten den Hengst und die Stuten vor die Wagen. Zum Glück sind auch die zwei Tschechen mitsamt der deutschen Frau fort.

Vielleicht wendet sich in Kürze doch wieder alles zum Guten. Noch plündern und schänden die Russen im Dorf, überall stehlen und vernichten sie Lebensmittel. Nachts schlagen sie die Türen ein und stöbern bis unter die Dächer, angeblich nach Waffen, in Wirklichkeit nach Frauen. Gnade Gott, wenn sie eine finden! Im Ort sind Plakate angeschlagen mit Zitaten aus Stalins Reden, daß er dem Deutschen Volk wohlwolle, der russische Soldat keinen antaste und jeder gerecht und loyal behandelt werde, der sich den russischen Anordnungen füge. Wir vegetieren nur noch.

Zehn Stunden täglich arbeiten wir auf dem Feld beim Rübenverziehen. Dort sind wir sicher, denn die Russen gehen nur nachts auf Frauenhatz. Abends schlingen wir das Essen bei Frau Kutsche in der Küche herunter, dann verkriechen wir uns, während wir noch kauen, auf dem Dachboden, weil sie wieder alles absuchen. So geht das Tag für Tag.

Ach, Claus, du fehlst mir so. Ich möchte still an deiner Seite liegen und nur wissen, daß du bei mir bist. Ich weiß nun ganz sicher, daß ich ein Kind von dir trage. Das macht mich ruhig, ich freue mich so sehr darauf. Hoffentlich wächst es in eine bessere Zukunft hinein. Ulrich gedeiht prima. Frau Kutsche ist ihm eine bessere Mutter als ich.

Ach, könntest du deine Vaterpflichten endlich übernehmen.

Feldarbeit

Gemeinsam mit den wenigen Bauern aus Wellerswalde bestellten wir Frauen die Felder. Jeder half jedem. »Rabotti! Rabotti!« (»Arbeiten! Arbeiten!«) lärmten die Russen aus einem geklauten VW-Kübel, während wir Kartoffeln legten. Um uns häßlicher zu machen, haben wir unsere Kopftücher tief ins Gesicht gezogen, manche schmierten sich Mehl auf die Haut und malten sich rote Punkte drauf.

Bevor wir morgens zur Hacke griffen, tauschten wir uns über die Erlebnisse der letzten Nacht aus. Der Gedanke, daß es den anderen auch nicht besser als einem selbst erging, entlastete ein wenig. Gisela, meine Freundin aus dem Dorf, berichtete, daß die Russen mit Mistgabeln nach ihnen im Heu herumgestochert hätten. »Aber keine ist aufgespießt worden.« Wir waren derart daneben, daß wir darüber nur noch kicherten.

Ich konnte auch eine Anekdote zum Besten geben. Hardis Mutter hatte mal wieder eine Auseinandersetzung mit einem Russen gehabt. Der Soldat zerrte meinen Sohn aus dem Wagen und wollte mit ihm zur Treppe hinunter. »Ich nehmen Kind, du geben Frau!« Reflexartig riß ihm unsere

Zugehfrau den Kleinen aus den Armen und versetzte dem Mann im selben Atemzug einen so kräftigen Schubs, daß er das Gleichgewicht verlor und rückwärts die Treppen hinunterpurzelte. Vor Autoritäten kuschten diese Typen.

Am ganzen Körper krabbeln Viecher, auch Krätze und Furunkel plagen uns. Mittlerweile weiß ich, wo sich Mutter und Lütte aufhalten. Sie verbergen sich auf dem Heuboden bei der Pfarrersfrau Albrecht.

Vor Freude stiegen mir die Tränen in die Augen, als wir uns das erste Mal zu dritt auf dem Hof in die Arme liefen. Wir klopften uns auf die Schultern. Es war bei uns nicht so üblich, daß man sich in die Arme fiel. Gelegentlich traute sich auch Herr Zimmermann wieder aus seinem Versteck im Dorf heraus, um mit Mutter Fragen in der Landwirtschaft durchzusprechen.

Wir schöpfen Hoffnung. Die Russen haben von den Amerikanern noch ein großes Stück Deutschland westlich von uns bekommen. Seitdem sie es besetzt haben, können wir hier ruhiger leben.

Fehlgeburt

25. 6. 1945, Drescherhof

Lieber Claus,

nun sind es schon vier Wochen, daß ich nichts mehr in das Buch geschrieben habe. Die Freude auf unser zweites Kind war leider nur eine kurze. All die Arbeit, die Sorgen und die vielen Ängste haben es mir wieder genommen. Momentan liege ich bei Frau Kutsche im Bett und blase Trübsal. Es war schlimm ohne Arzt, aber Gott sei Dank geht es mir schon besser. Ich bin nur furchtbar schlapp.

Es war am 10. Juni, als beim Unkrautzupfen plötzlich Bauchkrämpfe einsetzten und an meinen Unterschenkeln das Blut entlangrann. Frau Kutsche hat sich um mich gekümmert. Mir war alles so egal. Mutter wußte von nichts, sie war in einer Tour auf dem Gut unterwegs. Es reichte, daß ich so gelitten hatte. Sie mußte das nicht auch noch mittragen. Vielleicht war ich sogar ein bißchen erleichtert. Denn ich war mir nicht sicher, ob es nicht vielleicht doch ein Russenkind geworden wäre. Nach zehn Tagen hat es aufgehört zu bluten.

Viele unserer Frauen und Mädchen sind schwanger von den Russen geworden. Aber die Ärzte in Oschatz helfen allen. Hier wird kein Russenkind zur Welt kommen. Tante Trude mußte auch zu Doktor Schmidt. Der Mongole hatte ihr eine Geschlechtskrankheit angehängt. Sie konnte ihm nicht entgehen, er blickte keine andere an. Tante Trude leidet sehr und kommt darüber nicht hinweg.

Bei all dem versinkt man in Grübeleien. Wenn ich doch nur wüßte, ob du lebst. Mein Gefühl sagt »ja«, aber mein Verstand verlangt nach einer Bestätigung. Diese Zweifel kosten viel Kraft. Noch dazu in diesem Zustand. Ich bin so traurig und so ohne Mut.

Blick aus dem Herrenhaus auf das Eingangstor des Rittergutes Wellerswalde.

Die Eltern, wie sie sich 1915 kennenlernten: Carl Wilhelm Bernhard von Oppel und Luitgarde-Renate von Zehmen.

»Berittene Kavallerie« (von links nach rechts): Ehrenfried, Hardi und Christa, 1933.

Als »Jungmädel«, 1935.

Während des »Pflichtjahrs« in Gottin.

Mutter mit Ehrenfried (links), Kai und »Lütte« (ganz rechts). Vorn im Bild die deutsche Dogge Attila.

Das Verlobungsbild mit Mutter Oppel (links im Bild) und den Schwiegereltern Alwardt, Juni 1942.

Claus und Christa am Gartenteich, 1944.

Der Hochzeitszug durch den Hof, begleitet von Dorfkindern und Gutsarbeitern.

Das Brautpaar, 26. April 1943.

Burg Wellerswalde, 1944

Mit Uli, September 1944.

»Lütte« mit Claus und Attila vor der Burg, 1943.

Vater und Sohn,
1944.

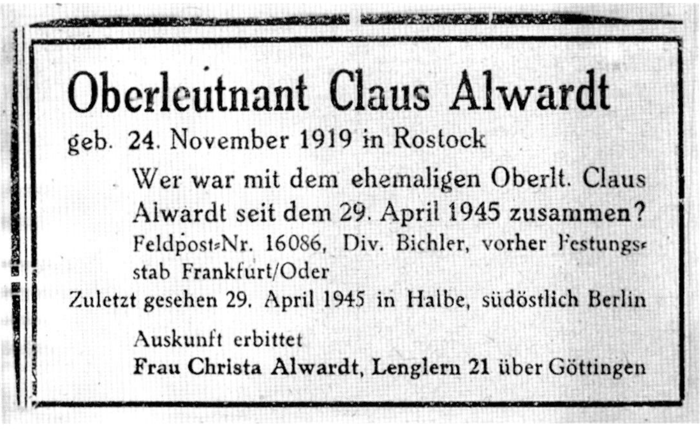

Oberleutnant Claus Alwardt

geb. 24. November 1919 in Rostock

Wer war mit dem ehemaligen Oberlt. Claus Alwardt seit dem 29. April 1945 zusammen?
Feldpost-Nr. 16086, Div. Bichler, vorher Festungsstab Frankfurt/Oder

Zuletzt gesehen 29. April 1945 in Halbe, südöstlich Berlin

Auskunft erbittet
Frau Christa Alwardt, Lenglern 21 über Göttingen

Die Suchanzeige wurde in 50 verschiedenen Zeitungen abgedruckt.

Der »Sprung in den Westen« ist geschafft: mit Uli in Lenglern, 1946.

Nur ein Stein blieb: Erinnerung an die zerstörte Burg in Wellerswalde.

Haus abgeschlossen

»Das Haus wird abgesperrt«, setzte Mutter mit dem langen Eisenschlüssel in der einen und einer Zigarette in der anderen Hand in Umlauf. Die Zimmer befanden sich im selben verlotterten Zustand, in dem die letzten Russen dem Haus den Rücken gekehrt hatten. »Das bleibt so, bis der Spuk vorbei ist«, legte Mutter fest. Unseren Terrier Struppi und die deutsche Dogge Attila hat sie mit eingeschlossen.

Die durchziehenden russischen Truppen stellten mehrere Versuche an, in die Burg zu kommen, aber sie schafften es nicht. Unsere dicken Fensterläden und Türen waren verriegelt, dahinter das wütende Gebell der Hunde, das vermieste jedem die Lust aufs Plündern. Auf diese Weise haben wir nicht nur unser Silber erhalten. Komischerweise hatten diese Vandalen auch Mutters Biedermeier-Zimmer unberührt gelassen. Es lag etwas abseits, in einem langen dunklen Flur. Vermutlich hatten sie es übersehen.

Täglich fütterten Lütte und ich abwechselnd die Hunde. Durch das große Tor gelangte ich in die Vorhalle und schloß dort die zweite Tür auf, hinter der Struppi und Attila heulend mit den Pfoten kratzten. Im Flur sprangen mich nicht nur die Hunde sondern auch Hunderte von Flöhen an. Sie krabbelten meine nackten Beine unterm Rock hoch. Ich hielt die Luft an, so bestialisch stank es, denn die Hunde hatten nun auch noch ihre Haufen zu denen der Russen hinzugesetzt.

Sicherheitshalber übernachtete ich weiter bei Frau Kutsche auf dem Boden. Gelegentlich maßte ich mir aber auch die luxuriösere Variante an, in diesem Fall schlief ich mit Hardi und seiner Freundin Elli im Ehebett. Die Dreiundzwanzigjährige hatte die Dielenbretter genauso satt wie ich. Lütte und Mutter blieben in der Pfarrerswohnung.

Wir Mädchen vom Dachboden fühlten uns bloß noch schmutzig. Ich konnte keinen Schritt mehr gehen, ohne mich zu kratzen. »Da werde ick dir mal befreien«, entschloß sich Frau Kutsche. Morgens massierte sie mir einen Liter Petroleum ins nasse Haar und umwickelte meinen Kopf anschließend kunstvoll mit einem Handtuch. So sollte ich den ganzen Tag herumlaufen. Am nächsten Vormittag spulten wir die ganze Prozedur noch mal ab. Gegen Krätze und Hautausschlag schüttete ich ein stinkendes Gebräu in die Wanne, das laut Doktor Schmidt helfen sollte.

Lieber Claus,

draußen in der Welt hat sich die Situation kaum geändert. Unsere Schafherde haben die Russen abgetrieben und dafür 150 halbverhungerte Tiere aus Großböhla eingestellt. Mutter hat ein kleines Kunststück vollbracht. Sie hat dem russischen Offizier, der seit neuestem für unsere Landwirtschaft zuständig ist, aufgezeigt, daß unsere Tiere eine wertvolle Zuchtherde bildeten und zu schade für die Verpflegung der Truppen seien. Den Mann überzeugte schließlich ein Vergleich zwischen den Rassen.

Momentan umfaßt unser Kuhstall fünfzehn Milchkühe, im Maststall stehen vier Panjes und drei große Pferde. Das eine hat Hardi grasend auf einer russischen Koppel gefunden, die andern zwei lieferten uns Russen gegen fünf Flaschen Kartoffelsprit. Gegen Schnaps kann man jetzt die ganze Welt eintauschen.

Männer tauchen aus ihren Verstecken auf

Inzwischen waren die untergetauchten Männer aus ihren Löchern hervorgekrochen. Pfarrer Albrecht, heimgekehrt von der Front, hielt wieder Gottesdienst ab. Man konnte draußen frei herumlaufen und auch mal im Dorf jemandem einen Besuch abstatten. Mutter und der Inspektor tüftelten herum, wie sie wieder Ordnung in den Betrieb bringen könnten. An den Stalltüren war in kyrillischer und deutscher Schrift hingeschmiert: »Eintritt verboten« und »Beschlagnahmte Tiere«.

»Guck mal!« Ich rempelte Hardi meinen Ellbogen in die Seite. Ein Ochse war von einer Sammelkoppel ausgebrochen und fraß fein säuberlich die Kartoffeln aus den Reihen, die wir gerade gelegt hatten. »Den müssen wir uns schnappen«, ereiferte ich mich. Kein Russe hat etwas gespannt. Der Ochse leistete uns fortan gute Arbeit.

Seit ein Offizier jede Woche in seinem Wagen auf unserem Gut nach dem Rechten sah, nahmen seine Untergebenen uns nicht mehr so viel weg. Abgesehen von Schlachttieren, die zur Verpflegung der Truppen dienten. Und abgesehen von dem Stück Jungvieh, auf das der Offizier höchstderoselbst jedesmal für den Eigenverbrauch Anspruch erhob: »Kleines Kuh mit großes Horn!«

Herr Zimmermann hatte für unsere Mitarbeiter verbotenerweise ein Rind geschlachtet. Seine Frau bereitete eine Pfanne Gulasch im Ofen zu, als mindestens 50 russische Soldaten zur Haustür hereinrauschten. Einige räumten mit den Fingern die Pfanne bis zum letzten Tropfen Soße aus. Andere kramten aus den Küchenschränken eine übriggebliebene Tüte Zucker heraus. Zwei wollten Herrn Zimmermann gerade seine einzigen Stiefel von den Füßen ziehen, als der Vorgesetzte in die Küche trat und dem Treiben ein Ende setzte.

Sobald die Sonne weg war, schnappten sich die Bauern ein Schaf oder eine Kuh von den Sammelkoppeln. Jeder war selig, wenn er wieder ein Tier im Stall hatte. So wie wir uns für das räudige hochschwangere Panje-Pferdchen beglückwünschten, das eines Tages in unserem Garten wieherte. Der Wiegemeister der Zuckerfabrik in Oschatz nahm Herrn Zimmermann regelmäßig auf den Arm, wenn er mit dem Pony anrückte: »Was ist das für eine Pracht, wenn das Rittergut Wellerswalde Zuckerrüben anliefert mit zehn oder zwölf Gespannen der wunderschönen Rotschimmel, einer immer schöner als der andere.«

Die dreiköpfige Wache

Lieber Claus,

uns drohen fortan Beschützer, die zu den Tätern zählen. Eine dreiköpfige russische Wache soll uns vor Übergriffen schützen. Wenn wir nicht früh genug aufstehen, fressen uns die Kerle sämtliche Erdbeeren im Garten weg. Mit Handgranaten haben sie alle Fische im Teich getötet.

Auf dem Kopf ein Helm aus den Freiheitskriegen, vorm Mund eine Posaune vom Dachboden und über haarigen Armen die weißen ellenlangen Glacéhandschuhe, die von Frau von Tresckow im Flur liegengeblieben waren, stolzierte einer von ihnen vor dem Misthaufen auf und ab. Auf der großen Obstwiese gammelte derweil eine Panzerbesatzung herum. Die Männer waren mit ihrem Gefährt im Matsch steckengeblieben und verweilten für ein paar Tage.

Jede Nacht verschwinden wir in der Versenkung. Wir finden diesen Zustand schon fast normal, man muß sich eben an russische Verhältnisse gewöhnen. Allmählich haben sich auch einige »freiwillige« Damen aus Wellerswalde und den Nachbarsorten eingestellt.

Wir waren froh, daß diese Frauen das machten, das hat uns entlastet.

Der Pferdehandel

Überall auf den Feldern fehlten Gespanne. Doch die Kommandantur in Oschatz, die ihren Verwaltungsapparat in einer ehemaligen Oberschule eingerichtet hatte, untersagte den gängigen Tauschhandel Pferd gegen Schnaps. Fortan wurde den Vierbeinern als Erkennungszeichen ein Sowjetstern auf dem Hals eingebrannt.

Von uns unbemerkt hatte eine stille Besatzung stattgefunden. Die russische Geheimpolizei (GPU) war gefürchtet, sie arbeitete eng mit alten deutschen Kommunisten und entlassenen KZ-Insassen zusammen. Unter ihnen waren gefährliche Leute, die nach all den Qualen des Lagers meist nur eins im Kopf hatten: »Rache!« Sie wollten ihre Gegner abstrafen oder nach Möglichkeit gleich zerstören. Der Kommunist vom Dorf, der uns anno dazumal Hammer und Sichel an die Wände geschmiert hatte, überbrachte uns mit Häme im Gesicht die Weisung, wieviel Getreide wir in Zukunft abzugeben hätten und was sonst noch in der Kommandantur beschlossen worden war.

»Wo kriegen wir Pferde her?« zerbrach sich Mutter den Kopf. Hardi hatte herausgefunden, daß sich in der Nähe des Flugplatzes eine große Koppel befand. »Da steht auch unser Rasputin, den holen wir uns zurück.« Er hatte einen der Wächter beschwatzt, der bereit war, gegen Hochprozentiges ein paar Pferde herauszurücken.

Wir hatten noch genügend Schnaps im Garten verbuddelt. Um 19 Uhr abends sollten Hardi und seine Freunde an einem etwas abgelegenen Tor an der Weide warten. Um die vereinbarte Zeit hielt der Soldat schon die Stricke bereit. Hardis Kameraden halfen die Pferde zusammenzutreiben. Als sie ihnen die Halfter überstreiften, tauchte unerwartet hinter einer Bodensenke ein anderer Uniformierter auf. Fluchend setzte er sich in Trab.

Alle Beschwichtigungsversuche seitens Hardis russischem Verhandlungspartner scheiterten. Der andere schlug plötzlich zu und streckte ihn zu Boden. Im nächsten Moment wälzten sich die beiden in der Wiese, kollerten, wie zwei Kater ineinander verkeilt, herum. Ein Schuß löste sich, und der Russe, der sechs Schnapsflaschen haben wollte, lag tot am Boden. Sein Mörder legte das Gewehr an und zielte auf einen der Jungen. Hardi fiel ihm in den Arm, die Kugel verirrte sich in die Luft. Auf einmal wimmelte der Flugplatz von Reitern und Radfahrern. Die Wellerswalder warfen die Schnapsflaschen auf die Wiese und rannten davon, als wäre der Teufel persönlich hinter ihnen her.

Hausputz

Ende Juni sperrte Mutter das Haus auf. »Alle ran zum Putzen«, trommelte sie sämtliche verbliebenen Hausbewohnerinnen zusammen. Zehn Flüchtlingsfrauen, Lütte und ich griffen zu Schrubber, Besen und Lappen. Auch Marianne Reimers und meine Cousine Siegtrud reihten sich in die Putzkolonne ein. Wir waren versessen auf unsere eigenen vier Wände. Mit Kübeln von Desinfektionsmitteln und angehaltenem Atem rückten wir ins Haus vor.

Zwischen den Hirschgeweihen an der Wand waren Telefondrähte gespannt. Unsere Möbel lagen kreuz und quer, bedeckt von zerfledderten Büchern und Kleidungsstücken, aber wenigstens waren sie noch vorhanden. Auch unser Wandschrank, in dem eine Sammlung der wertvollsten Nippesfiguren, Meißener Porzellane und Sonderanfertigungen mit dem Oppelschen Wappen lagerte, war erhalten geblieben.

Wie am Fließband beschaffte Mutter neues Desinfektionsmittel, die Böden mußten bis in den letzten Winkel gescheuert werden. »Ach, ach, ach«, hörte ich Mutter ächzen. Die Russen hatten auf die Husarenuniformen unseres Vaters gepinkelt. Ein Teil der verunreinigten Sachen war nicht mehr zu retten, wir haben sie im Hof verbrannt.

Obwohl wir von einem ständigen Würgereiz geplagt wurden, war unser Grundgefühl gut. »Demnächst kommen unsere Männer wieder«, waren wir uns sicher. Jeden Tag kehrten welche aus der Gefangenschaft nach Hause zurück. Die Schwerverwundeten schickten die Russen als erste zurück, weil sie die nicht auch noch durchfüttern wollten. Ich war mir sicher, daß Claus auch dabei sein würde. Unsere Feldbestellung würden wir mit Hilfe der

Vertriebenen in den Griff bekommen. Die Besatzung würde abziehen, und alles würde sich wieder einrenken. So malten wir uns das aus.

Entzückt stellte ich beim Aufräumen fest, daß mein Kleiderkoffer, den ich vor dem Einfall der Russen hinter einem der Schornsteine beim Schleiereulennest verborgen hatte, noch unangetastet vorhanden war. Darin war auch das rosafarbene Abendkleid, das Claus so sehr an mir gemocht hatte. Endlich hatte ich wieder etwas zum Anziehen! Die gebündelten Liebesbriefe meines Mannes in meinem Schreibtisch, sein Fotoalbum aus Rußland – nichts fehlte. Selbst die Post funktionierte wieder. Es war wie ein Wunder.

Mit den Zöschauern hatten wir zwischenhinein auch wieder mal telefoniert. Tante Silvie zog aus München Erkundigungen nach uns ein. Bei der Gelegenheit teilte sie uns auch mit, daß Schwesti unbeschadet auf dem Pferd in Bayern angekommen sei. Allen ginge es gut. Das Schicksal meiner zweiten Patentante, der Gräfin von Lehndorff, ergründeten wir erst Monate später. Sie war auf dem Treck von Russen erschossen worden, als sie ihren durch einen Messerstich schwerverletzten Sohn verarzten wollte.

Nach einer Woche war das Haus sauber, es stank noch immer zum Gotterbarmen – diesmal aber nach Desinfektionsmittel. Bei Einsetzen der Dämmerung schlossen wir alle Fenster, weil unsere dreiköpfige Wache versuchte, mit Leitern in die Schlafzimmer zu gelangen.

11.7.1945 Drescherhof Wellerswalde

Lieber Claus,

Mutter hat wieder ein Rad! Allerdings ohne Reifen, aber sie fährt damit wie die Feuerwehr, und schon von ferne klingt es auf dem Kopfsteinpflaster, als käme ein Panzer im Hof angerattert. Sie ist immens stolz auf diese Errungenschaft und meint, es ginge täglich bergauf mit uns.

Seit kurzem ziehen Flüchtlinge aus dem Sudetenland durch. Teilweise sind sie zu Fuß durch das Riesengebirge nach Schlesien gejagt worden. Wo es ihnen auch nicht besser erging. Im nordböhmischen Aussig haben sie Vertriebene von der 20 Meter hohen Elbbrücke heruntergestoßen. Der Drescherhof ist proppenvoll, und Hunderte bitten noch um Arbeit. Die meisten schlagen sich entkräftet weiter durch oder bleiben am Straßenrand liegen. Es ist erschütternd, diese Leute, die am Verhungern sind, zu sehen.

Tausend Russen auf einen Schlag

Unter der Woche hatten wir um die tausend Russen auf dem Hof. Abgesehen davon, daß sie eines unserer vier Pferde entwendeten, sich am Obst im Garten vergriffen und ihre Pferde aus Siegtruds polierten Kirschholz-Kommoden-Schubladen fütterten, benahmen sie sich für russische Verhältnisse recht anständig. Wir mischten uns mitten unter sie, nah zur Gulaschkanone.

Kichernd tippte mir Lütte auf die Schulter: »Sieh mal!« Zwei Russen löffelten aus Nachttöpfen ihre Suppe, sie hatten die über den Gartenzaun gestülpten Töpfe für Schüsseln gehalten. Nach einer fünfstündigen Rast setzte sich dieses

Regiment zur weiteren Besetzung von Thüringen in Bewegung.

Mutter erhielt eine Vorladung auf die Kommandantur in Oschatz. Erschreckt schlug ich mir die Hand vor den Mund. Verhaftungen erfolgten so rasch, daß Leute auf der Straße kaum etwas davon mitbekamen, die neue Geheimpolizei verhörte die Verdächtigen nach den alten Methoden der Diktatur, Akten wurden angelegt, Verhörprotokolle aufgenommen, Spitzelberichte gesammelt. Es wurde gefoltert und exekutiert. Ein russischer Offizier horchte Mutter mehrere Stunden lang über Vater aus, ob er in der SS oder in der Partei gewesen sei. Zu unserem Segen war beides nicht der Fall.

Wir dachten, das Schlimmste sei überstanden. Aber das Schlimmste stand uns erst noch bevor.

Wieder zu Hause

21.7.45 Wellerswalde

Lieber Claus,

was haben wir doch für ein schönes Heim! Wir alle genießen es in gleichen Maßen. Wärst du hier, was würdest du dich über dein Söhnchen freuen, das jetzt schon zehn Monate alt ist. Ach, Alterchen, komm nur bald heim. Wo bist du bloß?

Bei unserem letzten Telefonat hatte Claus gesagt, daß er Richtung Wellerswalde gehen würde. Schon hundertmal hatte ich die möglichen Strecken mit dem Finger auf der Karte nachgefahren. Von einem Bauern, der ebenfalls in

Kämpfe bei Frankfurt an der Oder verstrickt gewesen war, bekam ich mit, daß der gesamte Standort in amerikanische Gefangenschaft geraten sei.

Das Elend auf den Straßen hält weiter an. Täglich fragen mindestens drei Familien nach einer Beschäftigung und Unterkunft. Heimatlos liegen Hunderttausende von Sudetendeutschen auf den Straßen, von den Tschechen bis aufs letzte Hemd ausgeplündert. Was ist das schon, wenn man dem einen oder anderen etwas zum Essen zusteckt? Es ist nur ein Tropfen auf den heißen Stein. Es ist so grausig, den Menschen beim Sterben zusehen zu müssen.

Die Bergung der Ernte mit den wenigen Zugtieren bereitet große Schwierigkeiten. Außerdem regnet es in einer Tour. Die russische Wirtschaft macht sich bemerkbar, ein Loch wird mit dem anderen gestopft.

Überraschend erschien die Gräfin Schweinitz in Reithosen, mit zehn Pferden und einem Bulldog wieder auf der Bildfläche. Sie kam mit ihren Leuten aus der Gegend von Leipzig. So ist es nicht mehr ganz so trostlos mit der Bespannung.

Stückweise fanden wir zu so etwas wie einem normalen Alltag zurück. Ich übernahm wieder Sekretariat und Löhnung. Lütte führte Haushalt und Küche weiter. Mutter und Herr Zimmermann schlugen sich mit dem gesamten Rest herum. Vogi, wie wir die Gräfin von Schweinitz nannten, machte sich auch bei der Feldarbeit nützlich. Nach wie vor hegte sie Hoffnung in Bälde auf den Besitz in Oberschlesien heimkehren zu dürfen.

Mein Tagebuch soll eigentlich ein Ersatz für die Briefe an dich sein, aber es ist kein Ersatz, denn der Widerhall fehlt.

Verlorene Frauenehre

Lieber Claus,

… tatsächlich gibt es in Wellerswalde einige Personen, die die Russenherrschaft fabelhaft finden. Auch unter den Frauen. Erst warfen sie sich den Kriegsgefangenen, nun den Besatzern an den Hals. Dem Feind, den ihre Männer sechs Jahre lang unter Einsatz ihres Lebens abgewehrt haben. Gepflegt von deutschen Soldatenfrauen, lümmelt der Gegner nun in ihren Betten. Genau wie wir haben auch diese Weiber damals zum Abschied ihrer Liebsten gesungen: »Ich bin dir treu, das weißt du ganz genau.«

Ach, Claus, meine Sehnsucht nach dir ist so stark, sie schaltet alles andere aus. Der Herrgott stellt uns auf eine bitterharte Probe. Einmal mußt du wiederkommen, und dann laß ich dich nie nie wieder fort.

Die Reihen lichten sich

3.8.1945 Wellerswalde

Lieber Claus,

… seit Wochen versuche ich ein Gespräch mit Tellow zu bekommen. Aber es will und will nicht gelingen. Vielleicht würde mir das all meinen Kummer nehmen, denn vielleicht bist du dort? Wie mag es deinen Eltern gehen? Wenn ich es wüßte, wäre mir bestimmt leichter ums Herz.

Es ist verdammt bitter, wenn eine Frau nach der anderen Bescheid von ihrem Mann erhält oder der Mann heimkommt, und man muß dabeistehen und weiß nicht, wo der eigene ist. Marianne Reimers, Siegtrud, Tante Trude, alle haben Nachricht. Und jedesmal, wenn ich ihre strahlenden Gesichter sehe, versetzt es mir einen Stich im Herzen. Wenn das Heulen einen Zweck hätte, würde ich den ganzen Tag heulen.

Wenn wir Frauen uns nach den täglichen Verrichtungen zusammensetzten, beschäftigte uns vor allem die Frage: »Wie geht es morgen weiter?« In politische Themen haben wir uns nicht vertieft: »Wohin steuert Deutschland? Bleiben oder gehen die Kommunisten?« Wir waren in einem Jahrhundert der ständigen Unsicherheit aufgewachsen, wir kannten es nicht anders. Frieden war etwas, was ohne weiteres zunichte gemacht werden konnte.

In unserem Haus lichteten sich die Reihen. Marianne Reimers zog in den Harz. Ihr Mann, der anders als Claus in Züllichau geblieben war, wußte nichts über dessen Verbleib. Der Gatte von Siegtrud holte sie und Tante Trude nach Bad Reichenhall. Die Ehe meiner Cousine ist nicht alt geworden.

Zurück blieben meine engsten Freundinnen. Lütte, Vogi und Mutter.

»Was wird mein Mann dazu sagen?«

13.8.1945 Wellerswalde

Lieber Claus,

... ich mache mir furchtbare Gedanken um Tellow. Ob es uns erhalten bleibt? Hoffentlich kann ich bald hinfahren, um Gewißheit zu bekommen. Von Frau Heser (Anm. Kameradenfrau von Claus) *erhielt ich die Nachricht, daß auch sie noch nichts von ihrem Mann gehört habe. Das tröstet mich etwas, aber die Warterei wird deshalb auch nicht besser.*

Von Kai hatten wir Kenntnis, daß er in amerikanischer Gefangenschaft in Koblenz lebte. So würde wenigstens einer heimkommen. Daß man dort den Verletzten die Krücken weggeschlagen hat und die Gefangenen Gras essen ließ, davon hatten wir keinen Schimmer.

Mit der Ernte sieht es trostlos aus, Regen, Regen und nochmals Regen. Hafer und Roggen wachsen aus, was soll das für ein Winter werden? Wenn ich meinen süßen Bengel nicht hätte, hätte ich längst die Flinte ins Korn geworfen. Aber sein Lachen gibt mir immer wieder Kraft weiterzumachen. Er ist nicht nur ein Charmeur wie sein Vater, er hat sogar dieselbe Mimik und dieselbe Handhaltung, das ist schon eigenartig. Manchmal kommt es mir so vor, als hättest du Uli zu meinem Schutz dagelassen.

Einen Schutzengel – den bräuchten die meisten Menschen in diesen Jahren. Auf den Straßen treibt sich schlimmes Gesindel herum.

Meine Freundin Lieschen, die ich von der Reitschule aus Wermsdorf kannte, der mit 23 Jahren die Flucht übers Haff gelungen war, hatten sie erwischt. Auf der Landstraße mit dem Kinderwagen. Unser Sportcabriolet war an ihr vorbeigebraust. Verwundert hatte Lieschen den vier Russen hinterhergeguckt. Der Fahrer legte eine Vollbremsung ein. Nacheinander haben sich alle vier an meiner Freundin vergangen. »Bitte«, hatte sie zu Gott gebetet, »laß mich nicht sterben.«

Sie überlebte. Es war vorbei. Aber unvermeidlich folgte der Zusammenbruch. Sie rollten den Kinderwagen in den Hof. Verschmierte Wimperntusche unter den Augen und einen abgesplitterten Zahn im Mund. Lieschen grüßte nicht, sie hockte sich nieder, schlug die Hände vors Gesicht und schluchzte: »Ich kann das gar nicht erzählen. Ich schäme mich so.« Sie stand unter Schock. »Mach mal einen Punkt«, hielt ich ihr vor und streichelte ihr dabei über den Kopf, »mir ist es doch genauso ergangen.« Lieschen guckte mich an, als ob sie nichts gehört habe. »Was wird mein Mann nur dazu sagen?«

Ob ich Claus gegenüber jemals die Vergewaltigung erwähnt hätte? Keine Ahnung. Allein der Gedanke daran brannte wie Feuer. Letztlich ertrugen die Männer das noch schlechter als die Frauen. In den Städten gaben Apotheker Zyankali aus, um vergewaltigten Frauen den Selbstmord zu erleichtern.

»Ich versuche nach Tellow zu kommen«, kündigte ich am Eßtisch an, »vielleicht treffe ich da Claus.« Mutter zeigte sich einverstanden, aber nur unter der Bedingung, daß mich jemand begleitete. Die Wahl fiel sehr zu meinem Mißvergnügen auf den Neffen der Gräfin Schweinitz. Er war ein schmaler, pickeliger Mensch, der an einen Fisch erinnerte. »Er kann dich beschützen«, ermahnte mich Mutter zur Besonnenheit, als ich mit mißmutiger Miene meinen Rucksack aufschnallte.

Arme und Beine hingen zu den Zugtüren und Fenstern heraus. Auf den Trittbrettern suchten die Leute nach Haltegriffen. Über die Puffer kletterten mein Kompagnon und ich mit anderen nach oben aufs Dach. Man mußte sich rechtzeitig ducken, wenn eine Brücke nahte. Wer über die Gleise hängende Äste übersah, riskierte sein Augenlicht. In den engen Tunnelschächten raubten einem dichte Dampf- und Schwefelschwaden den Atem. Als wir in Leipzig auf einen Güterzug umstiegen, sahen wir aus wie zwei Kaminkehrer.

In Magdeburg wurde es langsam dunkel. »Der nächste Zug geht erst morgen weiter nach Wittenberge«, zeigte der Schaffner uns auf, »für die Brücke über die Elbe benötigt ihr einen Passierschein.« Den hatten wir aber nicht. »Wir suchen uns erstmal ein Quartier«, sagte ich zu meinem Begleiter. Der Beamte, der das mitgehört hatte, durchkreuzte diesen Plan: »Hier könnt ihr nirgends schlafen, hier gibt es nur Ruinen.«

Tatsächlich. In der Stadt stand kein Stein mehr auf dem anderen. Eine Wüste aus Trümmern. Als hätte ein wütender Riese mit der Faust hineingeschlagen. Ich zählte Häuser, die es nicht mehr gab. Straßen, an die nichts mehr erinnerte. Läden, von denen kein Schild mehr übrig war. Es waren auch kaum Menschen zu sehen. »Wir suchen uns einen Keller«, bestimmte ich. Statt einen besseren Vorschlag zu machen, äußerte mein Beschützer Vorbehalte wegen Plünderern. »Dann bleiben Sie eben hier draußen!« Ich machte meinen Mund dünn. »Ich geh da jetzt rein.« Der junge Mann warf mir einen Fischblick zu.

Es war dunkel, ich tastete mich langsam und vorsichtig vorwärts, denn die Stufen waren schlüpfrig, und bei jedem Schritt bestand die Gefahr auszugleiten. Kaum waren wir in den Keller eingetreten, sah ich überhaupt nichts mehr. Und da war auch, ganz schwach, wieder dieser süßliche Geruch von verbranntem Menschenfleisch, den ich auf dem Treck schon einmal in die Nase bekommen hatte und seither nicht mehr losgeworden war. Für den Moment herrschte eine so tiefe Finsternis, daß ich nicht mehr wußte, ob meine Augen offen oder zu waren. Aber man gewöhnte sich schnell, und bald machten wir schemenhafte Umrisse aus. »Da sind ja sogar Matratzen«, versuchte ich den Neffen der Gräfin von Schweinitz für diese Bleibe zu erwärmen.

Mit zusammengebissenen Zähnen baute ich unseren kleinen Kocher auf. Damit konnten wir uns einen Tee zube reiten. Hunger hatten wir keinen. Die Nacht war kalt. Ich behielt mein rotes Kopftuch und den schwarzen Mantel an. »Wie kommen wir an einen Passierschein für die Brücke?« überlegte ich laut. Die Brücke, die über die Elbe führte, kannte ich noch von früher. Aber damals war sie noch nicht in der Mitte zusammengebrochen. Der Bahnbeamte hatte uns zuvor noch den Ratschlag gegeben, es in Stendal bei der Kommandantur zu versuchen.

In aller Herrgottsfrüh brachen wir dorthin auf, dort

wohnte auch eine ehemalige Hauslehrerin von mir. Sie richtete uns gleich zwei Betten her. »Morgen könnt ihr zur Kommandantur, heute ist geschlossen«, informierte sie uns. Mein Gefährte sperrte sich: »Ich gehe da nicht mit.« Nach dem Frühstück habe ich mit einem Gesichtsausdruck, der nicht besonders nett war, seine Papiere genommen und tappte einen Kilometer weiter in einem heruntergekommenen Wohnblock die Treppe hoch.

In einem Sessel schnarchte ein Russe mit Schnapsfahne. Sein Kumpel klopfte mit einem anderen am Schreibtisch Karten. Ohne mich richtig anzusehen, mauerte der hinterm Tisch: »Nix Passierschein.« Da blätterte ich ihm die Reisegenehmigungen von mir und meinem Begleiter auf seine Karten. »Ich muß unbedingt nach Tellow, das geht nur über die Brücke.« Er blickte auf, hielt die unangezündete Zigarette starr in Höhe seines Mundes. »Wo ist Mann?« Suchend guckte er hinter mich. »Der hat Angst«, antwortete ich. Da klopfte er sich vor Lachen auf die Schenkel und füllte mir ohne weiteres die Scheine aus: »Frau gut, Mann schlecht.«

»Nix Brücke!«

Wie löchrige Zähne ragten die Mauerreste der Brücke von beiden Ufern auf. Die Trasse dazwischen fehlte. Sie war weggesprengt. Noch eine Menge anderer Leute drängte bei Wittenberge hinüber ans andere Ufer. Aber an dem provisorisch errichteten Steg hielt ein Wachposten alle mit seinem Gewehr in Schach, sein Haar quoll unter einer fleckigen Mütze hervor: »Nix Brücke, alle weg!« Wir hielten ihm unsere Passierscheine hin, er aber kläffte wie ein heiserer

Hund: »Nix Brücke, nix!« Er war betrunken oder verrückt oder beides. Reine Willkür. So war das eben.

Schimpfend kletterten wir den Damm ein Stück hinunter, da lagerten Massen von Menschen, die auf einen Meinungsumschwung der Russen hofften. Die Elbe führte Hochwasser, die Wiesen am Rand waren überflutet. Es war ein strahlender Augusttag, wir setzten uns zwischen die anderen in die Sonne und kauten an unseren letzten Keksen herum.

Die Nacht verbrachten wir unter einem Lastwagen. Mit einem Mal stießen mich dieser ganze Dreck, diese Zerstörung, diese Armseligkeit so ab. »Das hat keinen Zweck«, habe ich mir bei Sonnenuntergang eingestanden, »wir fahren heim, vielleicht klappt es ein anderes Mal.«

In unserem Abteil unterhielt sich vis-à-vis ein junges Pärchen über Wittenberge. »Entschuldigung, aber wenn Sie aus Wittenberge kommen«, fiel ich den beiden ins Wort, »wie haben Sie es über die Elbe geschafft?« Der Mann strich sich, hell auflachend, die Haare glatt. »Das muß man nur wissen.« Elbaufwärts befände sich ein Dörfchen. Dort lebe ein Fischer, der sich mit seinem Wehrmachts-Schlauchboot ein kleines Zubrot verdiene. Fröhlich klatschte ich in die Hände und beschloß zum Entsetzen meines Nebenmannes: »Das machen wir auch!«

Schweigsam liefen wir zurück zur Brücke. »Am Damm entlang, etwa drei Kilometer«, lautete die Instruktion. Im nächsten Ort fragten wir uns bis zu dem besagten Fischerhäuschen durch. »Können Sie uns rüberbringen?« stellte ich den alten Mann mit der verwitterten und rissigen Gesichtshaut zur Rede. »Mädchen, das ist sehr gefährlich, die Russen schießen sofort.« Bedächtig schaukelte er seinen Kopf hin und her. »Es kann sein, daß wir untergehen.«

»Ich will da rüber«, bekräftigte ich. Mein Begleiter war weiß wie Quark. »Bleiben Sie doch hier«, blaffte ich ihn an, bevor er seinen Mund auch nur aufgemacht hatte.

Ich drückte dem Alten eine Packung Zigaretten und eine Flasche Schnaps in die Hände. Er sagte: »Wir gehen morgen früh los, es muß noch dunkel sein.« Als Schlafplatz wies er mir das Kanapee in seinem Wohnzimmer zu, meinen Begleiter schickte er in die Scheune.

Alptraum Wasser

Lange lag ich wach. Über mir schlug eine Pendeluhr elfmal die Stunde. »Du lieber Gott, das Wasser ist so kalt und so tief«, ging es mir durch den Kopf. Seit ich in meiner Kindheit fast im Gartenteich ertrunken war, hatte ich eine Heidenangst vor trüben Gewässern. Ich döste, wachte auf und dämmerte wieder weg. Im Dunkeln stand plötzlich der Alte vor mir.

Er reichte mir große Stiefel, weil wir noch ein Stück durchs Wasser waten müßten. Er drückte mir auch einen Topf in die Hand. »Das Boot ist nicht mehr ganz dicht, du mußt Wasser schöpfen«, meinte er in einem Tonfall, als sei das das Normalste auf der Welt. Meine Mimik war sicher nicht die intelligenteste in diesem Moment. Der Neffe der Gräfin von Schweinitz, in dessen Haaren sich ein Strohhalm verfangen hatte, guckte unbewegt aus dem Fenster, als ob er nach einem Fluchtweg suchen würde.

Grau und groß lag das Wasser vor uns. Ich fühlte es kühl an meinen Füßen hochsteigen, als wollte es mich nie mehr freigeben. Vor mir schleppte sich der junge Graf vorwärts, er hielt seinen Rucksack über den Kopf. Es zerrte an unseren Stiefeln, so schnell war die Strömung. Ich stand Todesängste aus, als wir im Boot stromabwärts in den Nebel hinein trieben, während seltsame Gedankenfetzen durch das Gehirn rasten, bitte Uli in Lüttes Hände übergeben, die sterblichen Überreste in Wellerswalde begraben, Claus Mitteilung machen ... aber wie?

Nirgendwo fand das Auge Halt. Das kühle Grau von Himmel und Fluß gingen ineinander über. Mit mechanischen Bewegungen schütteten wir das Wasser raus, während der Fischer hinten das Steuer übernahm. Das andere Ufer war etwa 500 Meter entfernt, man konnte die Schatten von Büschen und Bäumen schon erkennen. Plötzlich sirrten Schüsse durch die Luft. »Duckt euch!« flüsterte der Alte. Sie kamen flach, dicht nacheinander. Wir wurden aber nicht getroffen. Vielleicht hatte sich da jemand bloß einen Spaß gemacht.

Eine Unendlichkeit später landete das Boot in Schlick und Gras, mit beiden Händen ergriff ich einen Weidenast. Die Morgendämmerung lichtete die Nebelschleier, und wir atmeten tief durch. »Holen Sie mich auch wieder ab?« wollte ich vom Fischer noch wissen. »Du winkst einfach an dieser Stelle mit deinem roten Kopftuch, wenn du zurückwillst«, wies er mich an, »meine Leute geben mir dann Bescheid.«

Am Wittenberger Bahnhof kraxelten wir auf einen offenen Plattformwagen. Vor ein paar Wochen hatte man darauf statt Kohlen noch Kanonen transportiert. Wir gruben mit unseren Hintern eine Kuhle oben in den schwarzen Berg. Ein frischer Fahrtwind wehte uns um die Nasen. Am Rand der Gleise säumten Erwachsene und Kinder den Weg, mit den Händen machten sie bittende Bewegungen: »Schmeißt uns Kohlen runter!« Wir deckten alle ausgiebig ein.

In Neubrandenburg trennten sich unsere Wege, mein Gefährte wollte in eine andere Richtung weiter. Den nächsten Abschnitt der Strecke verbrachte ich mit einer Gruppe Polen auf dem Kohlewagen. Aus Spaß zerschlugen sie mit dem Brennstoff die Fenster der vorbeiziehenden Häuser. Die letzten fünfzehn Kilometer bis zu den Schwiegereltern bewältigte ich zu Fuß. »Bestimmt ist Claus da!« Mein Herz hüpfte vor Aufregung mit jedem Meter querfeldein stärker, dem ich Tellow näherkam.

Man sagt Verliebten nach, daß sie sich wie Zwangskranke verhalten. Wie besessen konnte ich an nichts anderes mehr denken als an das Wiedersehen mit meinem Mann.

Wiedersehen in Tellow

Auf einem Getreidefeld erkannte ich meinen Schwiegervater, der mit anderen Landarbeitern Ähren bündelte. Ich legte einen Zahn zu. Der Rucksack schlug bei jedem Schritt auf meinen Rücken. Der Schwiegervater blickte auf. »Christa! Wie kommst du denn hierher?« rief er über alle Maßen erstaunt und lief mir entgegen, um mich zu umarmen. »Was für eine Freude, dich zu sehen!«

Bewegt nahm er mich an den Schultern und blickte mir gerade in die Augen. »Weißt du, wo Claus ist?« Er sprühte vor Aufgeregtheit. Mit dieser Frage fiel alles in mir zusammen. »Ich dachte, er ist bei euch!« Alle Träume, alle Sehnsüchte, alle Hoffnungen. Ein einziger Schutthaufen. Wir waren beide fix und fertig. Aber man durfte sich dem Schmerz nicht hingeben. Der war so abgrundtief, daß ich dachte, wenn ich mich dem hingebe, tauche ich nie wieder auf.

»Komm«, sagte er und fügte ein paar Schritte weiter hinzu, »wir wohnen jetzt im Jägerhäuschen.« Russen hatten das Haus der Schwiegereltern als Durchgangslager besetzt, Polen hatten es leergeräumt. Die Schwiegermutter zog ein ebenso enttäuschtes Gesicht wie ihr Mann, weil ich von ihrem Sohn ein halbes Jahr lang nichts mehr gehört hatte. Mattes Licht fiel durch die grauen Vorhänge der Hütte. Jagdfotos hingen an den Wänden über den Biedermeiermöbeln. Im gelblichen Licht der Lampe wirkte das Zimmer wie der kleine Raum eines alten Puppenhauses. »Es ist ja nur vorübergehend«, sagte die Schwiegermutter zu mir. Es klang, als wolle sie sich selber damit beruhigen.

Jeden Tag nötigten sie mich mindestens einmal dazu mein letztes Telefonat mit ihrem Sohn nachzuzeichnen. Gierig saugten sie jedes meiner Worte auf. Und ich redete weiter, wie ich Claus im Februar in Wellerswalde verabschiedet hatte. Und über sein Fieber und darüber, wie groß und wie schwer und wie ähnlich ihr Enkel ihrem einzigen Sohn sei. Dann wollte ich raus an die Luft.

»Laß dich nicht zu viel draußen blicken«, legte mir der Schwiegervater ans Herz. Die Polen seien aggressiv, Handgreiflichkeiten stünden auf der Tagesordnung. Ich hatte nicht den Mut, bei Lila in Gottin vorbeizuschauen. *»Ach, Claus, wenn du nur geschwind kämst, daß wir deinen Eltern helfen könnten. Sie haben uns so bitter nötig«*, kritzelte ich in mein Tagebuch.

Herr Alwardt schilderte mir die schweren Wochen, die hinter ihnen lagen. Tante Mietze, ihre Hausfreundin, sei zu ihnen nach Tellow gezogen, nachdem ihr Mann Weihnachten 1944 am Schlaganfall verstorben war. Mit im Gepäck habe sie die Urne gehabt, gefüllt mit der Asche des Wehrwirtschaftsführers. Mein Schwiegervater deutete unters

Bett auf einen Schuhkarton. »Wir bewahren sie für sie auf«, murmelte er. Nach dem Einfall der Russen hätten sie eine Woche lang mit Tante Mietze im Wald gelebt, in der Folge wären sie weiter zu deren Bruder nach Hohensprenz geflüchtet.

Wichtiger als die Vergangenheit war die Zukunft. Daß Claus tot sein könnte, daran haben wir keinen Gedanken verschwendet. Es mußte noch vieles für die kommenden Jahre geregelt werden. Der Schwiegervater wollte ein Stück Land für seinen Sohn und mich pachten. Ich sollte nach Tellow ziehen und daheim alles für meinen Aufbruch vorbereiten. Fünf Tage später war ich zurück in Wellerswalde.

Reichsbahn bin ich jetzt auf jede Art gefahren. Auf dem Dach, auf dem Tender und auf dem Rand offener Güterwagen. Man hat jetzt wirklich was fürs Geld.

Der Geldschrank

16. 8. 1945 Wellerswalde

Lieber Claus,

gestern war wieder ein furchtbarer Tag. Ausgerechnet Ehrenfrieds Geburtstag! Die GPU hat unser Haus auf den Kopf gestellt.

Mit ihren Schiebermützen und ihren dreiviertellangen Windjacken hat man diese Sorte Mensch schon zehn Kilometer gegen den Wind erkannt. Ohne anzuschellen oder sich auszuweisen fielen vier von ihnen über unser Haus her. Sie rissen Tücher und Bücher aus den Schränken und Kommoden, trampelten mit ihren Stiefeln darüber. Einer hat unseren Terrier angeschossen.

Als sie den Geldschrank im oberen Flur sichteten, verlangten sie von Mutter, ihn aufzuschließen. Dieser Tresor stammte noch von meinem Ur-Ur-Ur-Großvater. Die untere Tür stand offen, in den Innenraum hatten wir als Kinder manchmal Spielzeug hineingeworfen. Der Schlüssel für die obere Klappe war seit mindestens fünfzehn Jahren unauffindbar. Und damals war nichts drin gewesen. »Er ist leer«, unterrichtete Mutter die Geheimpolizisten.

Natürlich glaubte ihr das niemand. Ein Schmied mußte ran, er sollte den Geldschrank aufschweißen, aber der Arme hatte kein Schweißgerät mehr, das hatten ihm die Russen gestohlen. Mit der Lötlampe, die er mitgebracht hatte, konnte er nichts ausrichten. »Wir bringen den Tresor nach Oschatz«, diktierte der Chef der Truppe und forderte ein Lastauto an.

Der Geldschrank wog mindestens eine Tonne. Zwölf Mann ließen ihn über zwei dicke Holzbalken an Seilen die Treppe hinab. Draußen hievten sie ihn, schwer schnaufend, auf die Ladefläche. Mutter wurde genötigt, bei dem Chef der GPU einzusteigen. Diese Leute waren brutal. Lütte, Vogi und ich blieben in tausend Ängsten zurück.

Der Stundenzeiger der Wanduhr setzte zu einer neuen Umkreisung an. »Hoffentlich ist nichts im Schrank«, bibberte meine Schwester. Ich legte Struppi einen neuen Verband, aber er ist noch vor der Abendbrotzeit verendet. Während wir nervös aus dem Fenster nach Mutter Ausschau hielten, war sie in einem stockdunklen Raum eingesperrt.

Ihren Augen blieb kaum Zeit, sich an das grelle Licht der Glühbirne anzupassen, als ein Offizier, mit Zigarette zwischen den Lippen, ihr Fotos von meinem Vater und den Vettern aus Zöschau vorlegte. Vater trug darauf eine schwarze Uniform. »Das ist SS«, behaupteten der Kommissar und sein Gehilfe. Mutter stritt das ab: »Das ist eine Panzeruniform«. Aber sie hörten ihr gar nicht zu. »Werden Sie nicht frech. Ihre Söhne sind die gleichen Verbrecher. Und Sie sind eine Lügnerin!«

Sie hielten Mutter fest, bis ihre Gehilfen den Geldschrank nach oben ins Büro gewuchtet hatten. »Da sind Waffen drin«, stand für sie zweifelsfrei fest. Inzwischen hatte jemand ein Schweißgerät und eine Schutzbrille aufgetrieben. Mutter sollte von einem Holzstuhl aus zusehen. Die Funken flogen. Nach ein paar Minuten sprang die Klappe auf – das Fach war leer.

»Bei der nächsten geringsten Kleinigkeit verschwinden Sie auf Nimmerwiedersehen«, setzte der Kommandant seine Gefangene aufs neue unter Druck, bevor er sie gehen ließ. Gegen 22 Uhr war Mutter zu Fuß von Oschatz zurück. »Was ist passiert?« Wir waren völlig außer uns. »Ich bin restlos fertig«, wehrte sie unsere Fragen ab, »ich will nur noch schlafen.« Sie hat noch das Glas Wein getrunken, das Lütte ihr einschenkte. »Gott sei Dank ist alles gut gegangen.« Mehr erfuhren wir an diesem Abend von ihr nicht.

Es ist doch alles nur Schikane, wir sollen ständig in Angst und Schrecken bleiben.

Erste Gerüchte

8.9.1945 Wellerswalde

Lieber Claus,

die so sehnsüchtig erhoffte Nachricht von dir ist noch nicht da. Wann sie wohl kommen wird? Wenn ich mich einsam fühle, so einsam, daß es mich am Hals schnürt, steigen mir manchmal Gedichte in den Kopf.

Vor deinem Bild die dunkelrote Rose glüht
wie viele andre schon in ihrer Pracht
wie oft wohl noch das eine so verblüht
eh dein Mund mir wieder lacht
oh ja, wie lange noch?

Inzwischen ist hier ein neues Schreckgespenst aufgetaucht – die Enteignung. Ob dieser Wahnsinn wirklich wahr werden wird? Glauben kann das kein normal denkender Mensch, aber wir haben im Moment Leute an der Spitze, denen man alles zutraut. Aber was soll dann aus uns werden?

»Die können uns doch nicht einfach alles wegnehmen, das geht doch nicht, oder?« setzte ich Mutter mit meinen Fragen zu. »Quatsch«, tat sie das ab und blickte mich an, als hätte ich bestritten, daß sich die Erde um die Sonne drehen würde. Doch war der Stein erst mal ins Wasser gefallen, zog er seine Kreise. Einige Gutsnachbarn suchten das Weite. »Sollten wir nicht ein paar Möbel und Wertsachen beiseite schaffen?« insistierte ich. Hatte die Herrin des Hauses auf stur geschaltet, ging sowieso nichts mehr. »Alles bleibt so, wie es ist.«

Sie saß mit dem Rücken zur Wand und beugte sich nach vorne über den Tisch. Es sah so aus, als krümme sie sich vor Schmerz oder Kälte, tatsächlich aber war es ein Ausdruck ihrer Abscheu. Mutter wollte es einfach nicht wahrhaben.

Schnüffler

Die Stimmung gegen die »von Oppels« schaukelte sich allmählich hoch. Die Flüchtlinge im Haus begannen teils feindselig und frech zu reagieren. »Sie haben uns nichts mehr zu sagen«, ging eine Bauersfrau unsere Mutter an, als sie auf die festgelegten Kochzeiten am Herd verwies. Ihre Retourkutsche fiel frostig aus: »Dann gehen Sie doch nach Hause.« Die Burgherrin behielt die Fassung, auch wenn es unmöglich schien.

Auf dem Hof schnüffelten nicht nur Fremde, sondern auch unsere eigenen Arbeiter und Hausbewohner herum. Die GPU hatte genügend Zuträger. Auch Bekannte aus dem Dorf, für die wir die Hand ins Feuer gelegt hätten. Vielleicht würde der Nächste unsere Mutter hinhängen, weil wir ein Schwein schwarz geschlachtet hatten. Möglicherweise würde man ihr auch etwas unterstellen, was überhaupt nicht stimmte.

Lütte murmelte manchmal geistesabwesend wie ein altes Weib vor sich hin: »Das kann doch nicht sein.« Wir wollten all diese Vorzeichen nicht ernst nehmen. Den Gedanken an die Enteignung haben wir konsequent ignoriert. Nur die Angst, die folgte einem überallhin wie ein naßkalter Schatten.

Lieber Claus,

an Gerechtigkeit kann ich nicht mehr glauben. Dafür haben unsere Männer nun gekämpft, daß unsere eigenen Volksgenossen sie verraten, berauben und heimatlos machen. So kann niemals ein Wiederaufbau gelingen. Ein Volk, das so etwas treibt, hat nichts anderes als seinen Untergang verdient. Man muß sich schämen, ein Deutscher zu sein.

Wenn ich die Soldaten sehe, wie sie abgerissen, verhungert und gleichgültig aus der Kriegsgefangenschaft heimkehren, überkommt mich jedesmal ein großes Mitleid für sie. Gleichzeitig springt mich eine ebenso große Wut auf diejenigen an, die diese Menschen als Verbrecher hinstellen.

Das kann nicht gutgehen. Wenn es wirklich einen Gott gibt, dann gnade uns vor seinem Gericht!

»Bald werde ich Siedlerfrau sein«

Tagebuch 15.9.1945, Tellow

Lieber Claus,

für mich wird demnächst ein neuer Lebensabschnitt beginnen. Meine zweite Reise nach Tellow brachte mir dort einen Bauernhof samt einer Parzelle mit zwanzig Morgen Tellower Land ein. Eine Bäuerin, deren Mann gefallen ist, hat dem Schwiegervater zusätzlich die Kleinfeldsche Siedlung mitverpachtet. Der Pachtvertrag ist auf deinen Namen ausgestellt.

Nun werde ich in Kürze Siedlerfrau sein. Wie nötig hätte ich dich jetzt. Ich gehe noch mal vor lauter Warterei ein.

»Hallo, hallo«

Auf dem Rückweg von den Schwiegereltern beabsichtigte ich einen Haken über Berlin zu schlagen. Dort lebte ein Onkel meiner Cousine Siegtrud, der ein Fuhrunternehmen mit mehreren LKWs besaß. Vielleicht könnte er meine Möbel nach Tellow schaffen? Als ich bei einem Zwischenstopp an den Gleisen entlanglief, drang eine leise Stimme an mein Ohr: »Hallo, hallo.«

Ich verhielt eine Sekunde den Schritt, guckte mich um, sah aber niemanden. »Hallo, hallo.« Die Stimme kam aus den Ritzen des Viehwaggons. »Was ist denn los?« zischte ich und blickte unruhig nach den russischen Wachen mit ihren Maschinengewehren, die alle zehn Meter Wache schoben. »Hast du nicht ein Stück Brot?« hauchte die Stimme.

Der Wagen war zu. Oben klafften lediglich ein paar Lüftungsklappen im Holz. Ich wußte gar nicht, wie ich ihm hätte ein Brot reichen sollen. »Tut mir leid, ich würde euch so gerne helfen, aber ich kann nicht.« Mit gesenkter Stimme sprach ich, während ich so tat, als müßte ich an meinen Strümpfen den Staub abklopfen.

»Hallo, hallo.« Steif aufgerichtet ging ich weiter, aber es war, als wäre ich nur noch ein einziges Lauschen nach rückwärts. Vielleicht waren das deutsche Kriegsgefangene, die nach Sibirien gekarrt wurden. Die Stimme bettelte noch in meinem Ohr, als ich mit dem nächsten Zug nach Neustadt-Dosse weiterzockelte. Der Fahrkartenschalter dort war geschlossen. Erst am nächsten Morgen bummelte der Milchzug nach Berlin.

Frustriert habe ich auf die Uhr geguckt. »Mensch, jetzt ist erst nachmittag.« Drei Stunden saß ich in der stickigen

Luft des Warteraums die Zeit ab. Die Leute standen und saßen im Halbdunkeln herum wie traurige Geister. Das war nicht länger auszuhalten. Ich schnappte meinen Rucksack und schritt die Gleise entlang. Hundert Meter vor mir war eine Schranke heruntergelassen, hinter der eine Lokomotive ächzte. Die Maschine stieß frische weiße Dampfwolken aus dem Schlot, wie Watteballen.

»Das ist die Strecke nach Berlin, also muß das auch ein Zug nach Berlin sein«, folgerte ich, und alle schlechte Laune war mit einem Mal verflogen. Ich warf einen prüfenden Blick nach hinten, schlüpfte unter der Absperrung durch und eilte bis zum letzten Wagen. Die Wagen waren innen unbeleuchtet. Keine Fenster. Nirgendwo guckte ein Mensch raus. Es war seltsam still. Wie ein Gespensterzug.

Aufs neue ließ die Lokomotive seitlich Dampf ab. Eine dicke Wolke hüllte mich ein. »Jetzt, nichts wie druff!« Ich griff nach der Leiter am Güterwagen, nahm meine ganze Kraft zusammen und hievte mich hoch. Ein Fuß fand die unterste Sprosse. Ich war an Bord.

Hätte ich geahnt, wer mit mir reiste, wäre ich gleich vom fahrenden Zug wieder abgesprungen.

Fahrt nach Brest-Litowsk

Auf der vom Bahnhof abgewandten Seite ging ich in Deckung. Die Beine angezogen, die Kohlen hinter mir. Aus dem Schornstein der Lok sprühte ein Funkenregen auf mich herab. Ich war so mit dem Ausklopfen der Glut beschäftigt, daß ich erst nicht bemerkte, wie jemand neben mich rückte. »Ich bin Kurt aus Neustadt«, stellte sich mein Gegenüber mit rußverschmiertem Gesicht vor.

Der Himmel war düster. Für eine Unterhaltung war es zu laut. Erst wurden die Füße kalt, dann taub, schließlich kroch die Kälte unter den Mantelkragen und arbeitete sich weiter in Richtung Rücken vor. Wenn ich noch länger so sitzen bliebe, war ich überzeugt, stürben mir Arme und Beine ab. »Ich krieche jetzt runter in einen Wagen rein«, schrie ich meinem Nebenmann zu. »Um Gottes willen«, versuchte er mich davon abzubringen, »das ist gefährlich.«

Ich hangelte mich zum nächsten Anhänger hinüber und hüpfte über den hin- und herwackelnden Puffer auf ein Trittbrett, auf dem sich der Schnee mit Regen zu einer glitschigen Masse vermengte. Keine Ahnung, was mich hinter dieser Holztür erwarten würde. Aber alles war besser, als allmählich einzufrieren. Ich drückte die Klinke runter. Kein Mensch drin. In der Mitte bullerte ein Kanonenofen mit Schornstein. Rechts und links ein Sitzbrett an der Wand. »Ist das schön warm«, seufzte ich behaglich und ließ mich nieder. Augenscheinlich war dieses Abteil fürs Personal gedacht.

Hinter mir folgte Kurt aus Neustadt. Anerkennend pfiff er zwischen den Zähnen durch. »Nicht schlecht!« Wir machten uns beide lang. Als ich gerade meine Augen schloß, störte ein Bahnbeamter uns auf. »Was macht ihr denn hier?« Er schüttelte so heftig den Kopf, daß die Lampe um seinen Hals schlackerte. Hastig rappelten wir uns hoch und legten Beichte ab. »Mensch, ihr seid ja gut«, jaulte er auf, »wißt ihr eigentlich, wo der Zug hinfährt.«

»Nach Berlin«, sagte ich. »Ja schon, nur hält er dort nicht. Endstation ist Brest-Litowsk.« »O Gott!« Ich faßte mir ans Herz. Die Stimme von Kurt aus Neustadt bebte, als er herausbringen wollte, wer denn außer uns noch im Zug säße. »Die Abteile sind voll mit russischen Soldaten, die auf

Urlaub heimfahren.« Er wußte es nicht besser. Kurz wunderte ich mich, warum es im Zug so still war. Warum sangen die Männer nicht? In Wirklichkeit handelte es sich um russische Kämpfer, die in den Ural zur Zwangsarbeit verschleppt wurden. Von Stalin zu Spionen und Verbrechern verurteilt, weil die Gefangenschaft in deutschen Lagern sie »verdorben« habe.

Der Beamte knetete, tief in Gedanken versunken, seine Nasenspitze. »Ihr müßt am Verschiebebahnhof im Berliner Westend abspringen«, fiel ihm als einzige Lösung ein, »auf der Strecke fährt der Zug langsam.« Doch wir sollten auf der Hut sein. Der Bahnhof werde von Amerikanern scharf bewacht. Nachts sei es strikt verboten, sich dort herumzutreiben. »Das werden wir schon schaffen«, mimte Kurt aus Neustadt Zuversicht. Ein Schweißtropfen hatte auf seiner Stirn eine helle Spur durch sein schmutziges Gesicht gezogen.

Als es so weit war, gab uns der Beamte einen Wink: »Schnell, raus mit euch!« Der kalte Wind biß in die Haut. Der Absprung klappte wunderbar. Noch in der Hocke drehte ich mich einmal im Kreis. Um uns herum ein Gewirr aus Gleisen, hunderte Meter weit. Und wir, klein wie zwei Mäuse, mittendrin. Wir stolperten auf ein schwach beleuchtetes Stellwerk zu, das wir in der Ferne ausgemacht hatten. Keuchend blieb ich einen Moment stehen, um Atem zu schöpfen.

In einer Bahnhofstoilette rubbelte ich mir mit Seife den gröbsten Schmutz runter, malte mir Lippenstift auf, um mich insgesamt besser zu fühlen, schüttelte Kurt aus Neustadt die Hand und machte mich weiter auf die Socken zur Villa von Siegtruds Onkel. Durch das Gitter einer Eisenpforte musterte eine ältere Dame skeptisch meinen mit

Brandlöchern übersäten Mantel. Nachdem ich die Verwandtschaftsverhältnisse zu Siegtrud aufgedeckt hatte, ließ sie mich sogleich eintreten. Der Onkel beteuerte mir, daß er in den nächsten vierzehn Tagen meine Möbel nach Tellow bringen werde.

Knechte auf Rossen, Fürsten zu Fuß

Diesmal machte der Zug Aufenthalt in Elsterverda, einem kleinen Nest. Auf dem Bahnsteig boten Leute gegen Geld ein Zimmer an. Ich schloß mich einer einfachen Frau an. Auf ihrem Plumpsklo hingen als Klopapier rausgerissene Seiten aus der Bibel. Wahllos griff ich eines der Blätter und las den Spruch darauf:

»*Das zehnte Kapitel von Obrigkeit und Untertanen: Es ist ein Unglück, das ich sah unter der Sonne, nämlich Unverstand, der unter den Gewaltigen gemein ist, daß ein Narr sitzt in großer Würde und die Reichen hienieden sitzen. Ich sah Knechte auf Rossen und Fürsten zu Fuß gehen wie Knechte. Aber wer eine Grube macht, wird selbst hineinfallen. Und wer den Zaun zerreißet, den wird eine Schlange stechen.*« Pred. Salomo, 10. Kap. 5–7

Den Zettel habe ich mitgenommen und zu Hause in mein Tagebuch eingeklebt.

Ulis Geburtstag

20. 9. 1945 Wellerswalde

Lieber Claus,

heute ist Ulis erster Geburtstag. Wie sehr habe ich gehofft, daß du heute bei uns sein würdest. Trotz dieser Enttäuschung haben wir dieses Ereignis gefeiert. Kaffee und Kuchen wurden in unserem Wohnzimmer gereicht. Nur komisch, daß die Zöschauer nicht kamen. Sie haben kurzfristig abgesagt. Die Flüchtlingskinder im Haus haben wir zu einem Kasperltheater eingeladen, es machte ihnen so viel Spaß, daß ich meinen Kummer auch etwas vergessen konnte.

Was du für eine Freude an dem kleinen Kerl hättest. Ich stelle mir vor, wie ihr beiden miteinander toben würdet. Du Armer, was wirst du dich bangen um uns. Das ist in der Gefangenschaft wahrscheinlich das schwerste, das ewige Grübeln. Uli ist mir eine große Hilfe in dieser Scheißzeit!

Der erste Geburtstag meines Kindes war der letzte Tag, an dem uns das Gut Wellerswalde noch gehörte. Zwei Monate danach habe ich mir meine ersten weißen Haare ausgerissen. Da war ich 23 Jahre alt.

Flucht und Vertreibung

Enteignung

Am Freitag holte ich mit Mutter in einem kleinen Wagen die Lohngelder bei der Bank in Oschatz ab. Als das Panje-Pferdchen uns zurück in den Hof lenkte, hatte sich einer der neuen Machthaber vor unserem Eingang aufgebaut. Noch bevor wir abgestiegen waren, ranzte er Mutter an, daß sie auf dem Gut nichts mehr zu sagen habe. Er sei der neue Verwalter.

»Weisen Sie sich erst mal aus«, entgegnete Mutter ihm. Ihre Stimme dehnte sich hochmütig. Da fingerte er ein Schriftstück aus seiner Jackentasche und hielt es uns unter die Nase. So war es also wahr geworden. Den Enteignungsbefehl überbrachte uns dieser Kerl mit seinem brav gestutzten Jedermanns-Schnauzbart, er war nicht über dreißig. »Vorläufig dürft ihr hier noch wohnen bleiben«, fuhr er mit gönnerhafter Miene fort, »wenn ihr hier was zu essen wollt, müßt ihr allerdings was dafür tun.« Hinter der Fassade des Biedermannes lauerte ein Machtmensch mit den Instinkten eines bissigen Straßenköters.

»Was haben wir wohl vorher gemacht?« blaffte ich zurück und fuchtelte wild mit der rechten Hand. Mutter stand, wie vom Donner gerührt, mit dem Blatt in der Hand am Wagen. Finster steckte sie es in ihre Handtasche, allerdings nur, um es alsbald wieder herauszuholen, erneut durchzulesen und zu untersuchen.

Ich drehte auf dem Absatz um und flitzte zu Herrn Zimmermann. »Ich weiß schon Bescheid«, sagte der Inspektor, als er mich eintreten sah. Er war genauso vor den Kopf gestoßen wie wir. Man hatte ihm zugebilligt, unter der Leitung des neuen Verwalters den Betrieb weiterzuführen. Aber Herr Zimmermann hat sich hartnäckig geweigert, am »Neuaufbau« mitzuwirken.

Es war kurz vor 12 Uhr Mittag. Meine Schwester deckte den Tisch ein. Vogi, Lütte, Mutter und ich falteten unsere Hände, als der neue Verwalter sich mit einer Ledertasche gegenüber von Mutter auf einen Stuhl plumpsen ließ. Wir übersahen ihn, so gut das eben möglich war. Meine Schwester sprach das Tischgebet. »Komm Herr Jesu ...« Und weil dieser Herr Jankowski ein Mann war, der wichtige Mitteilungen mit dem ganzen Oberkörper machte, beugte er sich so weit vor, daß er sich kraftvoll mit beiden Händen neben den Salatschüsseln abstützen mußte: »Ab heute gibt es so was nicht mehr!«

Dann nahm er seine Tasche und schüttete Hemden sowie Unterhosen auf Mutters Suppenteller. »Das wäschst du gleich für mich mit!« Sein Oberkörper wippte wieder nach vorne. Lütte hustete. Und Mutter packte in aller Seelenruhe die Sachen und schmiß sie in die Ecke. Ihren Teller samt Suppe hinterher. Hierauf lud sie sich vom Kartoffelauflauf etwas auf und griff zu Messer und Gabel. Das verschlug dem Kerl die Sprache, er klaubte seine frischbekleckerte Schmutzwäsche auf und rauschte mit zusammengekniffenen Augen in sein Zimmer. Das Essen ist kalt geworden an diesem Tag.

»Hier soll nichts mehr an euch erinnern!«

Das Pendel der Geschichte schlug zurück. Die Welt war wie umgestülpt. Die Leute stellten ihre Uhren zwei Stunden vor auf Moskauer Zeit. Und auf einmal waren wir etwas, das keiner mehr haben wollte. Das sich jeder von der Jacke schnippte wie Vogeldreck. Jede Kleinigkeit war geregelt. Wer Milch brauchte, mußte im Kuhstall misten. Wer was für seine Kinder haben wollte, sollte für den Verwalter waschen. Und so weiter und so fort.

Trotz allem haben wir noch immer nicht an unsere Enteignung geglaubt. Vielleicht weil das so unfaßbar war. Wir haben uns an die Stirn getippt: »Der Jankowski spinnt.« Mit schneeweißem Gesicht führte Mutter vor den anderen Hausbewohnern Beschwerde über die »pervertierte Anwendung dieser neuen Gesetze« und wünschte sich, in Ruhe weiterleben zu können. Ihre Worte reihten sich immer schneller aneinander – sie wirkte kraftvoll und kampfeslustig. Mit dieser Energie brachte Mutter alle Kommunisten, die mit ihr zu tun hatten, gegen sich auf. Diese Energie dürfte sie aber auch bis zuletzt vor der Ausweisung geschützt haben.

Im Morgenlicht schafften Möbelpacker das Ehebett meiner Eltern aus dem Haus. Mit einem Krach landete es auf der Ladefläche. Ein symbolischer Akt. Aber in dem Bett hatte Mutter schon lange nicht mehr geschlafen, sondern eine schlesische Flüchtlingsfamilie. Mit dieser Aktion konnten sie uns nicht treffen. Das ließ, trotz aller Bestürzung, in uns eine gewisse Schadenfreude aufkommen.

Ein paar Stunden darauf fielen andere Leute in unsere Burg ein. Sie rissen die Ölgemälde, auf denen unserer Vorfahren dargestellt waren, von den Wänden und warfen sie wie Abfall auf den Hof. Mir taten die Augen weh, als diese Schlägermützentypen die Gesichter eines Bärtigen in Ritterrüstung mit ihren Äxten zerschlugen.

Mit uns guckten unsere Arbeiter und Flüchtlingsfamilien dem Wüten zu. Einer faßte sich ein Herz: »Warum haut ihr die Bilder kaputt, das sind doch Wertsachen?« »Das muß alles weg«, plärrte so ein Kerl und holte erneut zum Schlag aus. »Diese Schweine«, schrie er den Gesichtern auf den Bildern zu, ein erschrockenes Raunen ging durch die Menge. Und er schrie weiter: »Noch wat, wat mir total ankotzt, wir sind ja ooch Menschen zweeter Klasse.« Damit zerteilte er das Antlitz meiner früh verstorbenen Ur-Ur-Ur-Großmutter. Für sie hatte Carl Julius Wilhelm von Oppel die Burg so ausgebaut, wie sie heute war. »Nein«, begehrte ich auf, aber Lütte hielt mich so fest am Arm, daß ich noch Tage später einen blauen Fleck davon hatte.

Nach der Mittagspause stellte sich ein Assistent der Gemäldegalerie in Dresden bei uns ein, er wollte die Bilder abholen. Das war ursprünglich so vereinbart gewesen. In der Anordnung zur Verteilung der Gebrauchsgegenstände in unserer Burg stand: »Es ist zu beachten, daß historische Kunstwerke (alte Möbel, Schmuck, Gemälde, Porzellan etc.) nicht zur Verteilung an die Bauern gelangen. Diese wertvollen Gegenstände ... sind auf den Gütern unter Verschluß sicherzustellen, bis eine Verfügung über den weiteren Verbleib durch die Landesverwaltung Sachsen erfolgt.«

Der Mann, ein Kunstkenner, war untröstlich, als Mutter auf die zersplitterten Reste im Hof zeigte.

Junkerland in Bauernhand

Lieber Claus,

... der neue Verwalter gebärdet sich großspurig, er schikaniert uns, wo er nur kann, und hält große Reden von wegen »Junkerland in Bauernhand«. Wir seien Verbrecher, die dank seiner Großzügigkeit human behandelt würden. Unser Verbrechen besteht darin, daß wir Großgrundbesitzer sind.

Mutter hatte keine Aufgabe mehr. Sie rauchte noch mehr als sonst, sprang mal hier, mal dort in die Bresche. Lütte blieb in der Küche. Und ich wurde großzügig von unserem Verwalter als Sekretärin »angestellt«, weil er selber von Tuten und Blasen keine Ahnung hatte. Als erstes diktierte er mir seinen Lebenslauf in die Maschine: »Geboren in Oberschlesien, Volksschulbildung, Landwirtschaftslehre, Mitglied der kommunistischen Partei seit 1927. Nach der Machtübernahme Hitlers im Untergrund gelebt, 1936 nach Rußland emigriert, dort Schulungen und nun wieder in Deutschland.«

Vom ersten Tag in Wellerswalde an hatte dieser Mensch sich mit unseren Dorfkommunisten vernetzt. Die spielten sich nun wie die Herren auf und versuchten unsere Leute gegen uns aufzustacheln. »Unterstützt diese Ausbeuter nicht!« Und denjenigen, die nicht gleich spurten, wurde das Messer an die Kehle gesetzt: »Jeder wird hier genau beobachtet.« Es wurde geschrien bis zur Sprachlosigkeit. Nicht die Worte zählten dabei, nur die Gewalt des Schreis. Wer am lautesten schrie, hatte gewonnen.

... plötzlich sind wir Untermenschen. Man muß froh sein, daß man an seinem eigenen Tisch noch geduldet wird. Die arme Mutter tut mir so leid. All die mühevollen Jahre, vergebens. Ein ganzes Lebenswerk, dahin. Hergelaufen, wie diese Leute sind, durch Betrügereien, Terror und dunkle Geschäfte groß geworden, haben sie keinen Sinn für Heimat, Recht und Ordnung. Aber mit den Mitteln, die sie anwenden, werden sie nicht weit kommen. Das haben wir schon bei den Nazis gesehen. Ohne rechtliche Grundlage funktioniert so ein System auf Dauer nicht. Ich glaube, wenn du hier wärst, du hättest dem Kerl schon längst ins Gesicht geschlagen.

Über Feiglinge und Verräter

1. 10. 1945 Wellerswalde

In diesen Tagen habe ich erneut viele traurige Erfahrungen gemacht. Fast alle Menschen, die bisher zuverlässig zu uns gehalten haben, haben sich als Feiglinge erwiesen und können ihre Habgier nicht verbergen. Wo man vertraut hat, ist das Vertrauen gebrochen worden. Die wenigen Treuen wie Herr Zimmermann, Hardi und Frau Kutsche leiden mit uns und werden ebenso schikaniert wie wir.

Man sagt, daß Feigheit ansteckend sei. Selbst die Mädchen, mit denen ich mich auf dem Heuboden verborgen hatte, machten einen Bogen um mich. Wir haben das zur Kenntnis genommen. Im Grunde respektierten die Arbeiter unsere Mutter nach wie vor als Oberhaupt, auf der anderen Seite haben sie uns unseren Besitz aber nicht gegönnt. Was mein bisheriges Menschenbild anbelangte, verbitterte ich ein Stück weit. Andererseits schärfte das den Blick für die Guten.

Den Vertriebenen in unserem Haus hatte man neben dem weiteren Wohnrecht ein Stück von unserem Land in Aussicht gestellt. Vermutlich hatten auch sie bereits im Hinterkopf, was sie sich alles von unserem Inventar unter die Nägel reißen könnten. Sie erkannten in unserer Enteignung ihre Chance. »Damit bringen wir euch wieder in Lohn und Brot«, garantierten ihnen die Kommunisten. Aber den meisten Beschenkten fehlte es an Maschinen, an Werkzeug und an Wissen.

Diese Menschen waren der Traum einer jeden Regierung. Sie waren zufrieden, wenn sie etwas zu essen hatten. Sie waren zufrieden, wenn es Strom gab. Sie waren zufrieden, wenn sie nicht umgebracht wurden.

Montage der Eisenbahnschienen

Jeden Morgen knatterten russische LKWs durch Wellerswalde. Vor allem Frauen wurden hinten auf der Ladefläche zur Bahnstrecke Leipzig-Dresden gekarrt. Bisher war ganz Sachsen zweigleisig gewesen. Auf Anordnung der Regierung sollte ein Strang abgebaut werden. Die Schienen verschickte man zur Verbesserung der Infrastruktur nach Rußland.

Beschäftigt mit den Sekretariatsaufgaben und meinem Kleinkind, hatte ich eine gutes Ausrede, um an diesem Vorhaben nicht teilnehmen zu müssen. Mutter und Lütte dagegen wohnten dem Schauspiel bei. Mit hochroten Gesichtern schindeten sich die Leute, um die zehn Meter langen Gleisstücke vom Boden zu lüpfen. Nach einer Weile setzten sich die Schlauen hinter dem nächsten Busch ab. Den russischen Wächtern war das gleichgültig, solange die andere Hälfte die Aufgabe erledigte.

Mittags waren Mutter und Lütte, ohne Schwielen an den Händen, wieder zu Hause. Mit der Zeit bekam man Routine im Umgang mit dieser Obrigkeit.

Affentheater

18. 10. 1945, Wellerswalde

Lieber Claus,

heute spielte sich wieder ein großes Affentheater ab, unsere Kühe und Schafe wurden an die Bauern aufgeteilt. Damit die Junker sie bei einem erneuten Umschwung nicht wieder kriegen. Ich sehne mich direkt nach Tellow. Wenn nur der Onkel von Siegtrud bald wegen meiner Möbel käme. Die zwei Wochen sind schon zweimal vorbei.

In der Sattelkammer blieben meine Blicke an Herrn Kutsches Livree haften. Einst hatte Hardis Vater meine Eltern mit schwarzem Zylinder und schwarzem Frack herumkutschiert. Ich nahm ein Messer und schnitt die silbernen Knöpfe mit unserem Wappen drauf der Reihe nach vom Mantel ab. »Die kriegt ihr nicht, die werft ihr nicht auf den Misthaufen«, murrte ich.

Mit allen Mitteln wollte ich auch verhindern, daß meine Möbel verschütt gingen. Die handbemalte Bauernküche, der Biedermeierschreibtisch, das gedrechselte Kinderbettchen mit dem weißen Himmel, in dem schon mein Mann als Baby geschlummert hatte. Jedes Stück steckte voller Erinnerungen. An meine Kindheit und daran, daß Claus, Uli und ich einmal eine Familie gewesen waren. Ich wandte mich an den Großbauern Hensel: »Kann ich bei dir in der Scheune meine Sachen unterstellen?« Er war ein ordentlicher Mensch, einer, der nach allem, was geschehen war, die Kommunisten genausowenig leiden mochte wie wir.

Meine Schwester und Herr Zimmermann halfen mir, am hellichten Tag Stühle, Schränke und Tische auf den Anhänger zu laden. Das war gegen die Vorschrift. Uns gehörte ja nichts mehr. Aber mir war das schnurzegal. Hauptsache, ich rettete mein Hab und Gut. Vom Bauern Hensel, so hoffte ich, könnte es Siegtruds Onkel immer noch nach Tellow schaffen.

Noch bevor mich die ersten Sonnenstrahlen an der Nase kitzelten, war das Versteck verraten. Der Dorfkommunist vom Drescherhof stellte meine Möbel bei sich in der Wohnung auf. Fortan war es der Familie von Oppel nicht mehr genehmigt, sich frei zu bewegen. Einige Bewohner in unserem Haus haben sich die Hände gerieben: »Jetzt bricht eine neue Zeit für uns an.« Alles, was uns etwas wert gewesen war, hatten wir verloren.

Man setzt sich in irgendeine Ecke und wartet auf den nächsten Horror.

Nachricht vom Vater

»Wo ist Frau von Oppel?« Im Oktober fand sich eine Lumpengestalt im Flur ein, seine Hüftknochen stachen wie scharfe Kanten aus der Hose hervor. Es war ein einfacher

Soldat, der ein Schreiben von Vater überbrachte. Er habe Karl von Oppel in Ausschwitz kennengelernt. Unser Vater sei krank. »Aber er kommt bald nach Hause«, betonte der Mann.

Mutter hatte Mühe, die krakelige Schrift zu entziffern. »Ich bin todkrank und werde demnächst sterben«, waren Vaters letzte Zeilen. Sie hatte Lütte und mir laut vorgelesen. Als Mutter endete, blickte sie auf, als wäre sie gar nicht da. Weit weg, an uns vorbei, in die Ferne, hinter die Hügel, die Wälder und Seen. Sie blickte versonnen und angespannt zugleich angesichts der Bilder des Schreckens, die in ihrem Inneren hochstiegen.

Erst der Schock durch die Enteignung, dann auch noch diese Hiobsbotschaft. Doch es blieb keine Zeit, seine Gedanken zu ordnen. Da keine weitere Nachricht von Vater folgte, klammerte Mutter sich an den letzten Strohhalm: »Ihr wißt, Euer Vater sieht gerne schwarz. Bestimmt lebt er und ist nach Sibirien transportiert worden.« Stabsoffiziere wurden in der Regel zu 25 Jahren Zwangsarbeit verurteilt.

Was sich in Konzentrationslagern wie Auschwitz abspielte, haben uns erst hernach im Westen die Amerikaner beigebracht. Sie haben uns gezwungen, Filme darüber anzusehen. Für uns war unfaßbar, daß man derart mit Menschen umgehen konnte.

Im selben Monat, in dem wir die Karte erhalten hatten, verfaßte die Dorfkommission, darunter unser »Oberkommunist«, im Auftrag der neuen Regierung Angaben zur Person unseres Vaters. In der Nachschau liest sich das wie ein trauriger Nachruf:

Wellerswalde, den 24. 10. 45

Charakteristik
Über den Besitzer des Rittergutes Wellerswalde
Carl von Oppel
Betreffender hat sich politisch nicht betätigt, war aber für ein freies Deutschland begeistert, was auch seine Stellung als Reserve-Offizier erklärt. Für seine Mitarbeiter hatte er nicht viel übrig und für ihre Nöte hatte er wenig Verständnis. Gesellschaftlich hatte er keinen Verkehr und im Orte hatte er weder Freunde noch Feinde.

Erste Nachricht über Claus

Claus lebte. Es gab genügend Indizien, die darauf hinwiesen. Mit einigen Kameradenfrauen meines Mannes stand ich in ständigem Kontakt. Im Oktober erhielt ich aus Niedersachsen einen Brief von einem gewissen Wilhelm Busch, er war vor seiner Offizierslaufbahn Schuldirektor gewesen und würde später den PEN-Club mitbegründen. Busch war Claus nahe gekommen, nachdem mein Gatte nach Frankfurt an der Oder versetzt worden war.

Gronau, 10. 10. 1945

Liebe gnädige Frau,

Ihr Brief an meine Frau vom 16. September hat uns erreicht, und ich kann ihn selbst beantworten. Ich wünschte, ich könnte Ihnen nun auch Positives über Ihren Gatten vermelden, leider weiß ich über seinen Verbleib aber nichts. Doch der Reihe nach.

Die schweren Kämpfe um Frankfurt an der Oder began-

nen nach dem 20. April, als im letzten Augenblick, direkt vor Schließung des kleinen Ringes, der Festungscharakter fiel und ihr Gatte und auch ich in der Division Biehler weiterhin zusammenblieben.

Die verlustreichen Kämpfe am Scharmützelsee und anderweitig davon bei Großeichholz haben wir gut überstanden. Am 28.4. wurden wir in den »Durchbruch« der 9. Armee eingefädelt ... Mehrere Offiziere unseres Stabes hielten in dem wüsten Durcheinander zusammen, darunter ihr Gatte, Oberleutnant Heser, Major Reinhold und ich. In der folgenden Nacht kamen wir aber doch auseinander. Von uns vieren verloren wir zuerst Oberleutnant Heser ...

Bei einem plötzlich starken Artillerieüberfall, beim Durchschreiten des Südausganges des Städtchens Halbe, in der Frühe des 29 April kam ich von den beiden Herren ab, denn nach der Schießerei fand ich weder ihren Gatten noch Major Reinhard wieder. Trotzdem ich noch lange Zeit nach ihnen suchte. Ich glaube deshalb versichern zu können, daß beide nicht unter den zahlreichen Toten und Verwundeten waren.

Wohin sie sich aber von Halbe aus wandten? Ich selbst mußte eine größere Kampftruppe übernehmen, mit der ich die Reichsautobahn Königswusterhausen/Dresden erreichte. Auf der Betondecke Blut, Öl und Benzin. Von meinen rund 1200 Mann gingen aber nur 150 mit über die Bahn, der Rest ließ sich gefangennehmen. Im Raume Barüt habe ich die letzten Kämpfe mitgemacht. Ich bin dabei auch noch leicht am Kopf verwundet worden. Dann kam der Befehl: »Nach Westen durchschlagen.« Das ist mir auch gelungen. Bei Wittenberg ging ich über die Elbe, bei Dessau über die Mulde. Auch der Amerikaner hat mich nicht erwischt. So kam ich Anfang Juni nach Hause ...

Ich arbeite jetzt als Landarbeiter auf einem benachbarten Gut, da ich aufgrund meiner Parteizugehörigkeit aus dem Schuldienst entlassen worden bin.

Von den »Erlebnissen« jenseits der grünen Grenze habe ich selbst einiges gesehen. Es ist grauenhaft. Um so mehr wünsche ich Ihnen, daß sich Ihr Gatte recht bald melden möchte. Ich rechne damit, daß er dort in Gefangenschaft gekommen ist. Wäre er hier im Westen, hätte er wohl schon Gelegenheit gehabt, es mich wissen zu lassen. Sie müssen also damit rechnen, daß er drüben sitzt. Vielleicht ist inzwischen schon Nachricht von ihm gekommen.

Das wünscht Ihnen mit herzlichem Gruß

Ihr ergebener Wilhelm Busch

Marmelade aufputzen im Pfarrhaus

Geräuschlos hat Lütte die Tür des Herrenzimmers hinter sich zugezogen. Mit halblauter Stimme weihte Mutter uns ein, daß sie in dieser Nacht einige Vorräte beiseite schaffen wollte. Pfarrer Albrecht stellte dafür seinen Keller zur Verfügung. Sowie das letzte Licht im Haus verloschen war, schleppten wir mit Herrn Zimmermann körbeweise Marmeladegläser, eingemachtes Gemüse, ein paar Schmalztöpfe und die Rohwolle von einem Schaf in den Keller vom Pfarrhaus. Drei oder viermal mußten wir laufen, bis alles verstaut war.

48 Stunden lang behielten wir die Zuversicht, daß niemand davon Wind bekommen hatte. Dann platzte der »Oberkommunist« aus Wellerswalde mit seiner Bande in unser Wohnzimmer herein. Die Lippen schmal wie eine Linie, engstehende Augen unterm braunen Filzhut. Dieser

Mann hatte die Fähigkeit, die Temperatur im Raum innerhalb von Sekunden zu senken. »Ab ins Pfarrhaus!« knurrte er und warf uns einen scharfen Blick zu.

Beim Anblick im Keller wich uns das Blut aus den Gesichtern. Die Marmeladengläser kaputtgeschlagen, die Wurst in die Wolle geschmiert, die zermanschten Lebensmittel übersät mit Scherben. »Das könnt ihr jetzt saubermachen«, röhrte der »Oberkommunist«. Seine Backenmuskeln standen heraus wie dicke Drähte.

Während wir auf den Knien mit Lappen und Besen in der Hand herumrutschten, trieben die vier Genossen von der Treppe aus ihren Spott mit uns: »Jetzt sehen die feinen Damen auch mal, was Arbeit ist.« Sie hatten den Pfarrer gezwungen, beim Aufputzen zuzusehen. »Wie können Sie sich auf die Seite von solchem Volk schlagen?« donnerte der Chef, ein einstiger Bergwerkarbeiter, ihn an. Pfarrer Albrecht straffte sich. »Ich habe nur meine Christenpflicht getan. Ich habe Leuten geholfen, die nichts mehr haben.« Ihm war die ganze Situation unerträglich.

Selbstmordversuch

Denunziation und üble Nachrede hatten sich in unserem Gemäuer, wie zuvor die Parasiten an unserem Körper, eingenistet. Weiß der Teufel, wer das nächste Getuschel in die Welt gesetzt hatte. Mitten auf dem Hof bezichtigte der neue Verwalter unsere Mutter des Diebstahls: »Rücken Sie die hundert Zentner Roggen wieder heraus!« Arbeiter, die gerade Werkzeuge auf einen Wagen luden, schäumten: »Eine verdammte Sauerei ist so etwas!« Einer spuckte ihr vor die Schuhe.

Mutter blinzelte ein wenig traurig, ein wenig sehnsüchtig in die Herbstsonne. Ich stand gerade vorm Turm, als sie mit großen Schritten, den Blick zu Boden gewandt, an mir vorbei die Treppe hocheilte. Es wirkte, als ob eine Gefangene Abschied vom Tageslicht nähme, bevor sie in ein schwarzes Verlies abtaucht. Es war unverkennbar, was sie vorhatte.

Lütte raffte ihren langen Rock und rannte hinter ihr her. »Laß sie doch«, krächzte ich wie ein alter Rabe. Ich war selber so verzweifelt, daß ich Mutter verstehen konnte. Vielleicht war es das Beste so. Es müßte etwas sehr Friedliches sein, so dazuliegen und für ewige Zeiten zu träumen. Dann gab es nichts mehr, um das man sich Sorgen machen müßte.

Einer unserer schlesischen Mitbewohner hatte alles mitverfolgt, er setzte den beiden Frauen nach. Zusammen mit meiner Schwester schaffte es der Mann, sie von der Zinne herunterzureißen. Lütte hat mir später davon erzählt. Mutter verbarg ihr Gesicht in den Händen, ihre Schultern zuckten, ihr heftiges Schluchzen war wie ein Keuchen. Es war das erste und letzte Mal, daß die Burgherrin im Beisein anderer die Fassung verloren hat. Als sie unten erschien, hatte sie sich wieder gefangen. Wir haben danach über diese Sache nie mehr ein Wort verloren.

Lieber Claus,

es war so entsetzlich, die Verzweiflung dieser Frau zu sehen. Es gibt auch keinen Trost. Wellerswalde war doch ihr Leben!

Von Stunde zu Stunde wird es unerträglicher. Tagtäglich neue Schikanen.

Erst heute haben wir erfahren, daß sich die Zöschauer an Ulis Geburtstag in den Westen abgesetzt haben. Des-

halb sind sie nicht auf meine Einladung hin erschienen. Als Antwort auf ihre Flucht werden viele Gutsbesitzer im Umkreis verhaftet und in Lager verschleppt.

Nachdem das Kriegsende die Verwandten aus Zöschau und uns auseinandergewirbelt hat, haben wir uns, wenn auch nicht aus den Augen verloren, so doch auseinandergelebt.

Der Haftbefehl

Am 23. Oktober mittags trat unser Bürgermeister Guckland, ein verläßlicher Mann, keineswegs mit den Roten verbündet, in die Küche. Ich legte Uli gerade eine Windel an, als meine Schwester mich nach unten bestellte. Vor dem Herd hielt mir Bauer Guckland einen weißen, DIN-A4-großen, mit Schreibmaschine betippten Zettel entgegen.

»Ich habe einen Haftbefehl«, sagte er, »für dein Kind, deine Schwester und dich. Morgen holen sie euch ab. Seht zu, daß ihr wegkommt!« Mutter werde in dem Schreiben nicht erwähnt, aber da könne noch etwas nachkommen. Vielleicht dürfte sie auch bleiben. In diesem System gab es keine Logik. »Mehr kann ich für euch nicht tun«, schloß unser Helfer, bevor er uns wieder den Rücken zukehrte. Das Zimmer war still. Niemand bewegte sich darin.

»Wie kommen wir weg?« Lütte starrte mich mit einer Art steifer Neugier an. Wir mußten so geschwind wie möglich aus Wellerswalde raus, ohne irgendwelchen Verdacht zu erwecken. »Kein Problem, ich werde unserem Verwalter was vorlügen«, beschloß ich. Meine Stimme klang ganz beiläufig, als wär's ein schöner Tag, als würde niemand von uns jemals hinter Stacheldraht gesperrt werden.

Unserem neuen Oberhaupt im Hause schwante noch nichts von unserer bevorstehenden Verhaftung. »Meine Schwiegermutter ist krank geworden, ich muß nach Tellow fahren«, machte ich ihm weis und ersuchte um Urlaub für mich und Lütte, da ich mit Kleinkind und Gepäck schlecht alleine reisen könne. Gelangweilt schnodderte er: »Ich bin ja froh, wenn ihr endlich abhaut. Laßt euch hier bloß nicht mehr blicken.«

Er gestattete Hardi sogar, uns mit Pferd und Wagen an den Bahnhof zu bringen. Ich stopfte Kleidung, Toilettenartikel und Windeln für das Kind in den Koffer. Außerdem die silbernen Knöpfe von Herrn Kutsches Livree, eine Silberhaarbürste meiner Patentante und einen alten Dosenöffner. Stumm ging das alles vonstatten, in fiebernder Eile. »Vielleicht ist das Leben in Tellow einfacher.« Als Mutter uns das sagte, konnte man dabei zusehen, wie sie innerlich austrocknete.

Laub wirbelte durch die Straßen, und bis ins Frühjahr würden Nebel, Regen und Schnee das Land im Griff haben. Ich weiß nicht, ob ich zu diesem Zeitpunkt an eine Rückkehr nach Wellerswalde glaubte. Ob ich überhaupt irgend etwas dachte. Ich hatte nur das Überleben meines Kindes im Sinn.

»Alles Gute«

Am Oschatzer Bahnhof nahm Hardi mir Uli ab. Ihm ging das alles sehr nahe. »Wir werden uns schon mal wiedersehen«, habe ich zu ihm gesagt. Hardi vermochte meinen Blick nicht zu ertragen und senkte die Lider. Er wartete noch ab, bis wir mit dem Bahnhofsvorstand gesprochen hatten, dem die Oppel-Familie bestens bekannt war. Bei ihm hatten die Eltern regelmäßig Fahrkarten bestellt und unsere Milch angeliefert.

Der Zug nach Leipzig ging erst um 6 Uhr morgens. Unser alter Bekannter witterte gleich, daß etwas nicht stimmte. »Wenn ihr wollt«, grübelte er, »könnt ihr in der Schalterhalle übernachten.« Für sein Angebot waren wir ihm sehr dankbar. Als Hardi fort war, das Licht ausging und sich der Schlüssel im Schloß herumdrehte, setzten Lütte und ich uns neben der Fahrkartenausgabe auf den Boden. Mit dem Fuß rollte ich den Kinderwagen hin und her.

»Hier sind wir auf jeden Fall sicher«, redeten wir uns gegenseitig Mut zu. Stille. Das ruhige Ein- und Ausatmen des Kindes »Hoffentlich finden sie uns nicht«, sagte Lütte mit gedämpfter Stimme in die Dunkelheit, die Arme um die Knie. »Wenn es geht, bleib ich bei dir in Tellow«, fuhr sie fort. Ich war so froh, daß sie mich begleitete. Mitten in der Nacht flüsterte meine Schwester: »Hoffentlich verhaften sie Mutter nicht.« Schlafen klappte nicht.

Im Morgengrauen wünschte uns der Bahnhofsvorstand alles Gute für unsere Reise. Zwei Stunden nach unserer Abfahrt hat die GPU Mutter abgeholt.

Bahnhöfe

Nach dem Krieg sammelten sich an den Bahnhöfen die Entwurzelten. Ziellos vagabundierte die Menschheit auf der Suche nach einer Bleibe durch die Gegend. Entlassene Soldaten in grauen Uniformen bahnten sich ihren Weg zwischen Frauen, Kindern und alten Leuten. Überfüllte Eisenbahnen transportierten tagtäglich Tausende deutscher

Flüchtlinge in Richtung Westen. Fremde halfen Fremden. Man war unter lauter Gleichgesinnten.

Die Verpflegung von Kindern war gut organisiert. Es war sogar möglich, vor Ort Wäsche zu waschen. In Magdeburg lotste uns eine Rot-Kreuz-Schwester vom Zug in einen Bunker, der umfunktioniert worden war für Mutter und Kind. Dutzende Stockbetten reihten sich aneinander. In der dritte Etage teilten Uli und ich uns eine Matratze.

Wir hatten uns gerade aufs Ohr gelegt, als Lütte sich von hinten zu mir nach vorne durchschlängelte. »Wir müssen vorne am Eingang ein Formular ausfüllen.« Brummelnd bat ich die Frau unter mir, ein Auge auf mein Kind zu haben. Als ich wiederkam, wimmerte mein Sohn blaß auf dem Bett. Einen kalten Umschlag auf der Stirn. Der Hemdenmatz war kopfüber aus dem dritten Stock nach unten auf den Betonboden gestürzt.

Die ganze Nacht brüllten Babys um uns herum. Uli blieb ruhig, er hatte sich eine schwere Gehirnerschütterung zugezogen.

Kartenlegen

Die Trassen, immer wieder geflickt, erlaubten nur ein gemächliches Tempo. In Stendal zog ich an den Gleisen das abgegriffene Kartenspiel meiner Großtante, der Hofdame, aus dem Rucksack. Während ich Damen und Buben sorgfältig sortierte, fiel mir ein, wie meine Großtante damit Patiencen in unserem Garten gelegt hatte. »Bei schönem Wetter liebte es Queen Victoria, in einem zweirädrigen Ponywagen auszufahren.« Sie hatte ihre Stimme gehoben und gesenkt wie eine Großmutter, die die Märchenstunde besonders spannend gestalten wollte. »In Begleitung eines riesigen indischen Sikhs rollten wir durch die Parkanlagen des Schlosses von Gotha.« Vor meinen Kinderaugen waren jedesmal edelsteinbesetzte Gewänder aufgeglitzert, ich hatte Purzelbäume auf Sofas aus Goldbrokat geschlagen.

Gedankenverloren begann ich meiner Schwester auf den Betonplatten die Karten zu legen. Das hatte mir Schäfer Rothes Frau einmal beigebracht. »Bald wird dein Leben eine andere Wendung bekommen ...«, prophezeite ich Lütte. Neben uns wehten Ulis Windeln im Wind. Es dauerte nicht lange, da umstand Lütte und mich eine Menschenmenge. Den Leuten sah man deutlich an, daß sie nicht auf der Sonnenseite des Lebens standen, eine Aura von schäbiger Trostlosigkeit umgab sie.

»Kannst du mir auch die Zukunft voraussagen?« Eine hochgewachsene, etwas verwahrloste Brünette blickte mich mit verschwollenen Augen an. Sie wollte wissen, ob sie jemals wieder nach Hause käme. Von jedem weiteren Flüchtling habe ich eine Zigarette verlangt. Davon konnte man nie genug haben. Flugs habe ich herausgehabt, wie man die Leute ausfragen konnte, ohne daß sie etwas davon merkten. Im Grunde teilten sie mir vorher mit, was ich ihnen hinterher aus den Karten lesen sollte. Da sorgte sich ein achtundzwanzigjähriger Soldat um den Verbleib seiner versprengten Verwandten. »Werde ich sie wiederfinden?« Aus dem Pik-As habe ich für ihn herausgelesen, daß es in wenigen Wochen so weit sein würde.

Ich habe jedem etwas Positives mit auf den Weg gegeben. Die Leute waren zufrieden, und Lütte und ich schauten so selbstverständlich in ihre fremden Gesichter, als hätten wir Besuch in unserer Küche. Mit den letzten Sonnenstrahlen nickten wir erschöpft vor der Gepäckausgabe ein, Uli mit seiner blaugrünen Stirn an meiner Brust.

Es gibt immer einen Ausweg

Mitten im Tiefschlaf schüttelte mich meine Schwester. »Es geht weiter!« Vielfach zwängten sich bis zu achzig Menschen in einem Güterwaggon, dreißig waren ursprünglich dafür vorgesehen. Auf den Boden war eine dünne Schicht Stroh gestreut, aber der Platz war zu begrenzt, um sich hinzusetzen. Mir war ganz schwindelig vor Müdigkeit. Der Zug zuckelte über die Elbe-Brücke, die mittlerweile notdürftig zusammengeflickt worden war.

Hinter Wittenberge drosselte die Lok ihr Tempo und blieb mit einem Mal ganz stehen. Im nächsten Augenblick schoben sich die schweren Türen mit einem Kreischen auf. Bewaffnete Russen rückten uns auf den Leib, rissen die Taschen am Boden auf und den Leuten die Mäntel vom Leib runter. Niemand sagte etwas. Lütte und ich neigten die Köpfe zueinander und atmeten kaum. Ein Greis sank nieder wie ein Toter, bis zur Unterwäsche ausgeplündert, verlaust, von Hungerödemen und der Ruhr gezeichnet.

»Niemand darf uns jetzt noch etwas wegnehmen«, wühlte es in mir. Und mich durchfuhr so etwas wie eine Eingebung. Mit einem Ruck riß ich den schlafenden Uli aus seinem Wagen und kniff ihn fest in den Po. Der Arme stimmte ein so ohrenbetäubendes Gebrüll an, daß die Männer um Lütte und mich einen Bogen machten. Egal, wie tief man im Schlammassel steckte, es mußte immer einen Ausweg geben.

Die Bande haute ab und machte sich über den nächsten Waggon her.

Ankunft in Tellow

In Tellow erschrak ich über das Aussehen meiner Schwiegereltern. Die Kümmernisse der letzten Wochen hatten sich beiden tief ins Gesicht gegraben. Verhärmt und um Jahre gealtert wirkten sie. Erst muffelte die Schwiegermutter wegen Ulis verbeultem Aussehen herum, hinterher darüber, daß der Junge mit einem Jahr noch nicht reden konnte und statt dessen mit Brennholzstückchen um sich warf. »Ist das normal?« sorgte sie sich. Aber es dauerte nicht lange, bis sie sich über die Anwesenheit des Kleinen einfach freuen konnte. »Stimmt's? Er sieht aus wie unser Claus«, heischte sie in einem fort um das anerkennende Nicken ihres Mannes.

Von meinem Liebsten noch immer nichts Neues. Die Stimmung war gedrückt. Jeden Tag rechnete mein Schwiegervater mit der Enteignung. Lütte und ich guckten uns betroffen an. Daß wir auch hier in einen Irrgarten geraten würden, hatten wir nicht einkalkuliert. Vorsorglich hatte der alte Herr Alwardt schon Papiere, Lebensmittel, auch ein kleines Schwein zum Bruder von Tante Mietze geschafft.

Die Schwiegermutter war am Jammern. »Wie soll das werden, wenn wir auch noch Schwiegertochter und Enkelkind mit nach Hohensprenz bringen?« Ihr Gatte wies sie barsch zurecht: »Es ist selbstverständlich, daß Christa bei uns bleibt.« Er hatte gute Kontakte und die Hoffnung, außerhalb der 30-Kilometer-Zone, aus der sich alle Gutsbesitzer entfernen mußten, eine Pachtung zu ergattern. »Wir werden schon wieder Fuß fassen«, bemühte er sich uns zuversichtlicher zu stimmen.

Schon nach zwei Tagen war meine Schwester wieder auf dem Absprung. Sie wollte sich bei ihrer Freundin Elfriede, einer Lehrertochter, in Merkwitz verbergen. »Von dort aus kann ich die Lage in Wellerswalde erkunden«, sagte sie. Der Nachbarort war zwar nur drei Kilometer entfernt, aber von Dorf zu Dorf herrschten andere Gesetze. Lütte zog ins Ungewisse, keiner wußte, was unterdessen zu Hause wieder passiert war. Worin ich Hilfe fand? Kann sein, daß ich gebetet habe.

Enteignung in Tellow

An den
Herrn Bürgermeister
der Gemeinde
Tellow

Bei meiner gestrigen Kontrolle habe ich festgestellt, daß sich der frühere Besitzer von Tellow – Alwardt – noch im Dorf befindet und in seinem Schlosse wohnt. Alwardt ist sofort zu entfernen. Auch ziehe ich meine Zusage in bezug auf die Pachtung der Büdnerei in der Nähe von Tellow zurück. Alwardt hat sich sofort mindestens dreißig Kilometer von seinem Wohnort zu entfernen.

Möbel und Inventar sind ihm zu belassen, damit er sich eine bescheidene Existenz aufbauen kann, einen Tisch, paar Stühle, ein Bett für ihn und seine Frau, was auf einen Wagen geht mit zwei Pferden, mehr nicht. Morgen mittag um zwei Uhr komme ich zur Kontrolle. Wenn Herr Alwardt noch auf dem Schloß ist, muß er dasselbe ohne Besitztum sofort verlassen.

Der Landrat des Kreises Güstrow
Gez. Quandt

Am 3.11.1945, sechs Tage nach meiner Ankunft, erhielt der Schwiegervater den Befehl, Tellow binnen 24 Stunden zu verlassen. Selbst wenn wir es gewußt hatten, versetzte uns die vollendete Tatsache noch mal einen harten Schlag. So war der Mensch eben geartet. Solange das Beil noch in der Luft schwebte, klammerte man sich an die Hoffnung. Egal, wie unberechtigt sie war. Diese ganze Art und Weise unserer Abschiebung empfand ich als furchtbar demütigend. Und der alte Alwardt war doch ein so stolzer Mann, aus Leib und Seele Landwirt.

Die Schneeflocken waren nach ihrem wirbelnden Tanz durch die frostige Nacht zur Ruhe gekommen. Der Wagen stand schon bereit, nur die Pferde mußten noch vorgespannt werden. Mit Hilfe der Jägerfrau luden wir Zuckersäcke, ein Faß mit Butterschmalz, Schinken und Fleischkonserven auf. Irgendwo dazwischen klemmte auch der Schuhkarton mit der Asche von Tante Mietzes Mann. Oben schnürte der Schwiegervater einen Verschlag mit einer Gans fest. Das Gefährt war leicht überladen.

Zu dritt zwängten wir uns vorne auf die Sitzbank. Uli nahm ich auf den Schoß. Über seine dunklen Locken hatte ich eine Mütze tief ins Gesicht gezogen. Der Kutscher schnalzte mit der Zunge. Gegen die Kälte half ein Fußsack aus Lammfell. Ich spürte an meinem Knöchel etwas Hartes und angelte es mit der Hand heraus. »Was ist das denn?« wunderte ich mich. Es war ein Siegelring, den mein Schwiegervater vor Jahren verloren hatte. »Das ist ja heute ein Glückstag«, spaßte er. Aber es war ein bitteres Lachen, ein anderes hatte er nicht mehr.

Der Weg war weit. Der Empfang kühl.

Kühler Empfang

Wir fuhren durch die stillen Straßen, vorüber an stillen Seen, an Häusern im verschwommenen Schein von Straßenlaternen. Durch dicke Nebelvorhänge. Der Mond stand über uns am Himmel, als vor uns in dem reetdachgedeckten Bauernhaus ein neugieriges Licht erwachte. Wir kamen unangemeldet. Hans Narjes trat mit seiner Frau Inga, gefolgt von einer alten Bäuerin in den Hof. Im Hintergrund versammelte sich die Flüchtlingsfamilie Pardun aus Posen mit ihren vier Kindern, sie hausten in einem Zimmer im Erdgeschoß.

Tante Mietzes Bruder und meine Schwiegereltern kannten sich gut, ihre Begrüßung fiel etwas herzlicher aus als die mit mir und meinem Sohn. Tante Mietze selbst war mit Typhus in eine Klinik eingeliefert worden. Die alte Kräuterhexe, die dem Ehepaar Narjes ihr Bauernhaus verpachtet hatte, machte aus ihrer Abneigung uns gegenüber überhaupt kein Hehl: »Was wollen die denn noch bei uns?«

Zwischen Inga und mir herrschte von Anbeginn an eine Kluft. Mit verächtlicher Miene strich sie sich übers Haar, das hinten nur unordentlich zusammengeknotet war und vorne in Strähnen hing, als hätte sie versucht, es mit einer Gabel zu sortieren. Auch wenn ich genausowenig Geld wie diese junge Frau für einen Friseur und neue Kleider hatte, legte ich Wert auf ein gepflegtes Erscheinungsbild. Das hatte meiner Meinung nach etwas mit Würde zu tun. Mein Aussehen gefiel ihr wohl nicht.

»Ihr könnt auf dem Dachboden bleiben«, sagte Inga und bemühte sich nicht um die Nuance eines freundlichen Tonfalls. Dem Schwiegervater war das sehr unangenehm, er lenkte ein: »Wir haben unsere Lebensmittel dabei, wir werden euch nicht zur Last fallen.«

9. 11. 1945 Hohensprenz/Mecklenburg

Lieber Claus,

... nun leben wir bei Freunden deiner Eltern in Hohensprenz. Sie nahmen uns nur sehr ungern auf ...

Als wir das letzte Mal Tellows Fluren gekreuzt haben, dachte ich nur an dich, mein Liebster, da auch du in diesem Augenblick deine Heimat verloren hast. ... Diese Wirklichkeit ist so unfaßbar, daß sie mir nur wie ein böser Traum erscheint. Es wird wohl noch lange dauern, bis ich das begriffen habe.

Im Moment hat sich meiner eine gräßliche Sturheit bemächtigt, aber das ist wohl im Moment das einzig Vernünftige, sonst würde ich durchdrehen. In Kürze muß wieder Recht entstehen. So eine furchtbare Schlamperei kann nicht lange dauern. Denn jedes neue Verbrechen schwemmt altes Unrecht nach oben wie ein Stein den Unrat in einem Tümpel.

In Hohensprenz mache nun auch ich das Flüchtlingsleben durch. Ich lebe aus Koffern und finde nichts.

Hier war die Welt sehr einfach, eine Hauptstraße, ein paar Geschäfte und Gehöfte drumherum. Das Nest schmiegte sich malerisch an den Sprenzer See mitten in der Mecklenburgischen Seenplatte. Hinter jedem Fenster waren Heimatlose einquartiert.

Inga Narjes hatte uns genau die Ecken zugeteilt, wo wir was hinstellen durften. Ihr Mann verteidigte uns seiner Frau gegenüber, wenn mal wieder vor lauter Meckern auf ihren Wangen knallrote Flecken aufflammten: »Laß doch die armen Leute in Ruhe!« Den Ärger darüber hat sie bei anderer Gelegenheit an mir ausgelassen. »Verwöhnte Göre«, mäkelte sie, wenn niemand in ihrer Nähe war. Ich habe bei Haus- und Feldarbeit angepackt, aber sie fand an allem etwas auszusetzen.

Während die Schwiegermutter mit ihrem eigenen Schmerz beschäftigt war und nicht viel von dem gewahr wurde, was um sie herum vor sich ging, litt der Schwiegervater unter Ingas Ablehnung. Seit unserer Ankunft wirkte er sehr in sich gekehrt. Er, der Kavalier der alten Schule, der Frauen seit Kindesbeinen an geehrt hatte, fand keine rechten Worte mehr. »Wenn er nur endlich was zur Pachtung findet.« Von dieser Aussicht beflügelt, hangelte ich mich von einem Tag zum nächsten.

Lieber Claus,

… um meine Mutter mache ich mir große Sorgen. Ob sie überhaupt noch lebt? Sie war so tapfer, als wir abfuhren. Keiner weiß, ob wir alle uns jemals wiedersehen. Ist die Welt denn nur noch aus Gräßlichem zusammengesetzt? Ach, Liebster, wenn wenigstens du ein Lebenszeichen von dir geben würdest. Wenn ich an deiner Brust liegen könnte, dann wäre alles gut. Komm doch endlich heim, ich brauche dich so sehr.

Zweite Nachricht über Claus

Die Scheiben waren beschlagen vom Schneeregen, als mich ein zweiter Brief von Wilhelm Busch, dem Kameraden meines Mannes, erreichte. In der Hoffnung, daß er noch etwas in Erfahrung bringen würde, hatte ich weiter mit ihm korrespondiert …

15. 11. 45

Sehr geehrte Frau Alwardt,

... wenn ich Ihnen auch nichts bestimmtes über Ihres Gatten Schicksal schreiben kann, so doch über unser Zusammensein bis zum 29. April in der Frühe.

Am 23. oder 24. April fiel der Festungscharakter Frankfurt an der Oder. Unter üblen Umständen konnten wir uns noch herausschlagen. Harte Kämpfe am Scharmützelsee setzten sich für uns in nordwestlicher Richtung fort, bis der Befehl zum Durchbruch der 9. Armee, der wir unterstanden, nach Westen kam. Der Durchbruch war aber nicht mehr als ein planloser Versuch und mißlang deshalb auch.

Bis zum frühen Morgen des 29. Aprils blieben Major Reinhold, Ihr Gatte und ich zusammen. Oberleutnant Heser war uns in Halbe mit ein paar anderen Kameraden ein paar Stunden vorher in dem Kampfgetümmel abhanden gekommen. Wie das möglich war, kann nur verstehen, wer das Durcheinander in der Dunkelheit miterlebt hat.

Noch im Morgengrauen des 29. Aprils gerieten wir im Städtchen Halbe in einen heftigen Artillerieüberfall. Nachdem der Angriff vorüber war, habe ich Ihren Gatten und Major Reinhold nicht mehr gesehen. Mein Rufen verhallte unter den Hunderten von Menschen und in dem Gefechtslärm. Ich hatte kein Verbandszeug mehr, um die Verwundeten zu versorgen. Eines kann ich versichern, unter den Gefallen und Verwundeten meiner näheren Umgebung waren beide Herren nicht ...

Ich bin nun als Landarbeiter tätig und habe so das Notwendigste zum Leben. Mit den anderen Kameraden aus Frankfurt/Oder habe ich noch keine Verbindung, da mir meine sämtlichen Privatpapiere von den Russen genommen wurden.

Ihnen wünsche ich ein tapferes Herz, damit Sie die Zeit der Ungewißheit meistern. Sie müssen wohl annehmen, daß Ihr Mann das Schicksal der meisten Kameraden des AOk 9 (das ist diese Abteilung) teilt und Gefangener ist.

Ihnen gnädige Frau herzliche Grüße
Ihren Schwiegereltern meine Empfehlungen
Ihr ergebener Wilhelm Busch

Nachdem ich beiden Alwardts in unserer Dachkammer den Brief laut vorgelesen hatte, stand für die Schwiegermutter fest: »Claus wird in nächster Zeit bei uns sein.« Und der Schwiegervater betonte: »Geduld, wir müssen viel Geduld haben.«

26. Geburtstag von Claus

24. 11. 1945 Hohensprenz

Lieber Claus,

heute hast du deinen 26sten Geburtstag. Von dir kein Brief, dafür aber einer von Mutter. Sie ist verhaftet worden, konnte aber im Menschengemenge vor dem Bahnhof, wo sie mit vielen anderen zusammen in Waggons verladen werden sollte, entwischen. Sie hat sich hinter einen Bus gerollt. Erst bei sinkender Sonne traute sie sich nach Hause. Seither hat man Mutter in Ruhe gelassen.

Dein kleiner Uli krabbelt um meine Füße. Ist es nicht unvorstellbar, daß für dieses Kind ein Haftbefehl besteht? Das sind rosige Zeiten, wenn schon einjährige Kinder wegen Zugehörigkeit zum Junkerstand eingesperrt werden sollen.

Hoffentlich hat man Mutter inzwischen nicht wieder festgenommen. Hoffentlich lebst du noch. Du siehst, ich hoffe weiter. Wenn ich das nicht täte, wozu hätte mein Leben noch Sinn? Ich gehöre zu dir, und ein Leben ohne dich ist für mich kein Leben.

Zu deinem Geburtstag will ich alle schlechten Gedanken fahren lassen, und nur voll Liebe zu dir sein. Ich habe Pfeffernüsse gebacken, und eben haben Uli und ich uns ein gemütliches Kaffeestündchen gemacht, auch der kleine Klaus Narjes war dabei. Er legte vor dein Bild eine Pfeffernuß und sagte: »Uli, das ist für deinen Papi.« Könnte das gemütlich sein, wenn du da wärst! Wir holen es nächstes Jahr nach. Und das nicht zu wenig. Weißt du noch? Wie glücklich wir voriges Jahr in Züllichau waren?

Vor deinem Bild brennt eine selbstgemachte Bienenwachskerze. So stark wie die Flamme ist, so soll auch dein Leben sein. Halt die Ohren steif, du liebster, alter Lausebengel. Gott schütze dich in deinem neuen Lebensjahr.

In unsagbarer Sehnsucht
dein Peterle.

Claus hatte mich immer Peterle genannt, wegen eines Schlagers, den er so gerne mochte: »Peterle, mein liebes Peterle ... «

Auf dem Pulverfaß

Ende November 1945. Eine Gardine bauschte sich am zugigen Fenster, und lockere Aschenflocken stoben im Aschenbecher auf. Der Schwiegervater öffnete und schloß ruhelos die Hände. Abwesend tastete er nach seinen Zündhölzern und einer Zigarette. Nach einem Augenblick sagte der alte Herr fast flüsternd: »Ich fühle mich nicht wohl, ich sitze hier auf einem Pulverfaß.« Immerhin war er Ortsbauernführer in der NSDAP gewesen. Das könnte ihm nun zum Verhängnis werden. »Was sollen wir bloß tun, Christa«, lamentierte die Schwiegermutter. Sie war wie ein kleines hilfloses Mädchen.

Nichtstun und Däumchen drehen konnte ich nie gut ertragen. »Wie wär's, wenn ich nach Schwerin zum Herrn Warnke fahre?« Ich beugte mich auf meinem Stuhl ein wenig vor und war in Gedanken schon beim Fahrkartenschalter. Herr Warnke hatte, bevor er zum Ersten Vizepräsidenten und Innenminister in Mecklenburg aufgestiegen war, das Dach vom Kuhstall in Tellow gerichtet. Mein Schwiegervater und er hatten sich sehr geschätzt, die Zusammenarbeit hatte beiden Männern Spaß gemacht.

Daß der tüchtige Handwerksmeister jahrelang Kommunist gewesen war, hatte er meinem Schwiegervater natürlich tunlichst vorenthalten. »Daß der jetzt Vizepräsident ist?« Mein Schwiegervater schüttelte ungläubig den Kopf.

Als ich am nächsten Morgen in Schwerin den Klingelknopf an einem kleinen Häuschen drückte und mich mit Namen vorstellte, begrüßte mich Frau Warnke überschwenglich: »Ach, Sie kommen von den Alwardts!« Ihr Mann war ein kräftiger Kerl mit offenen Augen, im Alter meines Schwiegervaters. Nachdenklich folgte er meinen Schilderungen. »Alle mecklenburgischen Gutsbesitzer werden demnächst nach Thüringen in Lager verschickt«, öffnete er mir die Augen, »Ihr Schwiegervater muß so schnell wie möglich das Land verlassen.«

»Aber wo soll ich hin? Ich habe ein kleines Kind«, bat ich Warnke um Rat. Fürsorglich drückte er meine Hand. »Dir passiert nichts. Deine Schwiegereltern sollen in den Westen gehen und sich dort eine Wohnung suchen. Von da können sie dich nachholen. Bis dahin stehst du unter meinem persönlichen Schutz.« Ich erkundigte mich, ob ich das schriftlich haben könne. Nein, das ginge nicht. »Aber du kannst dich darauf verlassen.« Was blieb mir anderes übrig.

Das Eisloch im Fenster

Dezember 1945. »Ihr müßt weg, sonst werdet ihr verhaftet!« Mit dieser Botschaft aus Schwerin habe ich meine Schwiegereltern aufgescheucht. Über das Leben in den Lagern haben wir uns keine Illusionen gemacht. Ein Onkel von mir, der vom ersten Tag an die Nationalsozialisten abgelehnt hatte, ist zweieinhalb Jahre nach Ende des Krieges im Konzentrationslager Buchenwald elendig gestorben. Bis heute weigern sich auch nachfolgende Generationen, diesen unschuldigen Toten neben den anderen Opfern ein Denkmal zu setzen.

Die Schwiegereltern bereiteten unverzüglich ihre Flucht in den Westen vor. Herr Alwardt nahm Kontakt mit einer Nichte in Göttingen auf, die bei den Alliierten dolmetschte. »Kommt rüber«, spornte die Verwandte ihn an, »ich helfe euch.« In der Hektik schaffte sie es aber nicht, eine Zuzugsgenehmigung für die Alwardts aufzutreiben. So blieb ihnen nur der Weg über die grüne Grenze offen. Der Übergang an der sowjetischen Zone war stark bewacht. Aber es gab einige Schlupflöcher, durch eines davon wollten die beiden entkommen.

Sie packten ein, was sie tragen konnten. Der Schwiegervater zwängte noch einen Schinken zwischen Hosen und

Hemden. Schweigend drückten wir uns im Dachzimmer. Die Schwiegermutter schniefte wohlerzogen leise in ihr Taschentuch. »Es wird schon werden«, sagte der alte Herr Alwardt zu mir, aber seine Stimme klang anders. Uli, der von allem nichts verstand, begann zu heulen.

Die Fensterscheiben unterm Dach waren mit Eisblumen übersät. Ich wischte mit dem Jackenärmel ein Loch frei. So konnte ich die beiden Alten im Schnee sehen, beladen mit ihren Rucksäcken, über den Hof stapften. Mein Schwiegervater drehte sich noch einmal um und winkte mir zu.

Einsiedler in Hohensprenz

Hohensprenz lag langgezogen wie ein Schlauch. Am Ende der Hauptstraße befand sich die Poststelle. Genau genommen ein Haus mit einem winzigen Zimmerchen, in dem eine nette ältere Dame entschied, ob der Tag gut oder schlecht anfangen würde. Jeden Vormittag um zehn Uhr bin ich dorthin spaziert und habe nach einem Brief von meinem Mann gefragt.

Die Postfrau schüttelte die grauen Locken hinter ihrem Tisch. »Frau Alwardt, es ist wieder nichts.« Einmal hielt sie eine Karte zwischen den Fingern. Sie war von einem Oberst an eine andere Flüchtlingsfrau im Ort gerichtet. »Sehen Sie«, zwinkerte sie mir aufmunternd zu, »es kommen laufend Briefe aus der Gefangenschaft.«

Lieber Claus,

... inzwischen bin ich zur Einsiedlerin geworden, die Schwiegereltern sind nach Westen gezogen. Sie haben mir viele Lebensmittel dagelassen. Ich habe mehr als genug, manchmal schäme ich mich dafür. Uli und mir stehen aber keine Lebensmittelkarten zu, weil wir enteignet sind. Wir sind ja Verbrecher, das vergesse ich manchmal. Ich hoffe, daß ich demnächst in den Westen nachfolgen kann, denn in Hohensprenz gibt es keine Zukunft für mich.

Ich lebe hier für unseren kleinen Sohn und in Erwartung auf dich. Ich führe ein recht gemütliches Leben, wenn nur die Beunruhigung um all die Lieben nicht wäre. Hoffentlich sind deine Eltern gut angekommen. Nach wie vor habe ich auch keine Nachricht aus Wellerswalde. Was ist mit Lütte und Mutter? Wie geht es Kai, Ehrenfried und Vater? Ob dieser Zustand des Wartens noch lange dauert?

Mit der Zeit legt man sich ein dickes Fell zu. Große Gefühle gibt es nicht mehr, man nimmt die Dinge, wie sie kommen. Pläne machen hat sowieso keinen Zweck. Ich freue mich an meinem lieben Bengel, lese, stricke, schreibe und kümmere mich den Teufel um die Welt, die so traurig aussieht.

»Verpflegungsmäßig sieht es traurig aus«

Vizepräsident Warnke hatte mich dazu angeregt, bei der Gemeinde wegen einer Lebensmittelkarte vorzusprechen. »Status hin oder her«, hatte er gesagt. Aber das zuständige Fräulein wies mir gleich wieder die Tür. »Da muß erst einer sterben. Wir haben nur ein bestimmtes Kontingent.« Mit Geld konnte man nichts mehr erwerben.

Lieber Claus,

verpflegungsmäßig sieht es traurig in Mecklenburg aus. Für eine Woche wird pro Person ein Viertel Brot ausgegeben. Davon sollen die Vertriebenen leben, die anders als ich keinerlei Vorräte besitzen. Feldbestellung geht folgendermaßen: der Acker wird leicht gepflügt, zum Abschluß wird noch mal mit einer Egge drübergekratzt. Dann kommt die Saat rein, fertig ist der Lack. Das ist russische Kultur.

Jeden Tag teilte mir Inga eine bis auf den Strich genau abgemessene Portion Milch für das Kind zu. Ich fütterte gerade Uli, als sie mit ihren Holzpantinen die Treppe hochschlurfte. »Frau Alwardt«, meckerte sie los, noch bevor sie im Zimmer war, »so geht es nicht weiter, Sie nehmen immer meine Milch, und ich bekomme nichts dafür.« »Was wollen Sie haben?« kundschaftete ich vorsichtig aus. »Ich möchte Butterschmalz!« Sie deutete auf ein Faß in der Ecke. »Das ist unsere letzte Reserve«, verteidigte ich meinen Besitz.

Eisern rechnete mir die Hausherrin vor: »Für 14 Liter Milch bekomme ich ein Kilo Butter.« Ich überlegte. »Sie haben zwanzig Kühe im Stall. Ich melke am Tag vier Kühe, pro Kuh geben Sie mir einen Viertel Liter Milch ab.« Ich könne zwar nicht melken, schränkte ich ein, aber Frau Narjes könnte es mir ja beibringen. Mit einem spöttischem Zug um den Mund blickte sie auf mich herab. »Sie feine Dame werden das nie lernen.« Inga konnte sehr schnippisch sein.

Kurzentschlossen setzte ich Uli in sein Gitterbett und ging mit erhobenem Kopf in den Stall hinunter. Inga schob sich den Schemel unter den Po und machte mir mit ihren flinken Fingern vor, wie man die Milch aus den Zitzen strich. Zuerst war das für mich sehr anstrengend. Aber die Hausherrin zeigte sich baß erstaunt über den vollen Behälter, den ich am Ende vorweisen konnte: »Das hätte ich jetzt nicht gedacht.« Ein vages Lächeln bewegte die Winkel ihrer Lippen.

So erhielt ich weiter meine Milch, und Inga war mit einem Schlag wie umgewandelt. Es dauerte gar nicht so lange, da waren wir befreundet, haben alles miteinander geteilt und den Haushalt zusammen geschmissen. Ingas Kinder kümmerten sich um Uli. Hans Narjes war erleichtert, daß es so ausgegangen war. Nur der alten Bäuerin paßte der neue Burgfrieden nicht.

Wer in diesem Winter nicht verhungert ...

Lieber Claus,

... wer in diesem Winter nicht verhungert, der tut es im nächsten. Flüchtlinge sind jetzt noch schlimmer dran als Viecher, denn die haben wenigstens was zu fressen. Die Hornhaut um einen herum muß weiter wachsen, damit man all das verdauen kann. Allein wenn man diese vollgesoffenen Russen und die 75 Prozent Deutschen sieht, die es mit ihnen halten. Da kann einen das große Kotzen ankommen.

In allen Orten wütete der Flecktyphus. Die Betroffenen litten unter Magenkrämpfen, hohem Fieber und blutigem, sehr wäßrigem Durchfall. Der Körper wurde durch den Flüssigkeitsverlust stark geschwächt. Diese Art von Typhus wurde nicht nur durch Luft und Berührung, sondern auch durch Läuse übertragen. Im Nu war der ganze Leib mit dunklen Flecken übersät. Mit jedem Tag breitete sich die Seuche schneller aus. Zuerst faßte sie nach den Leuten mit dem schwächsten Immunsystem, das waren die Heimatlosen.

Wir gingen zwar noch raus auf die Straße, mieden aber größere Gruppen. Angst. Überall Angst. Bei der Familie Pardun im Erdgeschoß gingen andere Flüchtlinge ein und aus. Bakterien. Überall Bakterien. Alles, vom Toilettendeckel zur Türklinke bis hin zum Treppengeländer, wischten wir mehrmals am Tag peinlich akkurat ab. Wir schrubbten uns ständig die Hände, aßen nur gewaschenes Obst. Kübelweise beschafften wir uns aus dem Dorfladen Desinfektionsmittel.

Herrgott, gibt es gar keine Hilfe? Ich zweifle manchmal, daß es noch einen Herrgott gibt.

Russische Weihnachtsüberraschungen

19. 12. 1945 Hohensprenz

Lieber Claus,

von Ehrenfried und Kai ist endlich Nachricht da! Kai ist in Hamburg bei seiner Frau Elsbeth, die einen kleinen Jungen namens Wolf bekommen hat. Ehrenfried ist im Getümmel der Ardennenoffensive in amerikanische Gefangenschaft in Frankreich geraten. Was haben wir uns um den Jungen gesorgt. Aber kein Mensch weiß, wann er heimkommen wird. Und wo soll er hin?

Draußen in der Welt sieht es trostlos aus. Momentan

fährt kein Zug, es kommt keine Post. Das sind die russischen Weihnachtsüberraschungen. Hier sterben im Schnitt täglich drei Flüchtlinge an Unterernährung.

In dieser Nacht träumte ich von meinem Mann. Er hatte mir eine Nachricht geschrieben: »Ich bin in China!« Mir fiel die Klappe: »Was macht er bloß in China?« Das war so weit weg, unerreichbar weit weg. Auch ein zweiter Traum wiederholte sich. Darin kehrte Claus aus der Gefangenschaft heim. Für einen Augenblick durchflutete mich von den Zehenspitzen bis zum Haaransatz das Glück. Aber dann kam der andere Augenblick, der immer danach kam. Kurz bevor sich unsere Lippen berührten, bin ich wach geworden. Da dachte ich: »Das war wieder ein Gruß von ihm ...«

So war das. Tagsüber quälte die Sehnsucht, nachts die Träume.

Tante Mietze kommt aus der Typhus-Klinik

Tante Mietze galt als vom Typhus geheilt. Hans Narjes und ich haben sie aus der Klinik in Matgendorf abgeholt. Ich bin nicht mit hineingegangen, ich blieb lieber bei den Pferden. Das umgerüstete Gutshaus war belegt bis zur letzten Besenkammer, für Neuaufnahmen war kein Platz. Wie ich die 56jährige, gestützt auf ihren Bruder, die Treppen hinunterschwanken sah, überzog mich ein Schauer. Ihre teuren Kleider schlackerten um den ausgemergelten Leib. Ihr Gesicht wie Kalk, als hätte die Krankheit alle Farbe aus ihr herausgesogen.

»Schön, daß wir dich wieder unter uns haben«, begrüßte ich sie herzlich, ohne ihr jedoch die Hand zu reichen. Tante

Mietze lächelte. Ihre Augen waren noch matt. »Haltet lieber noch Abstand von mir«, beeilte sie sich zu sagen und schöpfte Atem von der ungewohnten Anstrengung. Auf den Anhänger hatten wir Stroh gestreut, dort konnte sie auf der Heimfahrt liegen.

In Hohensprenz bestand Inga darauf, daß ihre Schwägerin bei mir im Dachzimmer unterkommen sollte. Das Bett hatte sie gegenüber von Ulis und meinem aufgebaut. Mir wurde übel bei der Vorstellung, daß meine neue Mitbewohnerin uns noch anstecken könnte. Diese aggressive Art von Typhus übertrug sich auch nach einer Genesung noch monatelang. »Fasse den Uli nicht an«, quengelte ich ihr die Ohren voll. Sie hat das verstanden.

Um die Gefahr einer Ansteckung zu vermeiden, benutzten wir für unsere Geschäfte jede einen eigenen Eimer. Jeden Morgen habe ich ihn auf den Misthaufen entleert. Jeden Tag habe ich das Zimmer ausgewaschen und desinfiziert. Eines Vormittags, ich wrang gerade den Lappen überm Eimer aus, durchbohrte mich ein stechender Schmerz im Unterbauch. »Jetzt geht es bei mir los«, war ich sicher.

Trotz dieser Beschwerden trugen mich meine Füße auch diesen Morgen zur Poststelle. »Mein Bauch tut so weh«, klagte ich der Postfrau vor. Die patente Dame packte mir statt eines Briefes eine handvoll Äpfel aus ihrem Garten in meine Tasche und riet mir, diese gerieben zu mir zu nehmen. Sie begleitete mich nach draußen und wusch sich dort die Hände am Brunnen.

Mich hatte die Seuche nicht erwischt, und auch Tante Mietze blühte dank der verbliebenen Vorräte rasch wieder auf. Sie war ganz närrisch mit meinem Kleinen. »Ganz der Claus«, sagte sie und hielt das glucksende Kerlchen mit beiden Armen hoch vor ihr Gesicht. Tante Mietze hatte ein müdes Gesicht, aber sobald sie sprach, steckte in jeder Falte dieses heitere Leuchten. Eigentlich lachte sie fast immer. Sie lachte sogar dann, wenn sie von schrecklichen Dingen aus der Typhus-Klinik erzählte.

Schwerkranke Menschen mit hohem Fieber seien in Matgendorf stundenlang splitternackt dagelegen, um entlaust zu werden. Einigen Patienten hätten die Schwestern Spritzen gesetzt. Sie ließen die Kranken sterben, weil sie zuviel Arbeit machten. Ein acht Monate altes Kind hätten sie zu seiner stark fiebernden Mutter gesteckt. Da verweilte es, ohne Pflege, ohne Zuwendung. Manchmal sei es auf den Fußboden des ungeheizten Raumes gerollt und wäre dort wohl liegengeblieben, wenn nicht ein Patient seine letzten Kräfte zusammengenommen und es wieder hochgehoben hätte.

24. Geburtstag von Christa

Lieber Claus,

... und heute bin ich mit Geburtstag an der Reihe. 24 Jahre habe ich auf dem Buckel. Auf meinem Nachttisch brennt dasselbe Licht, das ich zu deinem Geburtstag angezündet hatte. Wenn es dir nur so gut geht wie mir. Neben mir duftet ein herrlicher Kuchen, den Inga mir heute nacht gebacken hat. Ein Blumenstrauß steht neben deinem Bild.

Uli beißt mit seinen zwei Zähnchen in einen Apfel. Das Stübchen ist warm, was will ich mehr in dieser gräßlichen Zeit, in der Tausende verhungern und erfrieren. Deine Eltern sind gut über die Grenze gekommen und bekamen mit der Hilfe deiner Cousine Jutta eine kleine Wohnung bei

Göttingen. Hoffentlich finden sie in nächster Zeit einen Broterwerb.

Auch aus Wellerswalde habe ich einigermaßen beruhigende Nachrichten. Unseren Verwalter Jankowski haben sie verhaftet, er hat anscheinend krumme Touren geschoben. Mutter, Lütte und die Gräfin von Schweinitz haben Zimmer in unserer Burg zugewiesen bekommen. Und jede hat, wie alle anderen Vertriebenen, jeweils fünf Hektar Land zugeteilt bekommen. Sie haben es so gedreht, daß ihr Land auch mit dem von Herrn Zimmermann zusammenliegt.

In meiner Heimat scheint einigermaßen Ruhe eingekehrt zu sein. Es gibt es einen kleinen Neuanfang. Nichts wünsche ich mir sehnlicher zu meinem Geburtstag als deine Wiederkehr und die Rache für das Unrecht, was auf dieser Welt geschieht.

20 000 RM kostete das zugeteilte Stück Erde. Da niemand etwas besaß, sollten die Schulden dafür nach und nach abgestottert werden. Für diese Art der Landverteilung hatte ich Verständnis. Aber wie man uns behandelt hat, das habe ich nicht verstanden.

Weihnachtsmorgen 1945

24. 12. 45

Lieber Claus,

nun ist Heiligabend herangekommen. Mitten im ekeligen Rußland wirst du sein. Wenn ich heute auch allein bin, ist die Erinnerung an voriges Jahr doch so lebendig, daß ich auch in diesem trostlosen Jahr Weihnachtsstimmung fühlen werde. In Züllichau haben wir unseren ersten Weih-

nachtsbaum miteinander aufgestellt. Im nächsten Jahr werden wir wieder zusammen feiern. Unser erstes Treffen wird der herrlichste Tag in meinem Leben sein.

Für Ingas Sohn Kläuschen habe ich aus Holz einen Rollerwagen mit zwei Pferden gebastelt, damit der Kerl auch mal eine Freude hat. Erst werden wir unten mit der anderen Flüchtlingsfamilie feiern. Danach stellen Inga und ich den Baum in meinem Zimmer auf. Das wird sicher nett, wenn auch manchmal traurige Gedanken aufsteigen. Ich werde deine Nähe spüren.

Weihnachtsabend

Für unsere kleine Feier nahmen wir fünf Kerzen mit zu den Parduns. Die Zimmerwände hatte die fromme Bauersfrau mit Bögen tapeziert, auf denen die JU 52 abgebildet war. »Toll sieht das aus«, lobte ich sie. Diese Hunderte von Paketbriefmarken hatte die alteingesessene Posenerin auf der Flucht in einem Straßengraben gefunden und mitgenommen. Ihr Mann stand hinter seinen vier Kindern. Der Bub hatte scharf den Scheitel nach rechts gekämmt, die Mädchen trugen stramme Zöpfe und grüßten mit Knicks.

Wir sangen »Stille Nacht«, die klare Stimme der ältesten Tochter so innig, hernach habe ich ein Gedicht vorgelesen. Der kleine Klaus Narjes hat vor jedem Spruch eine Kerze angezündet. Es war sehr feierlich.

Lebensmittelkarte

»Wie wird es weitergehen?« Diese Frage lastete schwer auf unseren Gemütern. Wer den Mächtigen unliebsam auffiel, verschwand bestenfalls ins Gefängnis. Wir waren wegen unseres Standes bedroht, aber wir ließen uns nicht gehen. »Machen wir das Beste draus, so kann das ja nicht ewig weiterlaufen.« Die Entschlossenheit von Tante Mietze machte mir Mut, noch mal im Gemeindebüro eine Lebensmittelkarte einzufordern.

Typhus sei Dank, diesmal hatte ich Glück. Über den Namen des Toten »Karl Hogmann« kritzelte das Fräulein vom Amt »Christa Alwardt«. Wie mein Vorgänger fiel ich unter die Kategorie »Sonstige Bevölkerung« und erhielt somit als Tagesration 200 Gramm Brot, 10 Gramm Nährmittel, 30 Gramm Marmelade und 15 Gramm Zucker.

31. 12. 1945 Hohensprenz

Lieber Claus,

heute ist unwiderruflich der letzte Tag dieses verdammten Jahres 1945. Nichts Gutes hat uns dieses Jahr gebracht. Begonnen mit meiner Flucht aus Züllichau, der Russeneinfall, die Enteignung – es nahm einfach kein Ende mit dem Schrecken.

Möge mit dem Beginn eines neuen Jahres, auch eine bessere Zeit anbrechen. Ich will das alte Jahr hinter mich werfen und nur noch nach vorne sehen.

Da habe ich geweint, das erkennt man an der verschmierten Tinte.

Beerdigungen

Je stärker der Typhus den Ort in seinen Würgegriff nahm, desto argwöhnischer beäugte man einander. Die Menschen im Ort starben wie die Fliegen. Matgendorf war wegen Überfüllung geschlossen. Unser Trinkwasser holten wir eimerweise im Hof aus dem Brunnen. Jeder aus dem Haus benutzte die Pumpe. Meine Haut an den Händen war schon ganz rauh vom ständigen Abrubbeln mit der Seife. Über kurz oder lang erwischte es auch welche in unserem Haus.

Die Familie Pardun siechte in ihrem Zimmer. Sie waren ärmer als wir und durch den ständigen Hunger entkräftet. Morgens und abends schoben wir ihnen etwas zu essen auf den Fußabstreifer. »Kommt ihnen bloß nicht zu nahe«, ängstigte Tante Mietze uns. Durch die verschlossene Tür habe ich mit ihnen gesprochen, das Holz berührte ich dabei nicht: »Wie geht es euch?« Es dauerte, bis neben röhrenden Hustern ein paar Worte zurückkamen.

Das Lied vom großen Tod

22.1.46

Ich will Euch singen das Lied vom Tod,
der wandert jetzt ohne Enden
vom Morgen- bis zum Abendrot
und erntet mit vollen Händen
im Land zwischen Elbe und Oder.

Er schreitet über Berg und Tal
Und holt sich die Reichen und Armen.
Seine Ernte ist groß und ohne Zahl,

er kennet kein Erbarmen
im Land zwischen Elbe und Oder.

In seinem Gefolge sind Hunger und Pest
Als seine getreuen Kumpanen.
Sie tragen hinein auch ins kleinste Nest
Die schwarzen Todesfahnen.
Im Land zwischen Elbe und Oder.

Der große Tod geht übers Land
Wie in alten, grauen Zeiten.
Er erntet mit gierig packender Hand
Die Saat, die seine Freunde bereiten
Im Land zwischen Elbe und Oder.

Heiho, der Tod hält Erntefest,
Auf Brüder, die Fidel gestimmet
Auf Bruder Hunger, auf Bruder Pest,
Die Sanduhr langsam rinnet!

Heiho, zum Tanz mit Typhus und Ruhr,
Ihr Menschen, ihr Armen und Reichen,
es läuft jetzt ab des Lebens Uhr,
hört Ihr der Fideln Streichen?

Ums Haus weht wild der Winterwind
Und drinnen weint ein kleines Kind
»O Mutter gib mir Brot!«
Heiho, der Hunger draußen steht,
Vom wilden Wind das Haar verweht:
»Was Brot, mein Kind, Du hast verlor'n,
zu Schnaps verbrennt der Russ' das Korn!

Komm mit, komm mit aus deinem Nest,
Heiho, der Tod hält Erntefest!«

Dies ist das Lied vom großen Tod,
der wandert jetzt ohne Enden
vom Morgen- bis zum Abendrot
und erntet mit vollen Händen
im Land zwischen Elbe und Oder.

4.2.46

Lieber Claus,

vorgestern starb hier im Haus die älteste Tochter der Parduns an Typhus. Ein Arzt war nicht zu kriegen, und die Gemeindeschwester mußte erst im Laden ihrer Eltern Butter verkaufen, ehe sie sich bequemte, der Neunjährigen eine Spritze zu geben, was aber keinen Zweck mehr hatte.

Von der sechsköpfigen Familie im Haus sind bisher vier krank, ein siebenjähriges Mädchen versorgt die Fiebernden und kocht. Sie und die vierjährige Schwester legen sich abends zu den Kranken aufs Stroh und decken sich mit ihren Decken zu. Alle sind total verlaust. Das ist Flüchtlingsleben im neuen demokratischen Deutschland.

Um 15 Uhr war die Beerdigung angesetzt. Als ein paar Bekannte hinkamen, um dem Kind die letzte Ehre zu erweisen, waren die Totengräber schon dabei, das Grab zuzuschaufeln. Sie waren kurz zuvor mit einer anderen Leiche fertiggeworden, da haben sie das Mädchen gleich mit eingebuddelt. Der Pastor hatte Konfirmandenstunde, deshalb keine Zeit für einen Segen. Wer soll sich aufregen? Mutter, Vater und Geschwister sind selber schon Todeskandidaten.

Beerdigungen gehen in diesen Zeiten folgendermaßen

vor sich: Die Leiche wird in einem Leihsarg aus dem Haus geschafft und ins Leichenhaus gebracht. Der Sarg wird ins Grab versenkt, die Leiche durch den Boden auf die Erde fallengelassen. Der Sarg wird sofort vom Friedhof zur nächsten Leiche gebracht. Dieses Geschäft bringt dem Tischler einen guten Verdienst.

Die Flüchtlinge, die für einen Verleih kein Geld übrighaben, und das sind viele, werden in einem großen Papiersack oder gleich nackt zwischen den Steinen verscharrt. Manchmal zu fünft oder sechst in einer Kuhle.

Ich selber hatte nicht den Mut, auf den Friedhof zu gehen. Vielleicht schwirrten zwischen den Grabsteinen Bazillen herum. Eine Familie hat mir hernach von der Bestattung berichtet. Wenige Tage darauf ist Frau Pardun dem Mädchen in den Tod gefolgt. Kurz danach der kleine Junge. Der Vater betreute die zurückgebliebenen Kinder alleine. Er war ein ruhiger Mensch, der nicht aus sich herausgegangen ist.

Überspannte Nerven

Mit ihrem Bettzeug unterm Arm stellte uns Inga vor vollendete Tatsachen: »Ich schlafe jetzt auch bei euch.« Man wußte doch so schon kaum mehr, wo man in dieser Bude seinen Fuß hinsetzen sollte. Tante Mietze hat mir nicht verraten, was zwischen Inga und ihrem Mann vorgefallen war. Aber es bedurfte keines besonderen Scharfsinns, um herauszufinden, daß die beiden nicht gerade innig ineinander verliebt waren. Inga hat jedoch weiter gemeinsam mit Hans den Stab in der Landwirtschaft geführt, sie hat nie ein schlechtes Wort über ihn verloren.

Lieber Claus,

das Leben ist ein großes Geduldsspiel. Mein Zimmer ist der Tummelplatz für die Familie Narjes. Es gibt am Tag keine Minute, in der ich allein bin. Was soll bloß werden, wenn du eines Tages hier auftauchst? Ach, dann gehen wir zusammen in den Kuhstall, damit wir allein mit uns sein können. Ach Liebster, ein Kuß von dir und noch mehr, wie schön wäre das.

Meine Nerven sind so überspannt. Die Schwiegereltern schreiben ständig nur kurz. Sie wissen, daß jeder Brief zensiert wird. Dazu die Ungewißheit um dein Schicksal, das zerreibt.

Bevor ich in den Westen gehe, möchte ich Nachricht von dir haben. Ich hoffe, daß der Suchantrag, den ich kürzlich bei Mitarbeitern der russischen Organisation »Roter Halbmond« losgelassen habe, Erfolg hat. Ob der Vorgang allerdings jemals bearbeitet wird, das steht in den Sternen.

Nun will ich schlafen, du wirst bei mir sein, wie jede Nacht. Ich werde mich eng an dich schmiegen, und deine Arme werden mich fest umschlingen. Du, mein liebster Mensch auf der ganzen Welt.

Der Schwiegervater hatte für mich in Göttingen eine Zuzugsgenehmigung beantragt. Zufällig hatte auf dem dortigen Landratsamt der Schwager der Gräfin von Schweinitz die Fäden in der Hand. Ohne Beziehungen würde ich nicht in das mit Vertriebenen überlaufene Lenglern kommen.

Wellerswalde stirbt

Unser geliebtes Wellerswalde starb einen langsamen Tod. Die Kommunisten sorgten dafür, daß nichts so blieb, wie es war. Wie die Geier stürzten sie sich auf alles, was ihnen wenig Mühe und viel Profit brachte. Die alten Eichen und Buchen an den Wegrändern haben sie umgeschlagen. Um Möbel und Inventar im Haus entbrannten wahre Schlachten, jeder wollte ein Stück vom Kuchen abhaben. Das Wild auf den Fluren wurde abgeknallt, die Gärten verwüstet, die Teiche abgelassen.

Inmitten der »Neusiedler« fristeten Mutter und Lütte noch einige Wochen ihr Dasein, jeden Tag mit ihrer Verhaftung rechnend. Wie Vogis Mann, Graf von Schweinitz, der nach seiner Rückkehr aus der Gefangenschaft eingesperrt wurde, weil er lautstark gegen die Schweinereien der Führung gewettert hatte. Allein die Aussicht, vielleicht doch noch etwas von Wellerswalde für die Familie erhalten zu können, ließ Lütte und Mutter ausharren.

Am 9. Dezember hatte eine Einwohnerversammlung im Gasthof Wellerswalde stattgefunden. Tagesordnungspunkt: *»Die Ausweisung von Frau von Oppel, ihrer Tochter und Graf von Schweinitz.«* 90 Einwohner waren anwesend. Unter Punkt 3 hielt der Protokollführer über unseren Schafmeister Rothe fest: *»Der Angeschuldigte äußert, daß selbiger sich bald fortmache und nichts mehr Aufrührerisches sagen wolle.«* Unter Punkt 4: *»Es wurde abgestimmt mit: 7 Stimmen für Ausweisung, 81 für Nichtausweisung, 2 ungültig. Also, käme eine Ausweisung des Grafen und Frau von Oppel nicht in Frage«*, hieß es am Ende.

Anfang Februar 1946 kam trotzdem das endgültige »Aus« für die kleine Schicksalsgemeinschaft. Die schriftliche Begründung der Ortsgruppe der KPD Leisnitz, unterzeichnet unter anderen von unserem »Oberkommunisten«, lautete:

Frau von Oppel und ihre Tochter sind bis jetzt von dem früheren kommissarischen Verwalter Jankowski geschützt worden und haben bei der Erntearbeit überhaupt nicht mehr mitgearbeitet. Die Genannten haben öfter spät am Abend Zusammenkünfte gehalten, zu denen auch der Schäfer Rothe gehörte. Rothe erklärte seinen Arbeitskameraden: »Wer bei der Bodenreform Land nimmt, ist ein Verbrecher.« Es wurden öfters falsche Gerüchte verbreitet, um die Arbeiterschaft von einer Einigkeit zu entfernen.

Wieder ein Verlust, aber man war für Momente schon soweit, daß es einem egal wurde. Wir hatten sowieso nichts mehr. Meine Heimat, meine Unterwäsche, die Liebesbriefe von Claus … alles Intime in den Händen fremder Menschen. Viele Jahre später schickte mir ein Unbekannter aus Wellerswalde Bilder aus unseren Fotoalben zu. »Ich habe diese Fotos bei meinen verstorbenen Angehörigen gefunden«, schrieb er, »wir brauchen sie nicht mehr.«

Das bittere Ende von Wellerswalde ist in zwei Briefen festgehalten. Die Bleistiftschrift ist kaum noch zu entziffern und zeugt von der großen Not, in der Mutter und Lütte am Bettelstab unsere Burg verlassen mußten. Wie Vater es fünfzehn Jahre zuvor prophezeit hatte.

Brief von Mutter

Eisenach (Auffanglager für Flüchtlinge, A. d. V.),
den 10. 2. 1946

Meine liebe Christa,

bis hierher sind wir nun gelangt, und morgen gehen wir über die Grenze, ganz reell mit Transport. Frau Zimmermann ist bei mir, sie liegt mit Durchfall danieder, hat aber kein Fieber. Wahrscheinlich kommt das vom Fahren bei strömendem Regen. Ihr Mann wird uns nach Hamburg nachfolgen.

Im Durchgangslager Eisenach ist eine Frau von Massow als Rotkreuzschwester tätig, ihr Mann war der beste Freund von Achaz von Zehmen. Sie sorgt, da Achaz mein Neffe ist, rührend für uns …

Hoffentlich ist Lütte gut fortgekommen. Sie hat sich fabelhaft beim Landrat für uns eingesetzt, leider vergeblich. Gegen sie, mich und Herrn Zimmermann hat man so lügenhaft gehetzt, daß wir vom Iwan betreut werden sollten wie der Mann von Vogi. Sie selbst ist in Oschatz untergekommen.

Die letzten Stunden in Wellerswalde waren furchtbar. Wir mußten binnen zwei Stunden heraus, erst hieß es in einer halben. Vorher ahnten wir nichts, so konnten wir nichts vorbereiten. Sämtliche Möbel von mir, Lütte und Zimmermanns haben sie abgefahren. Wir haben nichts mehr! Ebenso die ganze Wäsche, Bücher, Bilder. Zwei Aufpasser standen beim Packen dabei, sie erlaubten nur Kleider, Schuhe und Leibwäsche mitzunehmen.

Ratsam ist es für Dich, nicht nach Wellerswalde zu fahren, da Du dort bestimmt große Unannehmlichkeiten hättest.

Schlimm ist es, daß auch alle Leute, die treu waren, wie Frau Kutsche, der Schafmeister und einige Flüchtlingsfamilien, ausgewiesen werden sollen. (Dies passierte nicht, A. d.V.)

Ich kann jetzt nicht zu Dir kommen, da ich aus dieser Zone fort muß, Kellers (die Familie von Kai, A. d.V.) *werden wenig begeistert sein, daß ich Zimmermanns mitbringe, aber sie haben sich bis zuletzt für mich eingesetzt, so muß ich es nun auch bei ihnen tun.*

Gott behüte Dich! Hoffentlich hörtest Du von Claus.

Dir und Uli alles Liebe!

Mutter

Brief von Lütte

Schönheide, am 14.2.46

Meine liebe Christa!

Endlich ist es mir möglich, Dir ein paar Zeilen zu schreiben, Mutter und ich mußten mit Vogi und Zimmermanns Hals über Kopf weg. Bis zum 11. Februar versuchte ich beim gar nicht nüchternen Landrat noch ein paar Sachen herauszubekommen. Nichts gelang mir, sie fuhren unsere Möbel einfach ab. »Kindchen, du bist macht- und rechtlos. Du kannst gar nichts mehr machen!« bekundete er. Wir haben vergebens gegen unsere Heraussetzung protestiert.

Ich hatte mich so gefreut, daß ich wenigstens ein Stückchen Heimat halten könnte, und noch mein letztes Geld in das uns zugeteilte Land hineingesteckt. Am Vormittag des 1. Februars kaufte ich mir sogar noch ein Schweinchen. Am Nachmittag kamen die Männer von der KPD, die

Deutschen hatten sich hinter die Russen gesteckt. Nun aber weg!

Draußen habe ich die Säcke auf den Wagen zu den Sachen von Zimmermanns geworfen. Wir durften nur soviel mitnehmen, wie wir tragen konnten. Den Schmuck hattest Du zum Glück vorher vergraben. Ich hätte Dir gern noch etwas gerettet, jedoch, liebe Christa, es ging zu plötzlich. Es ist nun nicht mehr zu ändern. Wir sind ausgewiesen aus Hof und Dorf, es ist schrecklich. Ich lebte bis zum 11. Februar bei Elfriede in Merkwitz versteckt, seit gestern bin ich bei meiner Schwägerin. Zwei Tage brauchte ich bis hierher.

Ich bin seit Tagen wie gelähmt und kann gar nicht fassen, daß die Heimat weg und Mutter so allein ist. Unsere arme Mutter, wollen wir ihr doch helfen, wo es nur geht. Sie wollte doch immer so stark sein. Zuletzt konnte sie es wenigstens vor mir nicht mehr.

Zu Dir wollte sie nicht fahren wegen der Russen-Zone. Deine Adresse zerrten sie Frau Kutsche aus den Händen, die Mutter ihr zuvor aufgeschrieben hatte. Ich würde gerne zu Dir kommen, aber ich weiß nicht, ob es geldlich richtig ist, so viel habe ich auch nicht.

Hier ist es schrecklich kalt. Meine Schwägerin Hildegard und ich wollen eine Schneiderei anfangen …

Schreibe mir recht bald, es ist sonst zum Verrücktwerden!

Viele liebe Grüße
Deine Lütte

Argwöhnisch hatten die KPDler überwacht, daß die Frauen außer ihrer Wäsche nichts einpackten. Mutter hat sich nicht aus dem Lehnsessel bewegt. »Steh auf!« ging einer der Männer sie an. Und Lütte flehte: »Wir müssen so viel mitnehmen wie möglich.« »Ich mache überhaupt nichts mehr«, ließ Mutter alle Beteiligten wissen. In der Not warf meine Schwester ein paar Kleider und Unterwäsche von ihr in zwei Bettbezüge, damit sie wenigstens etwas zum Anziehen hatte.

Brief von Herrn Zimmermann

Auf meine Bitte hin hat mir auch Herr Zimmermann, Jahre später, seine Erinnerungen an diese letzten Stunden in Wellerswalde aufgeschrieben:

... Ein schlesischer Kommunist hielt mit seinem Wagen vor der Tür. Wir haben die Auflagematratzen und Betten auf den Wagen geschafft. Ich durfte nur die Schlüssel an meinen Schreibtisch stecken, aber nichts mehr herausnehmen. Weder Zeugnisse noch Sparbücher, noch irgendein Andenken.

Ihre Schwester Lütte und meine Frau saßen schon ganz verschüchtert auf dem Tafelwagen. Wie ich aus der Haustür komme, sehe ich Frau von Oppel auf einen Wagen steigen. Da bin ich einfach zu ihr hinübergegangen und habe mich von ihr verabschiedet. Ein ganzer Volksauflauf von Menschen, teils mit schadenfrohen Gesichtern, aber auch andere, die den Tränen nahe waren.

Ihre Mutter gab mir die Hand und sagte: »Herr Zimmermann, behalten Sie klaren Kopf, vielleicht rächt sich diese Ungerechtigkeit mal wieder. Generationen vor uns haben Ähnliches und Schlimmmeres durchgemacht, auch wir werden es überleben.« Sie war sehr tapfer. Keiner der Kom-

munisten aus dem Ort, die dabei waren, sagte ein Wort, und der Wagen fuhr ab zum Bahnhof.

Quarantäne

Tagebuch 19. 2. 46

Lieber Claus,

was hat die Vertreibung meiner Familie noch mit der Bodenreform zu tun? Hoffentlich übersteht Mutter das. Wenn man ihr wenigstens eine Bleibe bieten könnte. Wir sind doch alle Habenichtse geworden. Ihr fällt es nicht leicht, in Hoisbüttel bei Kai um Aufnahme zu bitten. Dort ist das Haus schon voll mit der Verwandtschaft aus der Familie seiner Frau.

Aufgrund der stündlich zahlreicher werdenden Fleckfieber- und Typhusfälle liegen wir jetzt in Quarantäne. Die Zuzugsgenehmigung für den Westen hat mir der Schwiegervater zugeschickt, aber ich darf nicht raus. Überall kleben Plakate mit Warnhinweisen. Niemand darf den Ort verlassen. Vielleicht bessern sich dadurch die medizinischen Maßnahmen.

In der Nachbarstadt Schwaan sind zweiunddreißig Ärzte eingetroffen. Ein Krankenhaus soll auch demnächst fertigwerden. Gestern haben mir auf der Straße zwei Rotkreuzschwestern, die sich beim Oberarzt melden sollten, über ihre Erlebnisse in Schwaan berichtet. Als sie dort ankamen, hat man sie gleich wieder heimgeschickt. Die Herren hätten noch kein Einsatzgebiet, hieß es.

Das muß man den Schwestern sagen, die gerade aus einem hochgradigen Typhusnest kommen. Ganz Schwaan steht kopf wegen dieser Kerle. Jeden Tag halten sie Sauf-

gelage ab und kümmern sich nicht die Bohne um die Kranken. An einigen Orten sind schon 60 Prozent der Einwohner erkrankt. Man fühlt sich in die Pestängste des Mittelalters zurückversetzt.

In Hohensprenz gibt es für uns keine Zukunft. Wir werden dort nie einen Fuß auf den Boden kriegen. Wir sind da die letzten Hunde. Ich würde lieber heute als morgen aus dieser Zone raus. Aber im Moment ist die Welt um mich herum mit Brettern vernagelt. Es gibt kein Radio, keine Zeitung. Und niemand weiß, wann die Quarantäne wieder aufgehoben wird. Meine einzige Sorge ist, daß die Post weiter funktioniert. Ach, wenn es nur die einzige wäre.

Wie ein Vorhang hing das Grau in Schlieren aus den Wolkenfetzen, die der Wind vor sich hertrieb. Die Winterszeit vertrieben wir uns mit Brett- oder Schreibspielen. Ansonsten war ich meist damit beschäftigt, Windeln in einem alten Einwecktopf auf dem Herd abzukochen. Das klappte mehr schlecht als recht, man hatte ja kaum Seife.

Mit dem Wäschekorb und einer Axt unterm Arm lief ich auf dem langen Steg in den See hinaus, hackte ein Loch ins Eis und spülte die Wäsche darin. Das Wasser sprang über eisverkrustete Steine, am Ufer verloren sich Fuchsspuren. Ein dichter Schleier aus kühlen Tröpfchen legte sich auf Gesicht und Mantel. Meine Hände waren steif vor Kälte.

Im Haus war keiner zufrieden. Ingas Mann war sauer, weil die Kommunisten fortlaufend Nahrungsmittel von seinem Bauernhof abzwackten. Bei der nächsten Küchensitzung haben wir uns entschieden, nachts heimlich ein Schwein zu schlachten. Zu Herrn Pardun haben wir gesagt: »Wenn Sie sich ruhig verhalten, bekommen Sie auch etwas von der Wurst ab.«

Das Erbe des Dritten Reiches

27.2.46

Lieber Claus,

diese gräßliche Geschichte in Wellerswalde läßt mir keine Ruhe. Meine arme, arme Mutter – und unsere Möbel, all die lieben Dinge aus unserer Burg, von den Siedlern geklaut. Ich dachte, daß es mir nicht mehr viel ausmachen würde, aber wenn ich jetzt daran denke, könnte ich die Wände hochgehen vor Wut und vor Verzweiflung.

Verdammt! Ich bin ganz allein mit all dem Dreck. Manchmal glaube ich, daß ich noch verrückt werde. Warum werden wir als Kriegsverbrecher hingestellt? Hat das Volk nicht vor kurzem noch »Hosianna« geschrien, wo es jetzt »Kreuzigen« brüllt? Nun geht es den Junkern an den Kragen, die von Anbeginn an eine Opposition gegen die braunen Bonzen gebildet haben. Und warum? Aus Hass auf die Besitzenden. Aus Neid. Aus Mißgunst.

Wieder ist die unterste Unterwelt nach oben gekrempelt, und alles steht kopfüber. Unser Volk hat es scheinbar nicht besser verdient. Pfui Teufel! Das ganze »Tausendjährige Reich« war ein einziger Bluff. Dieses Gefasel von Ehre und Treue und Kameradschaft und Einigkeit. Gehandelt wurde scheinbar nur draußen an der Front, wo unsere Männer verbluteten für diese hehren Ideen.

Eine servile, gesichtslose, mittelmäßige Truppe spielt sich in Ämter hoch, denen sie überhaupt nicht gewachsen ist. Alles wird verramscht, verschoben und beiseite geschafft. Die Russen, die mit ihren Garnisonen für die Besatzung zuständig sind, spielen nur noch im Hintergrund mit. Das Volk wird nach russischem Muster unterdrückt. Wer sich auflehnt, wird beiseite geschafft. Das Prinzip ist uns ja bereits bestens vertraut.

Nun verkörpern Vasallen der Russen das deutsche Volk. Schaut sie nur an, eure Landräte, eure Parteihelden, eure Präsidenten! Schaut in den Spiegel und seht Deutschland. Eure Heimat, die zu einem Dreckhaufen geworden ist. Wollt ihr den totalen Krieg? »Ja, ja, ja.« Wer hat das so laut geschrien? Die Junker? Die Soldaten? Das ganze Volk? – Und vielleicht ihr, die ihr jetzt die wildesten Antifaschisten seid.

Der Weg in den Westen

Es gab auch gute Nachrichten in diesen Zeiten. »Die Quarantäne ist aufgehoben!« Damit überraschte uns Inga beim Putzen. Der Weg in den Westen war frei! Ich fühlte mich, als hätte sich ein Knoten in meiner Brust gelöst. Nur meine Hände waren kalt. Was würde uns auf dem Weg in diese Zukunft erwarten? Ich hatte Furcht vor der Fremde, verlorenzugehen dort, allein, stolpernd, müde.

Uli und ich waren gegen Typhus geimpft. Für die Abreise benötigten wir nur noch einen Entlausungsschein. Ohne diesen Schein keine Fahrkarte. Pudelnackt ließen Uli und ich im Hinterzimmer der Schule die Prozedur über uns ergehen. Rotkreuzschwestern stäubten uns von oben bis unten mit einem stinkigen Pulver ein. Besonders unter den Achseln, in der Scham, da saßen die Läuse gern. Auch die Kleidung bekam eine Ladung ab. Im Anschluß daran erhielt ich ein mit Bleistift beschriebenes Notizblatt mit Vermerk: »Frei von Läusen und ansteckenden Krankheiten.«

In den Kinderwagen schichtete ich unter die Matratze

eine Wurst und andere Lebensmittel. Meinen Sohn setzte ich obendrauf. Ich schlug die Haare hinten ein und steckte meinen Ehering in die Frisur. Das erwies sich jedoch als unpraktisch, Ulis Windeln waren besser als Versteck geeignet. Inga und ihr Mann wünschten mir viel Glück. »Komm bald wieder«, sagte Tante Mietze. Mitleid in der Stimme, Sorge im Blick. Damals waren wir noch so naiv, daß wir eine baldige Änderung der politischen Lage voraussetzten.

In Rostock fanden Uli und ich bei meiner Freundin Usch Asyl, die ich als Pflichtjahrmädel in Gottin schätzengelernt hatte. Usch war dabei gewesen, als ich Claus kennengelernt hatte. Sie wußte alles über mich und meinen Mann. Sie war vom gleichen Schlag wie ich. Ihre Eltern besaßen ein großes Pelzgeschäft in der Stadt.

Steife Beine

Uschs Mann, ein Kinderarzt, half mir aus meinem schwarzen Mantel. Das junge Ehepaar unternahm alles Erdenkliche, um mich vergessen zu lassen, was hinter mir lag. Seit langer Zeit fühlte ich mich wieder wie ein normaler Mensch, nicht wie ein Flüchtling. Freunde der Schwiegereltern arrangierten die Weiterreise nach Magdeburg über ein gewisses Fräulein Kunert. Diese Person, rund wie ein Bonbon, Sekretärin in einem Speditionsgeschäft, hatte sich mit Flüchtlingstransporten ein zweites Standbein aufgebaut. Am 17. März um 22 Uhr würde uns ein LKW an der Straße auflesen.

In Begleitung von Fräulein Kunert, meinem Wickelkind und noch einer Handvoll anderer Leute blickte ich unter einer Straßenlaterne dem Lastwagen entgegen. Von allen

Seiten huschten auf einmal Gestalten herbei und zwängten sich unter die Plane, »Wie sollen die da alle reingehen?« maunzte ich. In dem Geschiebe hatte ich mit meinem sperrigen Kinderwagen keine Chance. Zuletzt stand ich alleine auf dem Bürgersteig.

Als ich Anstalten machte, den Wagen nach oben zu hieven, protestierten die Leute: »Du kannst noch rein, aber der Wagen bleibt draußen.« Fräulein Kunert zuckte die Achseln. Da brauste das Oppelsche Temperament in mir auf, und ich begann wie Rumpelstilzchen zu toben: »Was denkt ihr euch eigentlich? Ich kann doch nicht Rucksack und Kind bis in den Westen schleppen!« Mit Mühe klemmten sie das Gefährt noch zwischen Füße und Gepäckstücke.

Eingezwängt von allen Seiten, hielt ich Uli auf dem Arm. Wenigstens konnte das Kind so nicht herunterpurzeln. Durch die offene Plane fegten uns Abgase und Staub in die Lungen. Meine Arme wurden immer schwerer. Einer der Nachbarn erbarmte sich und nahm mir das Kind ab. Der Kleine brüllte Zeter und Mordeo. Mit steifen Gliedern sind wir zwölf Stunden später in Mageburg ausgestiegen.

In der Bahnhofstoilette wechselte ich mein nach Dieselqualm riechendes Hemd. Kaum hatte ich mich auf den Lokus gesetzt, zwängte sich mein Sohn mit dem Kopf unter der Klotür durch. »Mama!« Der Schlingel konnte deshalb so leicht aus seinem Wagen klettern, weil er so hoch auf den Würsten lag.

Am Schalter teilte der Beamte Fahrkarten nach Rottleberode, Kreis Stollberg/Wernigerode, aus. Ein Ort, von dem ich bis dahin noch nie etwas gehört hatte. Diese zweite Nacht verbrachten mein Kind und ich am Bahnhof.

Hinter Stacheldraht

Das Gelände am Rand eines kleines Nestes lag hinter Stacheldraht. Eine Holzbaracke reihte sich an die andere. Möglicherweise war das vorher ein Kriegsgefangenen- oder ein Arbeitsdienstlager gewesen. An jedem Ausgang und Loch im Zaun hielten bis zu sechs Männer Wache.

»Zack-zack!« schnauzten sie die Menschen in der Schlange an, die sich zur Registrierstelle an ihnen vorbeischoben. Wahlweise versetzten sie ihnen eins auf dem Hintern oder an die Waden. Die Leute aus den Ostgebieten, krank und erschöpft, waren teilweise schon seit Wochen, beladen mit Koffern, auf den Beinen. Als einer sich gegen die Schläge verwahrte, stutzte ihn der Wachposten zurecht: »Was glaubt ihr eigentlich, was wir in den KZs mitgemacht haben?« Vermutlich gab er auch nur weiter, was ihm selber zugefügt worden war – aber er traf die Falschen.

Meine Blase drückte. Über langen Wassergräben waren wie im alten Rom Bretter, mit etwa fünfzig Löchern drin, angebracht. Über die Hälfte davon war besetzt. Mit Frauen und Männern. Kurz zauderte ich, aber es half ja nichts. Wir kauerten da mit nackten Hintern, während die Lagerwache feixte. Man spürte sowieso nicht mehr viel. Abgekämpft, wie man war.

Trotz allem. Die Gemütslage war unverzagt. »Uns kann nicht mehr viel passieren«, lautete der allgemeine Tenor. »Wo haben Sie gekämpft?« habe ich jeden zweiten der entlassenen Soldaten befragt. Vielleicht war jemand mit Claus zusammengewesen. Aber das war wie die Suche nach der Nadel im Heuhaufen. Einer meldete sich mal zu Wort: »Ich war auch am Kuban-Brückenkopf, aber nicht in Sewastopol.« Es hatte keinen Zweck.

Zum Essenholen mußte man sich erneut vier Stunden anstellen. Mit dem Segen Fortunas erwischte man noch etwas von der Wassersuppe. Wer keinen Behälter bei sich hatte, konnte augenblicklich abdrehen. Meinen Schinken wollte ich nicht auspacken, den hätten sie mir sofort weggerissen. Mit 150 anderen suchte ich mir links und rechts vom Gang ein Plätzchen auf der Strohschütte am Boden.

Wer keine Decke dabeihatte, fror in dieser Nacht. Ich rollte mich auf die rechte Seite, den Rücken zum Hintermann, den Kopf in die Arme geschmiegt. So lag ich und schlief, bis mich mein Sohn weckte. Aus Platzgründen hatte ich seinen Wagen weit hinten am Ende des Ganges abgestellt. Flink wie ein Fisch war er im Dunkeln zwischen all den Bäuchen und Beinen hindurchgeschlüpft, bis er mich gefunden hatte. Mit einem Seufzer der Erleichterung preßte er sich an mich. »Ein süßer Knirps«, brummte die Stimme hinter mir.

So lernte ich Wolfram kennen. Er war Innenarchitekt und stammte aus dem Banat. »Was haben Sie denn so im Westen vor?« flüsterte ich, nachdem wir festgestellt hatten, daß wir für den gleichen Ort eine Zuzugsgenehmigung besaßen. Wolfram plante ein Geschäft zu eröffnen, in dem er Kunstgegenstände und Spielzeuge, aus Abfällen gebastelt, zum Verkauf anbieten wollte. »Ich bin handwerklich auch sehr geschickt«, pries ich meine Fertigkeiten an. »Kommen Sie doch einfach mal bei mir vorbei«, warb er mich als Arbeitskraft an.

Wie eine Fahne in der Luft

Jeden Morgen ging ein Transport mit etwa zweihundert Leuten weg. Und ein neuer kam hinzu. Die Auserwählten, die abreisen durften, wurden in der Frühe auf dem Appellplatz mit Namen aufgerufen. Scheinbar ging das der Reihe nach. »Das kann Wochen dauern, bis ich hier rauskomme«, grämte ich mich, als mein Blick über Hunderte von Köpfen vor mir wanderte. Und das würde ich nicht aushalten.

Am zweiten Tag schmuggelte ich mich bis zur Mitte vor. Wie üblich ratterte einer vom Personal der Reihe nach seine Liste durch: »Müller Maria, Czerno Mark, Wenehlt Anna ...« Jeder Lagerinsasse brannte darauf, seinen Namen zu hören. In dem Gemurmel und Geschiebe verstand aber niemand richtig, wen der da vorne genannt hatte. Ich wartete noch etwa 50 Namen ab, beim 51. gellte ich los: »Hier!« und schwenkte meine Zuzugsgenehmigung wie eine Fahne in die Luft.

Niemand hatte Lunte gerochen. Bis ich mich nach vorne zum Tisch für einen »Transportvermerk« durchgekämpft hatte, wußten die Männer gar nicht mehr, wen sie bei mir aufgerufen hatten. Im Notfall hätte ich mich damit herausgeredet, daß ich mich verhört habe. Aber diese Art von Auslese lief »wischiwaschi« ab, den Mitarbeitern war es piepegal, wer da abreiste. Anstandslos drückte mir eine Dame den Stempel in den Ausweis.

Nachts um 3 Uhr rüttelte uns die Bahn wieder ein Stück näher der neuen Zukunft entgegen.

Es kann nur besser werden

In einem Abteil für Traglasten setzte sich neben Uli und mich eine Frau mit ihren sieben Kindern auf die Bänke. In der Mitte stapelten wir unsere Gepäckstücke auf. »Schlimmer als beim Russen kann es nicht sein«, bestätigten wir

Erwachsenen uns gegenseitig. Krankheiten, Anarchie, alles dem Zufall überlassen, das sei doch kein Zustand. Im Westen war das Paradies. Allein deshalb, weil es anders war als im Osten.

Das Rattern des Wagens schläferte mich ein. Für die 98 Kilometer nach Ahrenshausen brauchten wir auf den eingleisigen Schienensträngen zwölf Stunden. Erst habe ich meinen Sohn, anschließend den Kinderwagen herausgeschafft, als ich noch mal zurück ins Abteil kraxelte, war mein Rucksack weg. Mir blieb fast das Herz stehen: »Jetzt ist es aus, ich habe nichts mehr für das Kind!« Die Großfamilie war auf der gegenüberliegenden Seite ausgestiegen.

Da bemerkte ich, daß auf einer lehnenlosen Bank an der Wand ein Soldat, den Kopf in die Hände gestützt, wartete. »Bitte, helfen Sie mir«, riß ich ihn aus seinen Gedanken. Ich versprach ihm eine Flasche Schnaps. Wir liefen von Baracke zu Baracke, überall kauerten Eltern mit ihren Kindern auf dem Stroh. »Haben Sie einen Rucksack zuviel?« hörten wir uns um. Die Leute schauten ihre Sachen durch und verneinten. Schlußendlich trafen wir in dem Durcheinander auf die Gesuchten.

»Wir haben nur unsere eigenen Sachen«, keifte mich die Frau an, mit der ich mir im Abteil noch so einig gewesen war. »Sie – Sie …« Ihr Stimme verschwamm in einem zischenden Flüstern ohne Sinn. Ich erkannte meinen Rucksack zwischen ihren Sachen. »Das ist meiner«, darauf bestand ich, »und ich kann ihnen auch genau aufzählen, was drin ist.« Nachdem ich mit Ulis Höschen, in das seine Initialen eingestickt waren, geendet hatte, tat die Frau sehr erschrocken und räumte kleinlaut »eine Verwechslung« ein.

Fertiggerichte aus Dosen

Nach Sonnenaufgang dasselbe Bild wie in den letzten Tagen. Ein schier endloser Zug aus Alten und Müttern, beladen mit Koffern und Rucksäcken, setzte sich auf der Landstraße in Bewegung. Meine Schuhe waren schon völlig schiefgelatscht. Der Himmel über uns blankpoliert, ein paar Krähen stöckelten über den Asphalt. Wie ein Schleier legte sich die Müdigkeit um einen herum.

Nach fünf Kilometern meldete ein Schild am Wegrand: »Ende der sowjetischen Zone.« Englische Grenzsoldaten lachten uns hinter dem Schlagbaum entgegen. »Wir haben es geschafft!« Aufgekratzte Freudenschreie. Ich rieb mein mausgraues Kleid mit dem Taschentuch sauber, so gut es ging. Gruppenweise wurden wir auf LKWs nach Friedland verfrachtet. Mir gegenüber saß eine dicke Frau, die lautlos weinte. Ihre Hände lagen schlaff im Schoß.

Mehrere Krankenschwestern empfingen uns mit riesigen Spritzen am Eingang. Weißgepudert mit Entlausungsmittel nahm ein Arzt jeden unter seine Fittiche. Sicherheitshalber wurden wir auch zum vierten oder fünften Mal gegen Typhus geimpft. »So ein gutgenährtes Kind habe ich selten gesehen.« Der Mediziner machte große Augen. Gutgelaunt stülpte sich Uli auf dem Untersuchungstisch einen Eimer mit Entlausungspulver über den Kopf.

In der englischen Zone waren die Leute freundlicher, die Strohschicht in den Nissenhütten aus Blech war dichter und es gab Fertiggerichte aus Dosen. Munter legte ich bei der Registrierstelle meine Zuzugsgenehmigung vor. »Der Kreis Göttingen ist voll«, verdarb mir das Fräulein meine Laune, »da können wir sie nicht hinschicken.« »Aber …«, wollte ich Einspruch einlegen, doch mein Gegenüber schnitt mir das Wort ab: »Sie kommen nach Alfeld bei Hannover, dort kriegen Sie eine Unterkunft.«

Mir flimmerten sichelförmige Muster vor den Augen. »Aber ich kenne keine Menschenseele dort.« Hinter mir schob der Nächste nach. Mit beschwörendem Tonfall nahm ich nochmals von der Schwelle aus einen Anlauf: »Ich muß nach Lenglern, da sind meine Schwiegereltern.« Die Tür ging zu.

Hektisch bemühte ich mich im Lager eine Verbindung zur Poststelle nach Lenglern herzustellen. Die Schwiegereltern selber hatten kein Telefon. Sie lebten bei einer Familie namens Ahlborn. »Wen meinen Sie? Hier gibt es ungefähr 44 Familien mit Namen Alborn«, fragte mich das zuständige Fräulein vom Amt. Auch das noch. Angespannt rieb ich mir die Stirn.

»Wo wohnen die denn genau?« grübelte die Postangestellte aus Lenglern. »Neben dem Ziegenstall«, fiel mir ein. Das hatte mir der Schwiegervater auf seiner letzten Karte als Ortsbeschreibung mitgegeben. Da ging der anderen ein Licht auf. »Ich schaue nach der Arbeit dort mal vorbei.« Falls sie meinen Schwiegervater finden würde, würde sie ihm ausrichten, daß ich im Lager in Friedland sei. Es klickte im Hörer. Falls sie ihn finden würde.

»Komm, wir hauen ab!«

Was sollte ich allein mit dem Kind in Alfeld? Das war doch alles so sinnlos! Mein Kleid war mir am Halsausschnitt auf einmal zu eng. Ich zerrte daran herum. Fertig mit den Nerven, kauerte ich mich mit Uli vor den Eingang an die Blechwand. Ich war so müde. Ich hatte alles so satt.

Keine Ahnung, wie lange ich da stumpfsinnig mit meinen Fingern Löcher in die Erde bohrte. Die Ermattung überwältigte mich so, daß ich in Schlummer sank. Als ich aufwachte, lag ein Schatten über meinen Beinen. Ich sah blinzelnd auf, mit einer Hand schirmte ich die Sonne ab.

Vor mir stand der Schwiegervater. Er lächelte, sehr zögerlich, als täte es ihm weh, mich so zu sehen. »Komm, wir hauen ab«, sagte er. Perplex starrte ich ihn an. »Wir können doch nicht einfach gehen, ich muß nach Ahlfeld.« Meine Lippen bebten. Er nahm mich am Arm und sprach geduldig wie bei einer Kranken auf mich ein: »Ich habe ein Loch im Zaun entdeckt, da gehen wir durch.«

Ich nahm den Kinderwagen, der Schwiegervater meinen Rucksack. Die Öffnung war ziemlich groß. Kein Wächter in der Nähe. Das Stück bis Göttingen nahm uns ein Lastwagen hinten auf der Ladefläche mit. Die nächsten fünf Kilometer sind wir zu Fuß gelaufen. Ich war so fertig, ich hatte keine Kraft mehr.

Und wir wanderten eine Stunde. Ich dämmerte ein, mitten im Gehen, wachte wieder auf, dämmerte wieder ein und wachte wieder auf. Wir kamen an einem stattlichen Gutshof vorbei. Ein hohes Eisengitter drumherum. »Die haben noch alles«, ging es mir durch den Sinn, »und wir haben nichts mehr.« Ich klammerte mich mit beiden Händen an den Zaun und fing herzzerbrechend an zu heulen. Mein Schwiegervater stand daneben und sagte: »Es ist nicht mehr weit.« Er weinte auch.

Leben im Westen

Leben im Westen

Lenglern, 29. 3. 46

Lieber Claus,

nun habe ich den Sprung in den Westen gewagt und bin noch einige hundert Kilometer weiter weg von dir. Ich bin in Lenglern. Wir hausen alle vier in einem Raum. Es ist ein trostloser Zustand, der aber hoffentlich rasch behoben sein wird. Die Bevölkerung hier betrachtet uns Flüchtlinge als Eindringlinge, die nur auf der Welt sind, um sie in der Ruhe zu stören. Enteignung und Kommunisten hat es in dieser Gegend nicht gegeben. Als Flüchtling ist man ein Fremdkörper. Ein Übel, das beseitigt werden muß.

Warum hat es gerade uns so schwer getroffen? Nachdenken ist jetzt das Schlimmste, was passieren kann.

Lenglern war ein typisch niedersächsisches Dorf mit Kirche und alten Fachwerkhäusern. In einem davon war für uns ein Raum mit einem Herd und drei Betten beschlagnahmt worden. Es war unübersehbar, daß ich hier nicht lange bleiben konnte. Die Schwiegermutter freute sich über unsere Ankunft, sie konnte es nur nicht so zeigen. Ihre erste Frage an mich war: »Wie wird Claus erfahren, wo wir sind?«

Noch immer rechnete der alte Herr Alwardt damit, wenigstens sieben Morgen Land pachten zu können. Ich zehrte von dem wenigen Geld, das ich noch besaß. Im Gegensatz zu anderen Vertriebenen im Ort haben wir kein Care-Paket bekommen. Gerüchten zufolge soll der Pfarrer diese unterschlagen haben. Es blieb uns nichts übrig, als bei den Bauern etwas Essen zu schnorren.

Heimweh empfand ich nicht. Wellerswalde war für mich Rußland. Fremde. Man konnte diesen ganzen Schrecken nicht auf einmal verarbeiten. Dieses Ziehen in der Brust, das kam erst später.

Einen Anfang finden

Von Tür zu Tür wanderte ich und tat mich nach einer Bleibe für Uli und mich um. Teilweise hatten die Hausbesitzer die Dielen aus den Zimmern gerissen, damit keine Fremden dort einziehen konnten. Der nächste Bauer zeigte mir eine Kammer. Um in mein Bett zu gelangen, hätte ich jedesmal durch sein Schlafzimmer gehen müssen. »Das kommt überhaupt nicht in Frage«, lehnte ich ab, »da gehe ich lieber zurück in den Osten.«

Ich versuchte alle möglichen Kontakte wieder zu beleben und neu zu knüpfen. Mit Mutter in Hamburg nahm ich den Briefwechsel auf. Vom Postamt aus wollte ich mich beim Graf von Schweinitz bedanken, der mir meine Zuzugsgenehmigung für Göttingen unterzeichnet hatte. Seine Frau war am Apparat. »Sie waren das doch, die meine Schwägerin Vogi aufgenommen hat«, entflammte sie gleich, »kommen Sie uns mal besuchen in Adelepsen!«

Die mittelalterliche Burg gehörte Bekannten der von

Schweinitzens, die dort nach ihrer Flucht ein Dach über dem Kopf gefunden hatten. Die Gräfin, ein wenig älter als ich, war durch und durch eine aristokratische Erscheinung. Sie trug ein Kleid aus beigem Stoff, ohne jede Verzierung, das aber alleine durch seinen Sitz erkennen ließ, daß es maßgeschneidert war. Sie erzählte mir von ihrem Vorhaben, demnächst in den Osten zu reisen, um einige Sachen von ihrem Besitz aus Oberschlesien hinüberzuschaffen. »Kommen Sie doch mit?« Die Gräfin sah mich mit gewölbten Brauen an. »Mein Mann kann Ihnen wieder eine Zuzugsgenehmigung besorgen.«

Die Idee war gut. Mit meinen paar Kleidungsstücken konnte ich in Lenglern sowieso nur schlecht existieren. Und die Beengtheit in der Wohnung war nur schwer auszuhalten. Die Gräfin und ich waren auf derselben Wellenlänge, beide unternehmenslustig und auf einem Auge blind für Gefahren. Bei der Gelegenheit sollte ich aus Hohensprenz auch einige Sachen der Alwardts über die Grenze schaffen. »Um Uli brauchst du dir keine Gedanken machen, ich kümmere mich um ihn«, offerierte mir die Schwiegermutter. Ich könnte bei Inga bleiben, bis sie eine größere Wohnung gefunden hätte.

Der Schwiegervater begleitete mich zu einem Vetter von Claus, der eine Stunde zu Fuß entfernt einen Hof bewirtschaftete. Er hatte Erfahrungen mit Möbeltransporten in den Westen. Bei einer Tasse Tee instruierte mich der junge Landwirt: »Du schickst die Koffer deiner Schwiegereltern mit der Bahn nach Uder.« Von dort würde ein Bauer, zu dem er gute Kontakte pflegte, sie mit dem Pferdewagen zur Grenze karren. »Dann mußt du zusehen, wie du die Sachen hinter den Schlagbaum bringst«, schloß er. Das klang nach einer echten Herausforderung.

Bevor ich mich mit der Gräfin von Schweinitz in Bewegung setzte, machte ich über die Gemeindeverwaltung die Anschrift von Wolfram ausfindig, den ich im Auffanglager Rottleberode kennengelernt hatte. Denn ohne Beschäftigung erhielt ich weder eine Lebensmittelkarte noch eine Wohnung. »Bis du aus dem Osten zurückbist«, sicherte mir der Innenarchitekt zu, »habe ich einen geeigneten Raum für meinen Laden gefunden.« Eine Arbeitsbescheinigung hat er mir schon mal mitgegeben. Das war zumindest eine Perspektive.

Seltsam im Nebel zu wandern …

Christa von Schweinitz hatte sich extra ärmlich angezogen. Ich bin in meiner Turnhose so geblieben, wie ich war. Am 3. April zwängten wir uns in den Omnibus nach Duderstadt. Unter einem Haufen Matrosen, die ihre Entlassung von den Engländern feierten, verbrachten wir einen spaßigen Abend in der Baracke. Bei Tagesanbruch reihten wir uns in die Menschenkette in Richtung Teistungen ein, wo wir die Grenze passierten. Die meisten planten, wie wir, drüben ihre Sachen herauszuholen. Der Rest waren üble Gestalten, die glaubten, bei der KPD groß rauskommen zu können.

Beim Anblick der ersten Russen bekam ich Bauchschmerzen. »Einreisegrund?« Der Uniformierte blickte mich mit kalten Augen an. »Ich möchte gerne wieder im Osten wohnen«, strich ich ihm um den Bart. Das zeigte Wirkung. Statt eines Schlages mit der Rute erhielten hier die Zurückkehrenden eine Freikarte für den Sonderzug nach Leinefelde. Die Gräfin von Schweinitz mußte von dort aus in eine andere Richtung, ich fuhr weiter nach Mecklenburg.

Der Mann neben mir im Abteil stellte sich als Student der Philosophie vor. Zu allem Unglück besaß er eine große Ähnlichkeit mit Claus. Wir haben uns gut unterhalten und viel miteinander gelacht. Wie aus Versehen streifte er mit seinem Fuß mein Bein. Ich habe ihm von meinem Mann berichtet, der wie er Offizier im Krieg gewesen war. Er legte seinen Arm um mich, sein Haar strich weich um mein Gesicht. Wir haben gar nicht wahrgenommen, wie die anderen uns ungeniert angafften. Dann hat er mich geküßt. Und ich habe mich wie auf Wellen davontragen lassen.

Keiner kannte den Namen des anderen. In Halle haben wir einander noch lange nachgeschaut. Als ich im D-Zug weiter nach Rostock dampfte, langte ich mir an den Kopf, wie ausgerechnet mir so etwas passieren konnte. Vielleicht hatte ich mir alles nur in der Phantasie ausgemalt, so unwahrscheinlich erschien mir das auf einmal.

Ach, Claus, man kann noch bescheuert werden. Wärst du hier, wäre das nicht passiert. Aber jeder hat nun mal seine schwachen Stunden. Das war auch mal dringend nötig gewesen.

Inga und ihr Mann empfingen mich mit großem »Hallo«. Sie nahmen an, daß mir der Grenzübergang nicht geglückt sei. Daß ich frisch aus dem Westen käme, glaubte mir erst keiner. In der Zwischenzeit war Vater Pardun mit seinen beiden Töchtern fortgezogen. Und Tante Mietze hatte in Hannover eine Bleibe gefunden. Ein dünner Lichtfaden lag unter der Tür, als Inga mir bäuchlings auf dem Bett liegend ein Gedicht vorgelesen hat:

»Seltsam im Nebel zu wandern,
Fremd ist jeder Baum und Stein
Kein Mensch kennt den anderen
Jeder ist allein ...«
nach Hermann Hesse

Das gewisse Fräulein Kunert

In der Poststelle schüttelte die alte Dame wie gehabt ihre grauen Locken. »Wieder nichts, Frau Alwardt!« Ich schickte ein Telegramm an meine Schwester. 48 Stunden später war sie aus Schönheide da. Wir haben Tränen vergossen vor Lachen und Traurigkeit über all den Schiet in unserer Heimat. Wir unternahmen ausgiebige Spaziergänge, kochten und dudelten uns mit der Tochter der Postfrau einen an.

Lieber Claus,

am 16. April dachte ich voller Liebe an dich. Vor einem Jahr habe ich das letzte Mal mit dir gesprochen, seitdem weiß ich nichts mehr von dir ...

Auf den Papieren, die mir Graf von Schweinitz per Telegramm zugesendet hatte, hieß ich »Ursula Schwarz«. Ein falscher Name war sicherer, weil ich in Rottleberode bereits als Christa Alwardt registriert worden war. Der Schmied in Hohensprenz verlötete die fünf riesigen Schrankkoffer der Schwiegereltern mit einem Blechstreifen. Per Bahn schickte ich sie voraus zur Grenze.

In Rostock nahm ich erneut die Hilfe dieses gewissen Fräulein Kunerts in Anspruch. Solange der Lastwagen in der

Werkstatt zusammengeflickt wurde, hakte sich Usch bei mir unter. »Laß uns die Zeit miteinander genießen.« In der Stadt gab es wieder ein Nachtleben, der von Granaten aufgerissene Asphalt war teilweise planiert. Wenigstens in Sachen Kultur war die sowjetische Zone dem Westen voraus. Zweimal Kino und einmal Oper. Labsal für die ausgehungerte Seele. Die Karten waren nicht teuer, man konnte auch in Naturalien bezahlen. Entrückt trat ich nach der Matthäus Passion aus der Marienkirche. Im gleichen Moment rasselte ein Panzer über den Platz. Das hat mich brutal in die Gegenwart zurückgeworfen.

Um halb fünf Uhr morgens heulte der LKW-Motor auf. Fräulein Kunert alberte zwischen dem Fahrer und noch einem anderen Mann herum. Ich hatte es mir mit zwei anderen Frauen auf der Ladefläche bequem gemacht. Wir kurvten durch die Alleen quer durch Deutschland mitten in den Mai hinein. Kopfschüttelnd stellte ich mit dem Blick der Landwirtstochter fest, wie saumäßig die Äcker bestellt waren. Enorm große Flächen lagen brach. »Wie soll das bloß im Winter werden?« schimpfte ich leise vor mich hin.

In Quedlinburg hatte Fräulein Kunert für sich, die beiden Herren und mich Unterkunft im »Braunen Roß« besorgt. Nach dem Abendbrot lud uns der Fahrer zu einem Bummel durch die Stadt ein, wo sich die drei ordentlich einen hinter die Binde gossen. Ich begnügte mich mit einem Anstandsschnaps. Die Stimmung stieg, und ich begriff, daß das lebenslustige Fräulein Kunert mit vollem Einsatz auf allen Gebieten tätig war.

Gähnend schlurfte ich im Nachthemd von der Toilette in unser Doppelzimmer. Ich staunte nicht schlecht über das, was ich da sah. Statt Fräulein Kunert hatte es sich einer der Männer auf ihrem Bett gemütlich gemacht. »Was soll die

Frechheit?« las ich ihm die Leviten, »raus hier!« Verschreckt duckte sich der Kerl zusammen und murmelte, daß er nichts dafür könne. Der Fahrer habe ihn aus seinem Zimmer herausgeworfen. Da konnte man wohl nichts machen.

In aller Frühe setzte ich mich in die Harzquerbahn nach Nordhausen. Ohne mich vorher von Fräulein Kunert oder sonstwem verabschiedet zu haben.

»Kuh nicht gut!«

Elf Stunden Anstehen zum Registrieren. Alle in dieser sich zäh vorwärtsschiebenden Gruppe, dem Stacheldraht den Rücken zugewandt, blickten in die gleiche Richtung. Als ob Großes von dort zu erwarten wäre. Mir taten die Füße weh. Die Sonne ging wie ein roter Luftballon hinter den Baracken unter, und der Mann im Büro eröffnete mir: »Ursula Schwarz, hier falsch. Kuh nicht gut!« Was sollte das wieder bedeuten? Die Gemeinde Rottleberode hatte eine Hirschkuh mit großem Geweih in ihrem Wappen. Sobald die Russen diesen Stempel in der Abmeldung wahrnahmen, wiesen sie die Leute mit dem Argument »Kuh nicht gut« ab. Um Widerpart zu bieten, war ich zu angeschlagen.

Elf Stunden umsonst angestanden. Ich kaute auf meiner Unterlippe. Ein Mann, der sich beim Rausgehen mir an die Fersen geheftet hatte, zog mich beiseite. »Hier werden nur Leute aus der Provinz Sachsen abgefertigt. Aber haben Sie Geld?« Ich bejahte das. »Gehen Sie zum Ortsvorsteher, der kann Ihnen helfen.« Wieder stellte ich mich an eine Schlange an, diesmal vor einem Bauernhof, und legte meine Zuzugsgenehmigung mit Stempel von Rottleberode vor. Der

Bürgermeister drückte mir, schwer wie ein Walroß schnaufend, ein Hakenkreuz darüber. Ich kratzte mich hinterm Ohr. »Wie geht das denn?«

»Bis auf unser Geweih akzeptieren sie alle anderen Zeichen oder Muster«, lachte der Dicke und verzog seinen Mund zu einem breiten Grinsen, das sein Gesicht noch breiter erschienen ließ. Auch das leicht verwischte Hakenkreuz in meinem Ausweis war aus Sicht der russischen Verwaltung in Ordnung. Hauptsache, keine Rottleberoder Kuh.

Diesmal benötigte ich für die 98 Kilometer nach Heiligenstadt ganze drei Tage. Unterwegs standen wir 36 Stunden in Leinefelde auf einem toten Gleis.

Auf totem Gleis

Mein Bauch grummelte. Das Blut zirkulierte nicht mehr richtig, der Hunger machte einen schlapp. Ab und an fürchtete ich, an der nächsten Ecke umzukippen und nicht mehr hochzukommen. Am offenen Feuer kochten die Flüchtlinge ein paar Wurzeln und alles Eßbare, was ihnen unter die Finger gekommen war. Ich hatte noch ein Stück Mettwurst übrig. Bei meinem Nebenmann tauschte ich die Hälfte davon gegen zwei Kartoffeln ein.

Als ich am Morgen erwachte, wußte ich erst nicht, wo ich war. Ich setzte mich auf und rieb mir die Augen. Vom Lager in Heiligenstadt aus stiefelte ich zum Bahnhof nach Uder, um das Gepäck meiner Schwiegereltern zu übernehmen. Zu meinem Entsetzen fehlte ein Schrankkoffer. »Da kann man nichts machen«, bedauerte der Bauer, der die schweren Stücke mit der halben Küche drin eins nach dem anderen auf seinen Wagen hievte. Sein Pferd war schweißgebadet als wir mitten in der Pampa Halt machten.

Vor dem heruntergelassenen Schlagbaum hatten sich mehr als hundert Leute angesammelt. »Grenze zwei Tage zu«, ließ uns ein Uniformierter wissen. Alles schwärmte in den nächsten Ort aus, wir auf dem Pferdewagen hinterher. Mit zwanzig Leuten legte ich Geld für die Übernachtung in einer Scheune zusammen. Mein Fahrer wuchtete vor dem Strohhaufen die Koffer und meinen Rucksack zu den Gepäckstücken der anderen.

Im Kreis setzten wir uns um unsere letzten Habseligkeiten und teilten für die Nacht Wachen ein. Jeder mußte zwei Stunden aufpassen. Nur die Kranken durften durchschlafen. Nach meinem Dienst sank ich wie leblos ins Stroh. Das Licht der frühen Morgensonne auf dem Boden war karg, an den Häuserecken draußen hielten sich noch Fetzen der Nacht. Zwei aus unserer Clique schnitten damit auf, wie sie eine Stunde zuvor drei Diebe auf frischer Tat ertappt hatten. Die Polizei habe sie gleich mitgenommen.

Am 13. Mai ging der Schlagbaum auf. »An der Grenze klauen dir die Russen alles raus«, machten mich meine Gefährten bange. Was tun? Ich umkreiste die Schrankkoffer wie ein Hütehund seine Schafe. Die einfachsten Lösungen waren oft die besten. Beim Bauern nebenan lieh ich mir eine Zange aus, damit bog ich die mit Blech vernieteten Verschlüsse so nach oben, daß es aussah, als hätten sich bereits Langfinger über deren Inhalt hergemacht.

Am Marktplatz mietete ich fünf Handwagen, die wegen der großen Nachfrage knapp waren. Kinder zogen sie gegen ein Trinkgeld. Mit vorgeschobenem Unterkiefer fixierte der Grenzbeamte die schadhaften Schrankkoffer. »Dawai,

dawai (weg)«, wedelte er uns mit seiner Hand durch. Meine Augenlider flatterten nervös wie Mottenflügel. Erleichterung ist ein schwacher Ausdruck für das, was ich empfunden habe. Ich war heil angekommen! Heute nacht brauchte ich keine Angst zu haben. Der Vetter von Claus brachte mich mit seinem Traktor nach Lenglern.

Wo ist mein Pelzmantel?

14.5.46

Lieber Claus,

... zerschlagen, hungrig und verdreckt landete ich in Lenglern. Dort fand ich eine größere Wohnung und einen gewachsenen Sohn vor. Was hat sich das Bengelchen in den letzten Wochen verändert.

Uli wußte erst gar nicht, wer ich war. Ich nahm ihn auf den Arm und guckte mich in der Küche um. Das Bett neben dem Ofen diente tagsüber als Sofa, nachts als Bettstatt für die Schwiegereltern. Nebenan hatten mein Dreikäsehoch und ich sechs Quadratmeter Abstellkammer ganz für uns allein. Eine Tür konnte man nicht schließen, weil keine vorhanden waren. Durchs Fenster entdeckte ich das Plumpsklo unterm Apfelbaum.

Die Schwiegermutter zog einen säuerlichen Mund, weil ein Koffer verlorengegangen war. »Ausgerechnet mein teurer Pelzmantel ist weg«, greinte sie. Es kostete zu viel Kraft, sich ständig zurückzunehmen. Ich holte tief Luft und geigte ihr ordentlich die Meinung wegen ihres teuren Pelzmantels. »Was denkst du eigentlich, was ich hinter mir habe ...« Der

Schwiegervater ging dazwischen. »Nun trink doch erst mal einen Kaffee, Christa.«

Gereizt bis aufs Blut, nahm ich meine Tasse. Aus dem Wasserhahn löste sich ein Tropfen nach dem anderen und stürzte in das Loch darunter. Mein Schwiegervater klemmte eine Zigarette zwischen die Lippen. »Jetzt zündest du mir die mal an«, sagte der alte Herr zu Uli, der neben ihm mit einem Löffel spielte. In diesem Augenblick bin ich hochgegangen wie eine Rakete. »Wie kannst du dem Kind ein Streichholz in die Hand geben?! Drei Tage später brennt das ganze Haus! Seid ihr denn alle verrückt geworden?!« Die Schwiegermutter maulte an ihren Mann hin: »Das habe ich dir doch schon immer gesagt.« Da bereute ich meinen Ausbruch. Uli war das ein und alles seines Opas. Sein Erbe, der Nachkomme seines einzigen Sohnes.

Buße tun

Zum Waschen holte ich einen Eimer Wasser aus der Küche. Frisch eingekleidet in ein braunes Wollkleid, das ich aus Hohensprenz mitgebracht hatte, stellte ich mich unseren neuen Vermietern vor, einem Rechtsanwalt mit seiner Frau. Fast alle Zimmer des alten Fachwerkhauses waren mit Vertriebenen belegt. Die Hausbesitzer waren genauso hungrig wie wir, gaben uns aber trotzdem etwas vom Obst in ihrem Garten ab. Sie hatten gemerkt, daß wir aus besseren Verhältnissen stammten. Im Monat verlangte die leicht gebeugt gehende Dame statt einer Miete nur fünf Mark für den Strom.

Nachdem ich meinen Rundgang durch unser neues Heim abgeschlossen hatte, setzte ich mich an den Küchentisch und fing an, mit weißer Wolle ein kleines Käppi zu häkeln. Am Rand nähte ich mit großen roten Buchstaben den Namen »Claus« ein. Das war die Buße für die Knutscherei mit dem Philosophiestudenten. Damit mir so etwas nicht noch mal passierte, habe ich dieses Käppi so oft wie möglich draußen aufgesetzt.

Familientreffen in Hamburg

Mutter schrieb mir nach Lenglern. »Wir wollen uns alle mal wieder sehen. Ehrenfried ist seit kurzem auch in Hoisbüttel.« An der Bahnstation holte sie mich ab. Obwohl uns anders zumute war, fiel unsere Begrüßung seltsam distanziert aus. Ich fand Mutter frisch und gesund vor, durch die Heimkehr ihres Jüngsten war sie aufgelebt. »Ich esse jetzt deren Brot«, klagte sie unterwegs durch eine lange Allee, »ich will das nicht mehr, bloß geduldet sein.« Kais Frau war steinreich, ihr Vater besaß mehrere Immobilien. Die Familie bewohnte eine Jugendstil-Villa, die in einem märchenhaften Park eingebettet lag.

Als Kai seine Frau im Krieg kennengelernt hatte, war er noch Erbe von Wellerswalde gewesen. Im Mai 1945 stand er schlagartig da wie die Pik Sieben, und dann fiel zu allem Verdruß auch noch seine Verwandtschaft samt den Zimmermanns bei seiner Frau mit der Tür ins Haus. Vier Habenichtse auf einen Streich. Wo doch die Räume bereits mit der eigenen Verwandtschaft belegt waren. Für meinen ältesten Bruder war das eine belastende Situation.

Mit großen Augen blickte ich mich in den hohen Räumen um, Kristalleuchter erhellten sie. Alles war sehr vornehm eingerichtet. Mit Ausnahme unter der Treppe, da war ein

Feldbett aufgebaut. Auf dem nächtigte mein jüngster Bruder. »Ehrenfried«, rutschte mir zugleich erschreckt und beglückt bei seinem Anblick heraus, als er mit dem Kopf hinter einer Eichentür hervorlunzte. Der lange Kerl mit seinen 1,80 Meter kam eingefallen wie eine eingeknickte Bohnenstange daher. Um seine Handgelenke Verbände. Ein Selbstmordversuch in der Gefangenschaft. Mutter flüsterte sorgenvoll: »Der Junge hat keine Lebensmittelkarte.«

An der reichgedeckten Tafel malten Kais Schwiegereltern ihre Erlebnisse bei Kriegsende aus. »Wir saßen in der Scheune«, hub die Dame des Hauses mit schaukelnder Stimme an, »und mußten zusehen, wie die Engländer aus unserem Haus das Silberbesteck fortgetragen haben.« Ein eindrucksvolles Schweigen unterlegte die Bedeutsamkeit des Erlebten. »Wir haben schrecklich gelitten«, schloß sie mit flackerndem Blick. Ich unterdrückte nur mühsam ein Lachen. Ehrenfried machte zu mir hin eine Grimasse wie ein Kaninchen, das jemand an den Ohren zog. Und Mutter hatte wieder diesen Blick im Gesicht, der durchs Fenster weit hinaus, irgendwohin, nur bloß weit weg ging.

Als morgens beim Zähneputzen die Stimmen von Ehrenfried, Herrn Zimmermann und meiner Mutter zu mir nach oben drangen, fühlte ich mich für einen kleinen Moment fast wie zu Hause. Es fehlten nur noch Claus, Lütte und Vater. »Eines Tages gehen wir wieder zurück«, sagte Mutter bei meinem Aufbruch, »unseren Schmuck holen wir uns aber schon vorher raus.«

Zurück in Göttingen, freute ich mich erst mal auf die Arbeit bei Wolfram. Alles andere würde sich zeigen.

Und wieder blühen vor deinem Bild die Rosen

9.6.46 – 1. Pfingsttag

Lieber Claus,

... und wieder blühen vor deinem Bild an der Wand Rosen, und noch immer weiß ich nichts von dir. Ich kann es nicht fassen, daß ich trotzdem singe und lache. Es ist ein seltsamer Zustand, in dem ich momentan lebe. Gebe Gott, daß dein Kamerad, Major Reinhold, Licht in das Finsternis bringt. Mir ist zu Ohren gekommen, daß er aus der Gefangenschaft zurück ist. Nun warte ich auf Nachricht von ihm.

Nächste Woche steige ich bei Wolfram im Geschäft ein. Sonst lebe ich hier so dahin. Die Abhängigkeit von den Schwiegereltern macht mir zu schaffen. Sich ständig nach anderen zu richten und ewig etwas vorgeschrieben zu bekommen, das liegt mir nicht. Ich will wieder meinen eigenen Kram machen.

Wolfram hatte seine Werkstatt im Hinterhaus einer Schlachterei in Göttingen eingerichtet. Rundum Fenster, schön hell. Unsere Arbeitsgemeinschaft setzte sich mit mir aus drei Flüchtlingsfrauen zusammen. Die eine konnte gut sticken, die andere gut nähen. Aus Stoffresten haben die Sudetendeutschen Puppen gebastelt. Ich war mehr für die größeren Holzsäge-Arbeiten eingeplant. Wolfram zeichnete mir Mickey-Maus- und Donald Duck-Figuren vor. So was hatte ich vorher noch nicht gesehen.

Unsere Sachen stellten wir im Laden neben der Fleischtheke aus. Die meisten Leute hatten nur primitiv eingerichtete Wohnungen, nichts drin, da haben die sich eben unsere

Disney-Figuren zu einem Spottpreis an die Wand gehängt. Manche bezahlten mit Lebensmitteln. Unser Chef war hochanständig, er hat uns auch mal ein Ei oder ein Stück Brot abgegeben. Mit meinen 100 Mark Monatsgehalt konnte ich keine großen Sprünge machen. Ein Pfund Kaffee kostete in der Zeit 400 Mark, eine Zigarette fünf Mark.

Nachricht über Claus

16.6.1946

Sehr verehrte Frau Alwardt,

heute erhielt ich Ihren lieben Brief. Um es gleich zu sagen, leider kann ich zu meinem allergrößten Bedauern keine näheren Angaben über das Schicksal Ihres lieben Mannes machen, da ich in dem bewußten Feuerüberfall am 29. April sowohl von Wilhelm Busch, Ihrem Mann und dem damaligen Hauptmann Erdmann getrennt wurde. Ich habe bisher keinen von allen wiedergesehen. Die Situation war meiner Erinnerung nach folgende: (siehe Skizze).

Der Überfall folgte in mehreren Wellen. In einer kurzen Feuerpause setzte ich mich auf den Damm, der etwa fünf Meter über der Straße war, um mich mit dem Kompaß zu orientieren. Die Kameraden waren noch bei mir. Ich stellte fest, daß wir auf dem falschen Weg waren und zu weit nach Süd-Osten abgekommen waren, statt in Richtung Westen oder sogar Nord-Westen zu marschieren. Um aber ganz genau zu sehen, arbeitete ich mich um vier Uhr morgens bis zum Waldrand vor (siehe Skizze Gehöft), während die Kameraden solange zurückblieben.

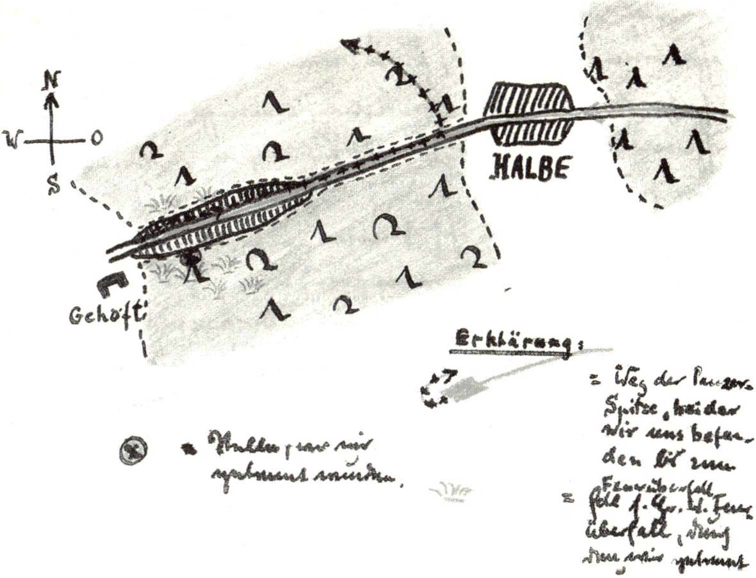

Als ich sie wieder erreicht hatte, erfolgte ein neuer, sehr starker Feuerüberfall. Ich warf mich hinter einen Busch. In solch einen Verhau, ins offene Mündungsfeuer, war ich vorher noch nicht geraten. Als ich hochkam, waren die Kameraden nicht mehr an der alten Stelle. Ich habe etwa eine halbe Stunde lang gerufen und überall, unter den zahlreichen Toten und Verletzten, nach ihnen gesucht. Alles ohne Erfolg. Inzwischen war es hell geworden. Ein kalter Regenmorgen. Ich habe mich dem Weg angeschlossen, auf welchem die frischen Panzerspuren gut zu sehen waren, und die Panzerspitze nach etwa einer Stunde wieder erreicht.

Es war die schlimmste Nacht, die ich bis dahin erlebt hatte. Die furchtbarsten Kämpfe standen uns jedoch erst noch bevor.

Ich kann also leider keine näheren Angaben machen, hoffe aber, daß Ihr Mann vielleicht doch alles überstanden hat und aus russischer Gefangenschaft bald heimkehrt …

Ich grüße Sie in aufrichtigem Mitgefühl

stets Ihr sehr ergebener Franz Reinhold

Gemüsesuppe oder irgend etwas anderes Flüssiges

22. 6. 1946

Lieber Claus,

jetzt will ich noch zügig was ins Büchlein schreiben, eh ich mich zur Arbeit aufmache. Viel Zeit zum Nachdenken bleibt mir nicht. Morgens um halb sechs Uhr geht es aus den Federn, um halb sieben Uhr bringt mich der Zug nach Göttingen, da wird gestickt, gemalt und gesägt bis abends 17 Uhr. Wenn ich heimkomme, habe ich unseren Uli noch ein kurzes Stündchen für mich und bringe ihn anschließend ins Bett. Noch das Abendbrot, dann liege ich flach. So ist mein Tag, ich bin zufrieden damit, denn hier in dieser Bude wäre es auf Dauer zum Verzweifeln.

Ich hoffe, daß ich einiges von Wolfram lerne, ich will mir Mühe geben. Meine Kolleginnen sind nett, aber man muß sich höllisch vorsehen, daß man einander nicht auf die Füße tritt. Da formt die eine wieder ihren spitzen Mund: »Soll doch Christa mal das Nähzeug in die Hand nehmen«, aber Nähen ist eben nicht mein Fachgebiet. Eigentlich bin ich für diese Form der Arbeit völlig ungeeignet.

In der Mittagspause machte ich mir in Göttingen bei einer Nichte von Alwardts mein Essen warm. Meist schwappte in meinem Aluminiumtopf eine Gemüsesuppe oder irgend etwas anderes Flüssiges. Jutta hatte eine richtige Wohnung, sie dolmetschte für die Engländer. Ihr erster Mann war mit der »Bismarck« untergegangen. Sie hat gemerkt, in welchem Zustand ich war. Sie ist mal Ärztin gewesen.

Von dir träumen ...

Lieber Claus,

endlich mal Stille, es ist Sonntag, und ich habe mir ein Fleckchen am Waldrand gesucht, wo ich mal ein wenig Privatsphäre habe und träumen kann. Sonst bleibt mir ja keine Zeit dazu. Ich muß auch mal diese zurückliegenden Ereignisse verdauen. Man kann das nicht nur bloß alles schlucken, ich muß damit fertigwerden ...

Meine Gedanken finden keine Ruhe im Suchen nach dir. Wie märchenhaft schön wär's doch, wenn du neben mir liegen könntest. Dann würden wir nach oben schauen und uns über den blauen Himmel freuen. Wann wird das Geheimnis über deinen Verbleib endlich gelüftet werden? Bis dahin bleibt alles so leer um mich. Wenn ich heimkomme, blicke ich in die verbissenen Gesichter deiner Eltern, alles wird bei ihnen zum Leidgesang. Wir leben nebeneinander her. Manchmal habe ich das Gefühl, als ob sie etwas gegen mich haben.

Sie lassen sich so hängen. Das ist für mich schwer, ich bin immer ein Optimist gewesen. Wenn ich ihre traurigen Gesichter sehe, bin ich für Momente aber selber nicht mehr überzeugt davon.

Manchmal sehne ich mich danach, alleine zu sein und mir

das ganze Leid vom Herz zu spülen. Aber das ist mir meistens versagt. Und heute, wo ich mal alleine im Wald sitze, ist die Welt zu schön zum Heulen, da will ich lieber beim Lerchengezwitscher nach oben schauen und von dir träumen.

Gestritten haben wir in unseren vier Wänden nur selten. Wir waren eher still. »Laß sie meckern«, dachte ich, wenn die Schwiegermutter sich nicht in der Hand hatte »Hauptsache, sie versorgt dir das Kind gut.« Die alten Alwardts verstanden meine Bedürfnisse nicht. Daß ich auch mal ins Kino gehen und mit anderen jungen Leuten zusammensein wollte. Vielleicht hätten sie es lieber gesehen, wenn ich wie eine Nonne gelebt hätte. Unsere Unterhaltungen ermatteten schnell und wurden zusammenhanglos. »Wo ist bloß Claus? Wie es ihm wohl geht?« Die Gesprächspausen immer länger.

Nach Feierabend saßen wir vor leeren Tellern. Ich ging mit dem Kind noch zwei oder drei Stunden zum Ährensammeln. Die Bauern hatten die angrenzenden Felder schon gemäht und waren noch mal mit einem Rechen darüber gegangen. Was danach noch blieb, war wenig, aber für uns Flüchtlinge war es viel. Den halben Eimer voll schüttete ich auf den Küchentisch. Die Schwiegermutter und ich pulten die Körner raus und drehten sie durch eine Kaffeemühle. Das Grobmehl knautschten wir zusammen, Pfeffer, Salz und Wasser dran, und am Ende kam so etwas ähnliches wie Knäckebrot heraus.

Die Schwiegermutter experimentierte auch ständig mit irgendwelchen Rezepten herum. Zuletzt hatte sie aus Kartoffelschalen dünne Brotscheiben gebacken. Erforschte sie tagsüber nicht gerade den neuesten Tratsch über den Nachbarzaun, versuchte sie sich am Anbau von Gemüse. »Was die mit der Hand aufbaut, reißt sie mit dem Arsch wieder ein«, lachte sich der Bauer nebenan über die alte Frau Alwardt ins Fäustchen. Aber woher hätte sie es auch können sollen? Manchmal hörte sie für Stunden nicht auf zu weinen, dann wieder war sie fahrig und ließ das Knäckebrot anbrennen.

Gelegentlich haben wir uns auch zum Zuckerrübenklauen aufgemacht. Bei Mondschein trafen alle Flüchtlinge vom Ort auf den Äckern zusammen. Eine moralische Hemmschwelle, etwas zu stehlen, hatten wir nicht. Wir hatten überhaupt keine Hemmschwellen mehr.

Bis Mitternacht werkelten wir in der Küche. Rüben putzen, zerkleinern und weichkochen. Saft abfiltern und zu Sirup einkochen. Eine Hundsarbeit! Zur Belohnung gab es zum Frühstück Brot mit Sirup. Mein Schwiegervater, der im Wald Bäume fällte, erhielt als Schwerarbeiterzulage auch etwas Butter. Davon konnte ich als »sonstige Kategorie« nur träumen. Ich fühlte mich so schrecklich schlapp und nervös.

Goldener Westen

28.7.46

Lieber Claus,

wieder einmal ist Sonntag. Die Schwiegereltern sind spazierengegangen. Meine Hoffnung auf ein Lebenszeichen von dir ist erneut gestiegen, da zur Zeit von den Russen viele Verwundete entlassen werden. Warten, warten – das ist mein Leben. Wie lange noch?

Ernährungsmäßig sieht es schlecht hier aus, wöchentlich 50 Gramm Fett – und da soll man noch was schaffen. Tja, so rosig ist es im Goldenen Westen auch nicht.

Mittlerweile war auch Lütte im Westen angekommen. Sie hauste in Braunschweig bei ihrer Schwiegermutter. Meine Schwester hatte keine große Verbindung zu dieser Verwandtschaft, ihr Mann war doch gleich nach der Hochzeit gefallen. Aber Schönheide im Erzgebirge bei ihrer Schwägerin war Uran-Abbaugebiet geworden, die Russen hatten alle Einwohner aus den Sperrgebieten hinausgejagt.

Mutter schickte mir eine Karte. Ehrenfried habe eine Lehre als Landmaschinenmechaniker angefangen, ging daraus hervor. Und sie habe es satt, ihrem Ältesten auf der Tasche zu liegen.

Schatzsuche

Mutter brauchte Geld. Es war an der Zeit, den Familienschmuck aus dem Dachsbau auszuheben. Ich mußte mich beeilen, sonst würde mir vielleicht noch jemand zuvorkommen. Oder war das Versteck längst verraten und in Beschlag belegt? Diesmal konnte mir der Graf von Schweinitz nicht mit einer Zulassungsgenehmigung unter die Arme greifen. Seine Familie war mit Sack und Pack in ein anderes Bundesland umgesiedelt. So blieb nur der brenzligere Weg über die grüne Grenze.

Lütte wollte auch hinüber, um ihr Bettzeug aus Merkwitz zu holen. »Kann ich auch mit?« sprach mich Sigrid an, die über die Schwiegereltern von unserem Vorhaben erfahren hatte. Die 25jährige war die Frau des Cousins von Claus, der für mich die Schrankkoffer nach Lenglern geschafft hatte. Sie trug ein Strickkleid und Sportschuhe. Ihre Waden unter dem Saum des Kleides waren stämmig.

Wir drei hatten zwar keine Ahnung und keine Landkarte, aber wir rangen uns dazu durch, den Weg ohne Führer hinter uns zu bringen. Es gab genügend solche Schweinehunde, die es nur darauf anlegten, die Frauen hinterm nächsten Busch auszurauben und gelegentlich gleich um die Ecke zu bringen. Von Walkenried aus setzte sich eine Völkerwanderung in Richtung Ellrich, das bereits in der Sowjetzone lag, in Bewegung. Mein Herz saß mir gründlich in den Hosen. Die russischen Späher lauerten überall. Mit Ferngläsern auf Hochsitzen, im nächsten Graben oder hinter der Blautanne an der Wegabzweigung.

»Wir gehen woanders«, hatte ich von Anfang an festgelegt, »nicht da, wo die Masse ist.« Lütte, Sigrid und ich zweigten vom Hauptstrom auf einen Trampelpfad ab. Von einer Anhöhe aus übersahen wir das Gelände bis zur Grenze. Bis dahin waren es vielleicht fünf Kilometer. Leute mit Rucksäcken, Karren und Kindern wuselten emsig wie die Ameisen querfeldein. Sowohl in die eine als auch in die andere Richtung. Unten in einer Senke, verborgen in einer Fichtengruppe, sammelte ein Bewaffneter unter Gebrüll eine Gruppe zusammen. Das bedeutete: »Drei Tage arbeiten! Gepäck ade.« Die Frauen mußten für die Russen putzen oder Kartoffeln schälen. Die Männer schickten sie in die Kaliumbergwerke, ganz in der Nähe.

Paßkontrolle im Wald

An der nächsten Biegung rempelte Lütte fast mit einem Eisenbahner zusammen. »Geht ein Stück mit mir mit«, empfahl er uns an. Dieser Mann kannte sich in der Gegend wie in seiner Westentasche aus, dank seines Interzonen-Passes durfte er problemlos zwischen Ost und West hin- und herwechseln. Das nächste Stück führte durch einen prächtig gefärbten Herbstwald, aber es fiel mir schwer, mich daran zu erbauen.

»Gut, daß es hier so viel Deckung gibt«, flüsterte Sigrid und strich ihre kornblonden Haare wie etwas Lästiges von den Wangen. Über eine Blumenwiese ging es am Bach entlang. In der nächsten Sekunde zerriß der schrille Ton einer Trillerpfeife die Luft. Mitsamt unserem Gepäck sprangen wir in den nächsten Graben und machten uns klein. Der Eisenbahner spazierte unbeirrt weiter, er war mit seinem Interzonenpaß fein raus.

Wie die Hühner, die Angst vorm Gewitter hatten, kauerten wir anderthalb Stunden mucksmäuschenstill im Graben und behielten die olivgrüne Mütze im Auge, die hinter einem Hügel hin und herwanderte. Noch hatte er uns nicht entdeckt, aber bald würde er über uns herfallen und dann – dann würde vielleicht wieder das gleiche wie damals nach dem Einfall der Russen mit uns Frauen passieren ... dann war alles umsonst gewesen. Als ich mein Gesicht so ins Gras preßte, stiegen in mir die Erinnerungen an meinen Großvater in Wernigerode hoch. Wie wir Kinder bei ihm auf Urlaub im Harz gewesen waren. Wie wir uns atemlos unter die dunklen Tannen mitten in ein Feld aus rotem Fingerhut geworfen hatten. Wie unbeschwert wir gewesen waren.

»Wir gehen weiter«, knurrte Lütte unwirsch, »es wird bald dunkel.« Wir wußten nicht hundertprozentig, ob der Mann weg war oder an der nächsten Ecke seine Greifer nach uns ausstrecken würde. Wir hatten Glück. Nach einer Stunde Fußmarsch mit mehrmaligen Pausen hinter Bäumen und Sträuchern kamen wir wohlbehalten in der Bahnhofshalle in Ellrich an. Doch auch hier fanden wir keine Ruhe.

»Alles raus!« schrien plötzlich heisere Stimmen. In dem Geschubse rammte mir jemand seinen Ellbogen so fest in die Seite, daß mir für einen Moment die Luft wegblieb. Als wir ans Licht traten, war der Bahnhof bereits von Soldaten umstellt. »Jetzt nehmen sie uns hops«, murmelte Lütte. Wir ließen uns wie befohlen auf die Treppenstufen nieder. Deutsche Grenzpolizei, wüste Gestalten mit Dreitagebärten, fuhr mit LKWs vor. Sie liefen durch die Reihen, nahmen den Männern ihre Ausweise ab und transportierten sie kurzerhand ins Kalkbergwerk. Für uns Frauen haben sie sich nicht interessiert.

Anstandslos erhielten wir unsere Fahrkarten. Sigrid düste stracks nach Mecklenburg weiter. »Wenn alles gut geht, sehen wir uns in Rostock, Christa«, sagte sie und hielt beide Daumen fest gedrückt in die Luft. Lütte und ich streckten gelöst im Zug nach Nordhausen die Beine aus.

Das war unsere Heimat

Der Regen schlug gegen das Fensterglas. Die dicken Tropfen klatschten breit auseinander und rannen in winzigen Wellen an der Scheibe nieder. Dann endlich das Licht der Morgensonne. Die blauen Schatten unter den Bäumen. Die Strecke Leipzig–Dresden kannten wir wie unsere Westentasche. Normalerweise erblickte man von hier aus unsere Felder und unseren Turm. Aber diesmal verhüllte Wellerswalde ein gnädiger Nebel.

»Da! Ein Stück von unserer Scheune«, stieß Lütte hervor, als der Schleier blitzartig für ein paar Meter zerriß. Das war unsere Heimat. Mir dröhnten die Ohren vom aufpochenden Blut. Lütte und ich schwiegen, bis der Zug mit einem langgezogenen Quietschen stoppte. »Hoffentlich begegnen wir niemandem«, sagte Lütte mit kaum hörbarer Stimme, während sie sich im Gang die Schnürsenkel fester zurrte. Kaum hatten wir beide Füße auf den Boden gesetzt, trafen wir auf zwei Arbeiter aus Wellerswalde, die nach Leipzig weiterwollten. »Was macht ihr denn hier?« begrüßten sie uns mit ehrlicher Freude. »Wir sind bloß auf der Durchreise«, wimmelten wir sie ab, »wir haben leider gar keine Zeit.« Lütte fügte hinzu, daß wir nur geschwind etwas auf dem Amt in Oschatz zu erledigen hätten. Wir waren so mißtrauisch.

Zu unserer Pension war es nicht weit. Zwei Betten, ein Waschbecken, Klo auf dem Gang. Dort waren wir halbwegs sicher. Nach der Enteignung hatte die Wirtin auch unsere Mutter und die Gräfin von Schweinitz für ein paar Tage beherbergt. Sie stand auf unserer Seite. Aber wohl fühlten wir uns trotzdem nicht. Vielleicht hatte uns irgend jemand der Polizei gemeldet. Lütte blickte jede Minute auf ihre Uhr. Wir warteten auf Schafmeister Rothe. Ich hatte ihm zuvor per Telegramm eine verschlüsselte Nachricht zukommen lassen. »Wir werden gemeinsam etwas unternehmen. Christa Alwardt.« Zaghaft klopfte es an der Tür.

»Rothe, altes Haus!« Lütte streckte dem Vierzigjährigen die Arme entgegen. Ich tätschelte ihm den Rücken. Gegenseitig bohrten wir uns mit unseren Fragen Löcher in den Bauch. »Wie geht es der werten Frau Mutter? Und wie ist das Leben im Westen?« »Bei uns ist alles in Ordnung«, unterbrach meine Schwester ihn, »aber was ist mit Wellerswalde?« Rothe winkte lahm ab. »Alles geht drunter und drüber.« Uns blieben nur fünfzehn Minuten Zeit. Womöglich hatte ein Bekannter den Schafmeister beim Hineingehen beobachtet. »Bitte bringen Sie morgen abend eine Eisenstange und eine Schaufel mit«, unterwies ich ihn, »wir werden etwas ausgraben.«

Lütte machte sich am gleichen Nachmittag auf den Weg nach Merkwitz. Von dort brachte sie zwei Federbetten und ein frischgelegtes Gänseei mit. »Die Leute haben mir gesagt, das kann man unter dem Arm ausbrüten«, erregte sie sich. Mir gefiel der Gedanke. »Mensch, wenn wir eine Gans hätten, das wäre ja toll.« Natürlich ist daraus nie etwas geworden.

Am Morgen darauf reiste meine Schwester ab. »Paß auf dich auf, Christa«, sagte sie.

Verkleidet als Mann

Die Wirtin legte mir eine alte Uniform aufs Bett. Ich schlüpfte in die viel zu lange Hose, krempelte die Ärmel der Jacke hoch und klemmte eine Brille auf die Nase. Meine Haare schob ich unter die Soldatenmütze. Zufrieden begutachtete ich das Ergebnis im Spiegel. Ich sah aus wie ein Mann. Der Schafmeister und ich hatten uns für die Stunde der Dunkelheit am Schlangenberg verabredet.

Über viele Umwege radelte ich, durch Terpitz, Gaunitz und Liebschütz hinten an Wellerswalde vorbei. Meine Augen streiften einige vertraute Gesichter. Aber niemand hat mich in meinem Aufzug erkannt. Unser Teich lag im letzten Abendschein. Das Rad ließ ich hinter einer Pappel stehen und trappelte zu Fuß über den Acker. Mittendrin erhob sich der Schlangenberg. Rothe lehnte mit der Schaufel in der Hand an einem Baum.

Angespannt blickte ich mich nach allen Seiten um. »Da ist niemand«, redete mir der Schafmeister gut zu und begann mit der Spitze der Eisenstange den weichen Waldboden zu durchlöchern. Die Mondstrahlen brachen wie dicke silberne Bänder durchs Geäst. Und nach und nach beruhigte sich mein jagender Puls. Ich hatte die Kassette nicht sehr tief eingegraben. Aber vielleicht existierte sie noch genauso wenig wie meine Möbel, wie meine Fotos, wie mein Zuhause?

»Da ist etwas Hartes!« Der Schäfer griff den Spaten und stieß ihn in die Erde. Rothe grub, Rothe zog, der Boden wollte seinen Besitz nicht hergeben, aber dann mußte er doch loslassen, und Rothe hielt keine fünf Minuten später den Schatz in seinen Händen. Ich fühlte mein Gesicht glühen. Ehrfürchtig strich ich den Sand vom Deckel weg. »Da ist unser Schmuck drin«, klärte ich unseren Verbündeten auf, der mich fragend anschaute. Mit einer Schnur band er mir die Eisenkiste am Gepäckträger fest.

Ich wollte wieder den selben Weg zurücknehmen, aber Rothe überredete mich, direkt über Wellerswalde zu fahren. »Du kommst jetzt mit und guckst euren Hof noch mal an.« Er schob mit der einen Hand mein Rad, die andere legte er auf meine Schulter. »Da kann dir nischt passieren.« Die Kastanienallee war auf einer Seite abgeholzt. Jeder Baum und jede Krume Erde hier hatten uns gehört, und auf einmal sollte das alles nichts mehr mit uns zu tun haben. Mir kam alles so unwirklich vor. Daß man wieder zu Hause war und doch nicht.

Wir liefen außen an der Burg vorbei. Ich konnte in der Dämmerung nicht viel erkennen, aber das, was ich gesehen hatte, reichte mir. Ich hatte nur einen Wunsch: »Weg von hier!« Nichts mehr mitbekommen von all dem Furchtbaren. Rothe wußte genau, was in mir vorging. »Es hilft nichts, wir können das nicht ändern«, raunte er. Er selber hatte nach der Enteignung ein Stück Land zugeteilt bekommen und versorgte weiter unsere Schafe, die nun dem Staat gehörten.

»So, jetzt setzt du dich aufs Rad«, meinte die treue Seele an der Grenze zu Wellerswalde, »und fährst mal los.« Als ich ihm die Hand drückte, habe ich nicht gedacht: »Den Mann siehst du nie wieder.« Ich hatte immer nur das Nächstliegende im Sinn. Und das Nächste war, daß ich heil ins Hotel kam mit unserem Besitz.

Ich war schon durch Merkwitz gesaust, kurz vor Oschatz ging die Straße etwas abschüssig hinab, unten zog sich eine scharfe Kurve und in dieser Kurve guckte mit der Nase zu mir ein Lastwagen, vorne drauf ein roter Stern. Ich spürte das Blut in meinen Adern. Zwei bewaffnete Soldaten rauchten und bedeuteten mir mit den Händen, daß ich anhalten sollte. Vielleicht hatten sie eine Panne. Ich holperte mit dem Rad den Berg hinunter und hatte ein ziemliches Tempo drauf, die Kassette rappelte wie verrückt.

»Wenn die mich jetzt mit dem Schmuck erwischen, schlagen die mich tot«, schoß es mir durch den Kopf. Die Männer waren höchstens noch vier Meter von mir entfernt. Bis Oschatz war es nur noch ein Katzensprung. So fest ich konnte, trat ich in die Pedale und kreischte wie eine Besessene: »Haut ab, ihr Schweinehunde!« Mit offenen Mündern starrten mich die Männer an.

»Stoi, stoi, stoi! (stehenbleiben)« johlten und pfiffen sie hinter meiner davonklappernden Kiste hinterher. Zum Schießen war es wohl bereits zu dunkel. Vielleicht war ich auch zu schnell.

Aus Sicherheitsgründen verbrachte ich die zweite Nacht an einem anderen Ort. Mit dem Wirt des Gasthauses war unsere Familie befreundet gewesen. Aber irgendein Spitzel hatte von meiner Gegenwart Wind bekommen. Nachts hörte ich, wie sie an die Türe klopften. Das Fenster lag im zweiten Stock. Rausspringen konnte ich nicht. Ich spürte nichts anderes mehr als das Klopfen meines Herzens, das mich fast erstickte. »Bei mir ist niemand, da braucht ihr gar nicht gucken«, bekräftigte unten der Wirt. Es folgte ein unverständliches Gemurmel, dann entfernten sich die Schritte wieder.

Als alles stillblieb und nur noch mein Atmen im Dunkeln zu hören war, griff ich lautlos nach meinen Sachen und schlich vorsichtig aus dem Zimmer.

Bandagiert mit Schmuck

Mit dem sündhaft teuren Geschmeide auf dem Rücken habe ich mich nicht sonderlich wohl gefühlt. In Stendal blieb mein Zug das erste Mal hängen. Mit anderen Flüchtlingen döste ich im Wartesaal auf einer Bank. Den Rucksack hielt ich eng umschlungen wie ein Baby im Arm. Durch die Fahrerei, die schlaflosen Nächte und die ständigen Aufregungen fühlte ich mich mehr tot als lebendig, als ich in Hohensprenz über den Hof trottete. »Wo kommst du denn her?« In der Küche setzte mir Inga einen Teller mit Fleisch und Gemüse vor. »Du mußt essen, Kindchen, sonst bleibst du mit deinen Knochen noch an der nächsten Hausecke hängen.«

Sie nahm ein Ölgemälde, das meinen Schwiegereltern gehörte, von der Wand, schnitt es mit dem Messer aus dem Rahmen und rollte es ein. Es war eines meiner Lieblingsmotive, ein Hühnerstall mit Schafen davor. »Nimm das doch mit!« Nachdem ich die Postfrau abgeklappert hatte, dampfte ich gen Rostock zu Usch. Dort stieß auch Sigrid zu mir. Die Reisebescheinigung vom Landratsamt beschaffte uns das unersätzliche Fräulein Kunert. Kostenpunkt: zwei Zigaretten. Blieb nur noch ein Problem. »Wie soll ich den Schmuck hinüberbringen?« haderte ich beim Teetrinken im Wohnzimmer.

Nachdenklich betrachteten alle Anwesenden die Kassette auf dem Sofa. Uschis Mann, Arzt an der Kinderklinik in Rostock, hatte einen Geistesblitz. »Du trägst ihn auf der Haut und ich wickle einen Verband darüber.« Staunendes »Ah« und »Oh«, als der Deckel der Schatulle aufsprang. Goldmünzen blitzten zwischen Perlen und Diamantarmbändern. Kunstvoll band mir der Doktor Stück für Stück um Waden, Oberschenkel und den Hals. Teilweise klebte er die Stücke mit Riesenpflastern fest, teils umschnürte er sie mit Binden. Wir haben heftig gegackert.

Mein Hochzeitschmuck, eine Goldkette mit einem mit Rubinen besetzten Kreuz, piekste in den Bauch. »Wo machen wir das Armband hin?« überlegten wir als nächstes. Der Fünfmarkstück-große Chrysopras paßte am besten an den Arm. »Rühr dich«, verlangte Uschi, als die Binde festsaß, und ich bog den Arm leicht nach oben. Zufrieden nickte das Ehepaar. »Mensch, mach das so, daß man den Verband unter den Socken sieht«, bemängelte Sigrid, als der Arzt meinen Fuß in der Mache hatte, »dann rührt sie kein Russe an.« Diese Bande hatte doch in einem fort Angst vor ansteckenden Krankheiten.

Am Ende konnte ich kaum noch laufen, aber ich sollte sowieso eine kranke Frau spielen. Uschi rollte das Ölgemälde der Tarnung halber um einen Krückstock. Sackleinen und Bindfaden drumherum, fertig. Sigrid nahm ihren Koffer und hakte sich kichernd bei mir unter. Mein Gesicht war vor Schmerz verzogen, weil die Ketten in der Haut zwickten. Auf der Straße schauderten die Leute vor mir zurück. Im Zug machten sie uns ihre Sitzplätze frei. Das Abteil hatten wir für uns allein.

»Bin ich im Westen oder im Osten?«

Von Ellrich aus schlugen wir uns aufs neue durchs Gebüsch. Der Schweiß rann in den Nacken und strömte den Buckel hinunter, daß uns die Hemden am Leib klebten und die Hosen dazu. Sigrid keuchte: »Gleich haben wir es geschafft.« Einen Hügel hoch – und mitten in die Arme eines Wachsoldaten hinein. Keiner hatte ihn kommen sehen, er war plötzlich da. Um Sigrids Mund erschienen so jäh weiße Linien, als hätte eine Schnur sie geschnitten. War das ein Russe oder ein Engländer? Ihre Uniformen sahen gleich aus, nur die Abzeichen waren unterschiedlich.

»Was ist denn mit Ihnen passiert?« murrte der Typ. »Mir geht's nicht gut«, röchelte ich und preßte mit einem Rumoren im Bauch hervor: »Sagen Sie mal, sind wir eigentlich im Westen oder im Osten?« Der Soldat gab Aufschluß: »Sie sind im Westen.« Da schleuderte ich mit einem Aufschrei meine Krücke hinter den nächsten Busch und flog dem irritierten Mann um den Hals. »Ja, wieso«, haspelte er verlegen, »sind Sie denn nicht krank?« »Ne«, erwiderte ich, »die Verbände sind nur Tarnung.« Staunend kratzte er sich an der Stirn. »Na, Sie haben vielleicht Ideen!«

Es war Feierabend in Göttingen. Unter den Fahrgästen nach Lenglern kannte jeder jeden. Die Leute zeigten sich bei meinem Anblick betroffen: »Du Arme!« Wie besoffen vor Glück schwenkte ich meinen Krückstock in der Luft:

»Ach, das ist gar nicht so schlimm.« Vor allem stieg auch ein Triumphgefühl in mir auf, daß ich diesen Kommunisten, die uns alles gestohlen hatten, ein Schnippchen geschlagen hatte. Daß wir wieder im Besitz der Dinge waren, von denen einige Hunderte von Jahren innerhalb unserer Familie weitergereicht worden waren.

Nachdem sich meine Schwiegereltern vom ersten Schreck erholt hatten, rieb sich der alte Herr Alwardt lachend die Hände. »Jetzt wickeln wir dich erst mal aus.« Über jedes Schmuckstück, das ans Licht kam, klatschte Uli begeistert in die Hände. Ich behängte ihn mit den Kolliers wie einen Weihnachtsbaum. Am Morgen darauf mischte ich mich, ohne Verbände und spontan genesen, unter die Pendler in der Eisenbahn. Die Fahrgäste steckten die Köpfe zusammen. »Bei der stimmt was nicht.«

Den Schmuck brachte ich am Wochenende zu Mutter nach Hamburg. Er gehörte ihr, und sie sollte ihn auch wiederhaben. »All die Geschichten, die in jedem Stück stecken«, seufzte Mutter, als die Kostbarkeiten vor ihr ausgebreitet auf dem Tisch lagen. Ihr Gesicht verlor etwas von seiner verhärmten Anspannung. »Such dir was aus! Du kannst nehmen, was du willst.«

Ich überlegte lange. Zuletzt wählte ich meinen Hochzeitsschmuck. Er war eine Erinnerung an Claus und zugleich ein uraltes Erbstück vom Fürstbischof von Eichstätt, einem Vorfahren meiner Mutter. Bis auf die letzte Perle versetzte Mutter jedes Teil, weit unter Wert. Sie ist noch zwei Jahre bei meinem Bruder geblieben, danach haben die Kinder von Tante Silvie sie auf ihr Schloß nach Bennigsen geholt.

Nach dieser Reise nach Wellerswalde begann mich das Heimweh zu plagen. Mit dem Schmuck war ein Stück Kindheit noch einmal aufgetaucht. Ein Stück Sehnsucht.

Von einem Herzschlag zum anderen empfand ich eine so schmerzhafte Trauer, daß es mir wie mit einem Messer in die Brust stach. Wie vorher hockte ich in derselben tristen Umgebung, in demselben engen Raum. Grau waren die Tage wie der nackte Beton der Straßen, grau wie die Gesichter der übermüdeten Arbeiter am Bahnhof.

Sonntags bin ich mal wieder in den Wald gelaufen und habe unter einem Baum geheult. Die Landschaft war voller Frieden. Sie war ohne Menschen. Im Kopf all die schönen Erinnerungen an die verlorene Heimat. Ich sah mich als Halbwüchsige hoch oben auf dem Heuwagen bei der Ernte, als Mädchen in den großen Ferien Verstecken im Heu spielen, als Erwachsene auf dem Pferd über die Wiesen galoppieren. Ich weinte um die verlorengegangene Freiheit. Zu Hause habe ich mich im Westen nie gefühlt.

Bierverlag

Dieses ewige Geknapse und Geknausere konnte so nicht weitergehen. Im Oktober stellte ich mich in einer Getränkefirma bei zwei Brüdern vor. Beides Doktoren, Mitte 30, die nach dem Krieg notgedrungen den »Bierverlag« der Eltern übernommen hatten. Winkelige Gänge und verborgene Räume durchzogen das unübersichtliche Gebäude. Und das war gut so. In einer Hinterkammer experimentierten die Akademiker nämlich nicht nur mit künstlichen Aromen für Heißgetränke, sondern auch mit schwarzgebranntem Schnaps.

Fortan war ich für die Buchführung zuständig und diente zugleich als Testperson für Hochprozentiges und Geschmacksverstärker. Das Geschäft lief gut, mein Gehalt war etwas höher als vorher.

Lieber Claus,

... ich habe mal wieder großes Glück gehabt. Nette Menschen, erträglich viel Arbeit. Ein guter Schnaps. Herz, was willst du mehr? Ansonsten ist es aber auch mies, mieser, am miesesten. Von dir immer noch keine Nachricht. Zum verzweifeln. Hier in Lenglern jeden Tag die gleiche Leier. Gebe Gott, daß in Kürze eine Änderung eintritt. Uli ist meine ganze Freude, nur leider ist er sehr verzogen, so daß ich sehr streng mit ihm sein muß. Ach, Claus, komm doch bald.

Jeder zupfte morgens noch einmal an der Hose, korrigierte den Scheitel, rückte das Hemd zurecht, bevor er in Göttingen den Schritt auf den Bahnsteig wagte. Dann schob von hinten alles an die Sperren, an denen die Fahrkarten kontrolliert wurden. Die Leute waren eingepfercht wie eine Kuhherde. Eines Tages war das Gedränge so heftig, daß die Bude, in der der Fahrkartenkontrolleur hockte, wie ein Kartenhaus umfiel. Die Halle schallte vom Gelächter.

Auf der Rückfahrt stimmten alle Passagiere das Feierabend-Lied an: »Wenn bei Capri die rote Sonne im Meer versinkt ...«

Einen Sitzplatz ergatterte man morgens so gut wie nie. Meistens hingen sowieso Güterwagen ohne Bänke an der Lok. Da hat man sich einfach zwischen die anderen hineingedrückt. Ich fühlte mich so komisch. So schwach und wackelig. Wahrscheinlich lag das daran, daß ich wieder bloß Sirupbrot gegessen hatte. Jeden Tag Sirup und Brot, dazu selbstgebrauten Muckefuck-Kaffee.

Mit einem Mal brach mir der Schweiß aus, mir ist ganz mies geworden. »Was machst du jetzt bloß?« überlegte ich noch. Ich merkte, wie es mir die Beine weghaute. Vor mir ein weißes Licht, das größer und immer größer wurde, bis die ganze Welt nur noch aus diesem weißen Licht bestand. Dann verlor ich das Bewußtsein. Ich sackte ab, aber um mich herum waren so viele Leute, daß ich nicht fallen konnte.

Als ich wieder zu mir kam, hing ich in irgendwelchen Armen. Die Ärmel um meine Schultern gehörten zu einer dunkelgrünen Soldatenjacke. Benommen blickte ich empor. »Das ist das Gesicht von diesem langen Kerl, den du schon öfter im Zug gesehen hast«, registrierte ich. »Na«, formte sein Mund eine Frage, »geht's wieder?« Ich war noch so betäubt, daß ich darauf nicht zu antworten wußte. »Ich halte Sie solange, bis wir in Göttingen sind.« Anders wäre es auch nicht gegangen. Meine Beine waren wie aus Gummi.

Dieser dunkelhaarige Mann mit den ruhigen Augen, er war genauso alt wie ich, hatte mich schon länger ausgeguckt. Mir war das bloß nie aufgefallen. Ich hatte Claus im Kopf, und obendrauf das Käppi mit seinem Namen. »Ich muß zur Arbeit«, sagte ich und versuchte mich aus den schmalgliedrigen Fingern freizumachen. Aber mir fehlte dazu die Kraft. Willenlos wie eine Puppe setzte er mich in den nächsten Zug zurück nach Lenglern. »Ich geh zum Bierverlag«, besänftigte er mich, »und gebe denen Bescheid, daß Sie krank sind.« Der Mann wußte längst, wo ich mein Brot verdiente.

Ich stakste zu meiner Wohnung, jeder Schritt vorsichtig wie bei einer alten Frau, die aus der Badewanne steigt. »Tut mir leid, ich bin eben zusammengeklappt«, entschuldigte ich mich bei der Schwiegermutter, »ich muß mich hinlegen.« Die Mutter von Claus fegte wie ein aufgeschrecktes Huhn durch die Küche. »Wir müssen einen Arzt holen. Wir müssen ...« Aber ein Arzt kam doch sowieso nicht ins Haus. »Ich gehe in den nächsten Tagen in Göttingen zu einem ...«, sagte ich und schloß die Augen.

Meine Matratze schwankte wie auf dem Meer hin und her. Diese ständigen Reisen, diese Aufregungen, dieser Hunger – das war alles zu viel gewesen. So konnte mein Leben nicht mehr weitergehen. Ich hatte keine Kraft mehr. »Kreislaufkollaps«, diagnostizierte der Arzt zum dritten Mal an jenem Tag. »Kein Wunder, Sie sind total unterernährt.« Er schrieb mich 14 Tage krank und verordnete eine Zusatz-Lebensmittelkarte. Pro Tag ein halber Liter Milch, ein Viertelpfund Butter extra und etwas mehr Fleisch. Diese Medizin hat sehr schnell gewirkt.

Verwirrung der Gefühle

Der Lulatsch hieß Günther. Gleich am Wochenende machte uns dieser Riese, er überragte mich um mindestens zwei Köpfe, seine Aufwartung. »Das ist der junge Mann, der mich gerettet hat«, stellte ich ihn den Schwiegereltern vor. Die Blicke der Schwiegermutter wanderten von der schäbigen Soldatenjacke hinab zur dunkelgrauen Pfeffer- und Salzhose. »Setzen Sie sich«, sagte sie und rückte den Küchenstuhl zurück.

Übergangslos von meiner Gesundheit sind wir über die Landwirtschaft ins Reden gekommen. Ein paar Kilometer entfernt befand sich ein ehemaliges Munitionslager mit Äckern drumherum, von denen der Schwiegervater vier Morgen übernommen hatte. Er hatte auch bereits zwei Kühe erworben. In der Theorie wußte er genau, wie das Agrarwesen funktionierte, aber an der praktischen Umsetzung haperte es. Melken oder mit der Sense umgehen fiel ihm schwer.

»Wenn Sie Hilfe brauchen«, unterbreitete Günther ihm ein Angebot, »gehe ich Ihnen gerne zur Hand.« Und da der 25jährige hochinteressiert an mir war, legte er sogar noch nach: »Ich hacke ihnen auch gerne mal Holz. Sie müssen nur was sagen. Was ich kann, das mache ich.« Sicher haben die Schwiegereltern sofort geschnuppert, woher der Wind wehte, aber sie haben so getan, als ob nichts Anrüchiges dabei wäre.

»Meine Familie hatte auch einen großen Hof in Stralsund«, erläuterte Günther mit dunkler Stimme, während die Schwiegermutter ihm eine Tasse Tee nachschenkte. Gelernt habe er sein Handwerk jedoch erst nach dem Krieg. Die Amerikaner hätten ihn nach der Gefangenschaft zu einem Bauern nach Bad Aibling geschickt. »Wo waren Sie im Einsatz?« wollte der Schwiegervater wissen. Er habe den Rußlandfeldzug mit der Flak bis vor Moskau mitgemacht. »Anschließend bin ich zu den Fliegern gekommen.« Dabei lächelte er mich so offen an, daß ich rot anlief.

»Und wie hat es Sie nach Lenglern verschlagen?« interessierte ich mich. Seine Briefe in die Heimat seien alle mit dem Vermerk »Unzustellbar« zurückgekehrt. Günthers Gesicht sah farblos in dem kalkigen Licht der schirmlosen Deckenlampe aus. Über einen Freund habe er schließlich in Erfahrung gebracht, daß seine Eltern in Lenglern seien. Er sprach zögernd, seine Brust bewegte sich mit dem Atem. »Deinen Vati haben sie erschossen«, habe die Mutter ihn aufgeklärt. Sie hatte aus dem Fenster zugesehen, wie Uniformierte dem Nazi-Gegner einen Genickschuß verpaßten. Bis heute wisse niemand, wer die Mörder waren. Polen, Russen oder Deutsche?

Für einen Moment verbarg er sein Gesicht hinter der Tasse. Der Adamsapfel an seinem dünnen Hals stieg auf und ab. »Ja Gott, Flüchtlinge sind wir alle«, sagte der Schwiegervater, um die Stille zu durchbrechen. Und seine Frau, unsensibel, wie sie war, setzte ihr Kreuzverhör fort. »Und von was leben Sie jetzt?« Günther lachte auf. »Als Pilot geht ja jetzt leider nichts mehr ...« Auf dem Arbeitsamt habe man ihn vor die Wahl gestellt: »Maler oder Klempner.« Maler kam nicht in Frage, blieb nur Klempner. Seit zwei Jahren sei er als Altlehrling beschäftigt, bei einem Monatsgehalt von 30 Mark. Dafür bekam man zehn Zigaretten.

Den armen Schlucker fand ich sympathisch. Er strahlte Beiläufigkeit und Leichtfüßigkeit aus. Als könne er sich auch in seiner abgewetzten Soldatenjacke gut durchs Leben schlagen.

»Wir kommen schon durch«

In der Nähe ihrer Felder hatten die Schwiegereltern ein kleines Häuschen gemietet. Ich blieb alleine in der alten Wohnung und erhielt sogar noch einen Raum dazu. Unverzüglich habe ich Lütte aus Braunschweig zu mir geholt: »Komme zu mir! Ich verdiene etwas. Wir kommen schon durch.« Das Leben lief ruhig in dieser Zeit.

Lieber Claus,

bei mir läuft alles im alten Trott, jeden Tag Hin- und Rückfahrt nach Göttingen, Arbeit, Bett. Ein Tag wie der andere. Aber eins ist herrlich: Ich habe ein Zimmer alleine für mich. Nun kannst du kommen, und wir haben sogar unser eigenes Reich.

Mit etwas Dusel konnte ich Lütte als Helferin im Bierverlag unterbringen. Uli blieb bei den Schwiegereltern. Wir holten ihn jeden Sonntag ab. Wir mußten um halb sieben zum Zug. Bis zum letzten Moment blieb meine Schwester frühmorgens im Bett. Ich war außer mir: »Nun steh endlich auf!« Aber sie brummelte nur: »Jetzt frühstücke ich erst.« Allmählich verlor ich die Geduld. »Ich gehe!« »Und ich frühstücke«, bockte sie. »Diesmal fährt der Zug ohne sie weg«, war ich mir sicher. Der Stationsvorsteher hatte die Kelle bereits hochgehoben, meine Schwester bummelte von hinten nach und drückte sie ihm einfach runter. »Erst steig ich noch ein.«

Im Waggon zwängte sich wieder der lange Kerl in den verlotterten Klamotten neben mich. Um die blauen Augen Lachfalten. »Geben Sie mir mal Ihr Frühstück, ich gebe Ihnen meins«, forderte er mich auf und öffnete seinen alten Schulranzen. Seins war ein richtiges Wurstbrot, mit einer dicken Schicht Salami darauf. »Das kann ich nicht annehmen«, sagte ich, und mir lief das Wasser dabei im Mund zusammen. »Das können Sie schon. Ich schlafe hinter zwanzig langen Würsten«, witzelte er. Einen Teil des schwarzgeschlachteten Schweins habe seine Mutter, die mit einem Bauern im Ort zusammenlebte, hinter seinem Bett versteckt. Aber – das sagte er nicht dazu – die Köstlichkeiten waren nicht für ihn bestimmt.

Von diesem Tag an haben Günther und ich regelmäßig unsere Brotzeit miteinander getauscht. Er aß mein trockenes Sirupbrot, ich seine fetten Wurstbrote. Lange konnte ich es nicht verdrängen, daß dieser Mann sich ernsthaft was aus mir machte. »So geht das nicht weiter«, gab ich mir nach dem fünften oder sechsten Wurstbrot einen Ruck. Ich durfte dem jungen Kerl keine falschen Hoffnungen machen und ihn weiter so ausnutzen.

In Göttingen am Bahnsteig zupfte ich ihn am Ärmel. »Heute mittag habe ich eine Stunde Pause. Können wir uns nicht treffen? Wir müssen was besprechen.« Bei einem Heißgetränk mit Aroma habe ich Günther offengelegt, daß ich verheiratet sei und einen zweijährigen Sohn habe. Es gäbe keine Aussichten für ihn, daß ich mit ihm etwas anfangen würde. »Wissen Sie«, hielt er völlig unbeeindruckt dagegen, die Hände auf seinen Schenkeln ruhend, »das ist mir ganz egal, ich helfe Ihnen trotzdem gerne.« Das hat mir imponiert.

27. Geburtstag von Claus

24. 11. 1946

Mein über alles geliebter Mann,

wieder jährt sich dein Geburtstag. Alleine bist du, und alleine bin ich. Wieder liegt ein Jahr deines Lebens hinter dir, ein Jahr voller Warten und Heimweh. Ob das nächste wohl deine Freiheit bringt? Ach, Liebster, verzweifle nicht, ich steh neben dir in aller Not und schicke dir mit tausend lieben Gedanken Mut zum Ausharren. Fühlst du es nicht?

Ist es nicht seltsam, daß ich gerade heute einen Brief von einer Hellseherin kriegte, deren Adresse mir eine Bekannte zugeschanzt hatte? Sie schreibt mir, daß du krank oder verwundet in einem fremdländischen Lazarett liegst und ich Ende des Jahres eine klärende Nachricht erhalten würde.

Das gibt solch einen Mut zum weiteren Warten. Wüßte ich es nur zu hundert Prozent, daß es stimmt, in dem Fall würde ich die ganze Welt umarmen. Denn ich gehöre nur dir, dir ganz alleine.

Es wartet deiner in großer Sehnsucht und ewig
nur dein Peterle

Es war fast so, als wollte ich mir das nach zwei Jahren noch mal mit Gewalt eintrichtern. Im Grunde verabschiedete ich mich von Claus, ohne es zu merken. Ich wollte meinen Mann nicht hintergehen. Aber ich dachte trotzdem manchmal daran. An mir nagten die Gewissensbisse. Ich habe mich nicht mal getraut, den Namen von Günther in meinem Tagebuch zu erwähnen. Hinter den Waggonfenstern lag Dunkelheit, und es sah so aus, als hätte die Bahn Spiegel statt Scheiben in ihre Züge eingebaut. Mit dem Blick kontrollierte ich meine Frisur und begutachtete, ob derjenige, an dem ich vorbeischaute, mir auch die nötige Aufmerksamkeit schenkte.

Es kehrten so viele Männer aus der Gefangenschaft zurück und fanden ihre Frauen im Bett mit einem anderen. Das war so trostlos. Ich hatte Mitleid mit diesen Soldaten. Und Verachtung für solche Frauen. Gegenüber von mir wohnte eine Dame, die wackelte auf Korkabsätzen in so einem Tigerpelz daher. Eine Edelhure der Amis war das, sie lenkte ihren Cadillac direkt an uns vorbei, wenn Lütte und ich in unseren ärmlichen Kleidern die Tür aufsperrten.

Aus den Müllgruben zerrten wir kaputtes Geschirr und Töpfe heraus. Günther lötete die Löcher oder setzte einen neuen Boden hinein. Was wir nicht selber benötigten, versetzten Lütte und ich an die Bauern im Ort. Aber das Geld langte hinten und vorne nicht, ich brauchte noch einen zusätzlichen Nebenverdienst. Einer unserer Kunden im Bierverlag war ein Schwarzhändler, der unter anderem dicke Filzplatten bei sich gebunkert hatte. Da kam mir in den Sinn, daß ich daraus Pantoffeln anfertigen könnte. »Haben Sie vielleicht eine Platte übrig?« »Für Sie immer«, prahlte er, »kommen Sie heute abend um acht Uhr in mein Büro.«

Mit einer Handbewegung zog er mich in sein Schwarzmarktlager hinein. »Jetzt trinken wir erst einmal ein Glas Wein.« Da war klar: »Der will was von dir.« Aber ich wollte die Filzplatte unbedingt haben. Höflich nippte ich an meinem Glas. Ein nervtötender Unterhalter, der sich gefiel. »Wollen Sie wissen, was mir passiert ist«, dröhnte er, »ich erzähle es Ihnen trotzdem.« »Ich muß morgen früh wieder arbeiten und deshalb gleich wieder nach Hause«, wurde ich langsam deutlich und nahm meine Handtasche. »Ach, bleiben Sie doch noch ein bißchen.« Fünf Minuten ertrug ich seine gierigen Blicke noch, dann reichte es mir. »Jetzt will ich aber die Filzplatte haben.« Und er hat sie mir tatsächlich gegeben.

Am nächsten Arbeitstag scharwenzelte dieser Dickwanst im Bierverlag hinter meinem Schreibtisch herum. »Wollen wir nicht mal zusammen verreisen, schöne Frau? Im Solling kann man sehr gut wandern.« Mit aufgerissenen Augen guckte ich ihn an. »Sie sind doch verheiratet.« »Ja«, grinste er, »ich gebe Ihnen den Ausweis von meiner Frau.« »Jetzt ist aber Schluß!« empörte ich mich und schlug kräftig mit der Hand auf meine Papiere. Solche unmoralischen Angebote wurden einem ständig unterbreitet. Manch eine hat sie angenommen. Die Not war groß.

In der Küche trippelten die Mäuse aus dem Gully. Sie kletterten nachts an den Vorhängen hoch. Im Winter war es so frostig, daß die Lehmmauern neben meinem Bett zu Eis gefroren. Im Nebenzimmer schlummerte Uli, dort bullerte ein kleiner Ofen. An Durchschlafen war bei Lütte und mir nicht zu denken, weil wir alle Stunde Holz nachlegen mußten. Aber so schlimm wie in Günthers Absteige war es bei uns nicht. Bei ihm froren sogar die Stiefel am Boden fest.

Die Hauswände in der Stadt strahlten eine Kälte aus, die einem direkt in die Knochen stieg. Ich hatte nichts Vernünftiges anzuziehen, kein Gramm Fett auf den Knochen und war dünn wie ein zusammengefalteter Regenschirm. Während ich mich im Bierverlag, eingeschnürt im Mantel, über die ausstehenden Rechnungen hermachte, reinigte Günther in den Mietshäusern nebenan Toiletten und verstopfte Leitungen. Gelegentlich ließ er in seinem Schulranzen zwei oder drei Briketts verschwinden, die in den Verschlägen im Keller herumlagen. Mittags brachte er mir den Brennstoff ins Büro, damit ich den Ofen einheizen konnte.

Um halb sieben Uhr abends brühte ich mir zu Hause eine Suppe auf, um acht Uhr stellte die Gemeinde den Strom ab. Wie sollte ich im Dunkeln bloß meine Hausarbeit erledigen? Günther bastelte mir aus einer alten Blechdose und einem Docht eine Karbidlampe. Das ergab eine so helle Flamme, daß ich dabei gut Hosen flicken und Filzlatschen nähen konnte. Siegessicher strahlte er mich an. »Der wird dir gefährlich!« durchzuckte es mich da wie ein Blitz.

Mit jedem Tag kamen wir uns ein Stückchen näher. Am

Wochenende streiften wir durch den Wald, um Brennholz zu klauen. Günther nahm Uli an der Hand. »Mit uns wird das nichts«, leierte ich ihm gegenüber in einem fort herunter, wenn er sich von mir verabschiedete. Vermutlich klang es jedesmal eine Spur weniger überzeugt.

Besuch vom Pfarrer

»Ja, sind wir denn nur noch der letzte Dreck?« ranzten Lütte und ich, wenn in Nachrichten und Zeitungen pauschal das ganze deutsche Volk als Verbrecher hingestellt wurde. Es habe, so wurde später behauptet, 1945 bei der Kapitulation weniger Nazis gegeben als im Hungerwinter 1947/48. Die Menschen waren nicht nur bitterarm, sie fühlten sich auch moralisch gedemütigt.

Das Licht war nach Feierabend gerade wieder ausgegangen, als es an der Tür klopfte. »Sie sind doch die Frau Alwardt«, stellte mich ein Unbekannter zur Rede. »Haben Sie Arbeit?« »Ja«, entgegnete ich verwirrt, »aber was wollen Sie eigentlich von mir?« Ich wußte nicht, wer vor mir stand, bis der Dorfpfarrer Kirchgeld von mir begehrte. »Sie sind doch evangelisch«, redete er mir ins Gewissen. »Ja, das bin ich. Aber ich bin auch Flüchtling. Sehen Sie sich um, was ich noch habe. Ich kann Ihnen kein Kirchgeld geben.« Aber der Mann hatte kein Einsehen. »Sie sind dazu verpflichtet den zehnten Teil ihrer Lohnsteuer abzugeben.«

»Warten Sie«, habe ich da schnaubend hervorgestoßen, meinen selbstgenähten BH unter dem Kleid geöffnet, ihn durch den Ärmel gezogen und dem Pfaffen vor die Augen gehalten, »den können Sie haben.« Da war er schnell weg.

»Lade die junge Frau doch mal zu uns ein«, brachte Günthers Mutter ihren Sohnemann auf Touren. Im Zug nach Lenglern druckste er verlegen herum: »Du, meine Mutter lädt dich herzlich ein. Sie hat Fleischklopse gemacht.« »Gerne«, stolperte es mir voreilig über die Lippen. Das war nicht besonders vornehm, aber ich konnte nicht anders. Fleischklopse hatte ich schon lange nicht mehr gegessen.

Sicher hatte die alte Frau Mitleid mit ihrem Sproß, weil dessen Verlobte kurz zuvor in die Versenkung abgetaucht war. Sie mußte sehr hübsch gewesen sein, aber ihr Charakter dafür um so weniger. Als seine zukünftige Braut ihn in Lenglern besuchte, hatte sie festgestellt, wie bitterarm der Erbe eines Gutshofes mit einem Schlag geworden war. »Bring mich über die Grenze, ich möchte in die amerikanische Zone«, hatte sie ihn noch am gleichen Tag ersucht. Am Schlagbaum machte sie ihm unverblümt klar: »Du hast mich heute das letzte Mal gesehen.«

Aus dem Stand gestürzt zu werden war für Günther kein Weltuntergang. Selbst als Fluglehrer hatte er nie viel Geld in der Tasche gehabt, die Zöglinge reicher Eltern sind damals sehr kurz gehalten worden. Trotz Entwurzelung konnte er vernünftig mit dem neuen Sachverhalt umgehen. Vernünftiger als ich, die durch ihre Liebe zu Land und Erde so tief verbunden mit ihrer Heimat war.

Ihre Stube hatte seine Mutter mit dem wenigen, was sie noch besaß, hübsch hergerichtet. Beim Eintreten spürte man gleich: »Hier lebt ein Mensch, der Kultur hat.« Gerahmte Schwarzweiß-Fotos lehnten auf einem Regal. Als Teppich diente eine graue Wehrmachtsdecke. »Ich habe noch eine Verabredung«, entschuldigte sich die gebürtige

Ostpreußin und zog sich, ganz Dame aus gutem Hause, diskret zurück. Die Klopse waren bereits gebraten und warteten auf dem Herd. »Klasse!« seufzte ich. Ich kam mir vor wie eine Prinzessin.

Gewissensbisse

Unbeirrt habe ich an meinem Hochzeitsspruch festgehalten. Sich in guten wie in schlechten Zeiten die Treue zu halten. Günther hat mich umsorgt, dafür wollte er aber auch etwas. Das hat er nicht direkt gefordert. Aber das spürte ich. Ich konnte auch nicht ständig nehmen, ohne etwas zurückzugeben. Ohne diesen Mann wäre ich kaputtgegangen. Mit den dahinstreichenden Wochen sah ich ein, daß ich mich entscheiden mußte. »Jetzt ist Schluß«, habe ich mich selber unter Druck gesetzt und ihm erlaubt, über Nacht zu bleiben.

»Du kannst nichts von mir erwarten, ich mag dich gerne, aber ich kann mich nicht binden«, hob ich mit Nachdruck hervor, »wenn du eine andere kennenlernst, bitte, dann nimm sie.« Ich küßte diese Lippen, die ich liebgewonnen hatte, und fühlte mich gut dabei. Für den Moment unterdrückte ich sogar die Angst, daß die Tür aufspringen und Claus im Raum stehen könnte. Wenige Minuten darauf war mir mein Verhalten jedoch hochnotpeinlich.

Wie hatte ich mich bloß so gehen lassen können? Mein Lebtag hatte ich die Moral hochgehalten, und jetzt war ich zur Verräterin geworden. Meine innerliche Zerrissenheit setzte mir heftig zu. Heftiger noch als Krieg und Vertreibung. Unentwegt bohrte sich dieselbe Frage, spitz wie ein Dorn, mitten in mein Herz hinein: »Was machst du, wenn

Claus vor der Tür steht?« Das hat mich fast kaputtgemacht. Mit Mitte Zwanzig habe ich angefangen, mein graues Haar zu färben.

Nachricht über Claus

Erneut tauschte sich Wilhelm Busch, der Kamerad meines Mannes, mit mir schriftlich aus. Erneut machte mir das Hoffnung. Und weiter zernagten mich die Selbstanklagen, weil ich meine Gefühle längst nicht mehr im Griff hatte …

2. 1. 47

Sehr geehrte Frau Alwardt,

nun ist die Weihnachtszeit vorbei. Was haben wir einst draußen von dem Fest des Friedens geträumt? Aber immer noch ist kein Friede, und unsere Kameraden sitzen weiterhin hinter Stacheldraht …

Von meiner alten Division 31 ist jetzt ein Schirrmeister aus der Gefangenschaft entlassen worden. Er bringt die Nachricht mit, daß ungefähr 3000 Mann der Division sich in einem Lager am Ural befinden …

Einmal aber muß die Welt wieder vernünftig und anständig werden, muß auch Ihrem Gatten die Möglichkeit gegeben werden, Ihnen zu schreiben, besser noch persönlich sich zu melden.

Noch eine Neuigkeit, mit der zunächst noch nicht viel anzufangen ist, die aber auch Ihre Hoffnung noch bestärken kann. General Biehler, Kommandant von Frankfurt/Oder und später Divisionskommandeur, hat aus russischer Gefangenschaft, in die er verwundet gefallen ist, geschrie-

ben. Frau Biehler hatte vorher die Nachricht erhalten, daß er in Halbe gefallen sei.

Gerne würden wir Sie mal einladen. Bei unseren mehr als beschränkten Wohnungsverhältnissen – wir haben noch einen Arzt mit Familie und Praxis in unserer Wohnung – ist das aber leider im Augenblick nicht möglich …

Seitdem wir aus den Briefen entnommen hatten, daß mein Mann bei Halbe zum letzten Mal gesichtet worden war, haben mein Schwiegervater und ich die ganze Umgebung dort angeschrieben. Mit dem Schreiben der Gemeindeverwaltung in der Tasche suchte mich der alte Herr Alwardt auf.

27. Januar 1947

Sehr geehrter Herr Alwardt,

im Besitze Ihrer werten Zeilen vom 21. Januar dieses Monats möchte ich Ihnen erwidern, daß wir den Angehörigen der Gefallenen von Halbe, soweit wir sie namentlich erfassen konnten, Nachricht von deren Heldentod zukommen ließen. Leider haben wir hier aber unzählige Gefallene, denen wir nicht die Soldbücher und Erkennungsmarken abnehmen durften, und zwar auf Befehl der russischen Militärbehörde, so daß leider Tausende von Angehörigen niemals erfahren werden, wo ihr Liebstes verblieb. Auch Ihnen kann ich leider nicht helfen, so gerne ich es möchte. Ich grüße Sie mit dem Gruß: »Gott nimmt sich der Betrübten an, wenn sie ihn von Herzen rufen … «

Neu verliebt

11.7.1947

Lieber Claus,

lang notierte ich nicht mehr ins Büchlein, und das hat auch einen Grund. Ich wußte nämlich nicht, wie ich es dir sagen sollte. Ich habe mich verliebt. Aber nun weiß ich, daß diese Gefühle meiner Liebe zu dir nichts anhaben können. In diesem halben Jahr habe ich erfahren, daß es so eine Liebe, wie die zwischen dir und mir, nicht noch einmal geben kann. Ich bin glücklich, das zu wissen – und warte, warte, warte weiter auf dich.

Ich log mir selber etwas vor. Und schämte mich dafür. Auch vor meinen Schwiegereltern. Die Mundwinkel meiner Schwiegermutter hingen, wie von einem Fünf-Kilogramm-Gewicht gezogen, nach unten. Sie sagte nichts, aber ihre Augen sagten alles. Es hatte längst die Runde gemacht, daß ich mit Günther ins Kino ging und im Dorf einen Tanzkurs mit ihm besuchte. Allmählich verlor ich mich an diesen Mann. Auch wenn er das glatte Gegenteil von Claus war. Er der nüchterne Techniker, Claus der naturverbundene Romantiker. Mit ihm war ich total auf einer Linie gewesen. Von Technik hingegen verstand ich nicht viel.

Das Leben war eine Spur normaler geworden. Lütte hatte als Diät-Köchin an der Universitätsklinik in Göttingen einen guten Job gefunden. Wir hatten eine Tischdecke, einen Waschtisch, und wir hatten auch mal wieder Spaß. Gerne hätte ich mir auch etwas Anständiges zum Anziehen gekauft. Schließlich war ich doch eine junge Frau und wollte nett aussehen. Die Haare haben wir Flüchtlingsfrauen uns gegenseitig gelegt. Auf unserem Dachboden zerrte ich zwischen

Gerümpel eine Hakenkreuzfahne heraus. »Ein toller langer Baumwollstoff«, gratulierte mir Lütte zu meinem Fund.

Bei der Nachbarin tauschte ich gegen ein Paar handgefertigter Filzpantoffeln einen blauen Stoff ein, etwas Weißes hatte ich noch übrig. Mit diesen Schätzen bin ich zur Schneiderin im Dorf stolziert. »Machen Sie bitte ein Dirndl draus.« Das Hakenkreuz war aufgesetzt, das ließ sich leicht abtrennen. Die Fahne verwandelte sich in einen leuchtendroten Rock. Dazu eine blaue Schürze, ein blaues Mieder mit weißen Ärmeln und weißem Kragen dran. Anerkennend pfiff Günther zwischen den Zähnen durch, als er mich im Soldatenrock von der Arbeit abholte.

Lieber Claus,

... leider zweifeln nun deine Eltern an mir. Ich weiß nicht, wie ich ihnen das Gegenteil beweisen soll. Sie können nicht wissen, wie sehr du und ich zusammengehören. Sie können nicht ahnen, daß keine Gefahr besteht, daß ich dich jemals vergessen könnte. Ich habe nur einen Wunsch: endlich Nachricht über dein Schicksal zu erhalten. Lebst du noch? Ach, Liebster, wo soll ich dich denn nur suchen?

23.11.47

Mein geliebter Mann,

eben band ich einen Kranz für dein Bild. Wie schön könnte dein 28. Geburtstag morgen sein. Oder band ich heute einen Kranz für einen Toten? ...

Ich fühle mich so alleine. Deine Eltern zeigen mir die kalte Schulter und wollen nichts von mir wissen. Günther ist nett zu mir, und dabei komme ich mir wie eine Betrüge-

rin vor. Denn ich denke doch nur an dich ... Wir beide waren wohl zu glücklich zusammen, ich verstehe sonst nicht, warum das Schicksal so hart mit uns ist. Ach, Liebster, ich ertrage das nicht mehr lange.

Ich versuchte mich damit zu entlasten, daß mein Mann in Züllichau einmal zu mir gesagt hatte: »Wenn ich längere Zeit in Gefangenschaft sein sollte, nimm keine Rücksicht auf mich ...« Aber geholfen hat das nicht. Einzig meiner Schwester gegenüber brachte ich meine gespaltenen Gefühle zum Ausdruck. Sie hatte selber einen neuen Freund und fand meine Beziehung vollkommen in Ordnung. »Mensch, sei doch nicht blöd. Versau dir das Leben nicht, dafür ist es zu kurz.« Aber bei ihr lag der Fall einfacher.

Lüttes Mann war einwandfrei tot. Meiner hingegen war vermißt. Abhanden gekommen. Solange sein Leichnam nicht gefunden wurde, solange lebte er. Die Trauer war um so schmerzlicher, um so untröstlicher, weil es keinen Ort gab, den man besuchen konnte, um seiner zu gedenken. Der Vermißte hinterließ eine Lücke und eine Trauer, die von tiefer Leere geprägt war. Irgendwann würde die Hoffnung schwinden, ohne daß man einen Tag benennen könnte, an dem sie gestorben war.

Mit den Alwardts hat es wegen meiner Liaison mit Günther nie eine Auseinandersetzung gegeben. Es waren spitze Bemerkungen der Schwiegermutter, die mich zugleich gekränkt und geängstigt haben: »Was machst du, wenn Claus kommt?« Trotz dieser Kälte, die wegen des anderen Mannes zwischen uns eingezogen war, verlangten beide: »Günther müßte mal wieder Holz machen und dies und das ...« Dieses widersprüchliche Verhalten hat mich aufgebracht. Um meine Belange kümmerte sich niemand.

Suchanzeigen

Mutter suchte Vater aufs neue über das Rote Kreuz. Das habe ich auch mit Claus probiert. Parallel habe ich über eine Agentur in Göttingen mehrere Suchanzeigen nach meinem Mann geschaltet. Der Text wurde in verschiedenen Zeitungen bundesweit gestreut.

Oberleutnant Claus Alwardt
Geb. 24. November 1919 in Rostock
Wer war mit dem ehemaligen Oberlt. Claus Alwardt seit dem 29. April 1945 zusammen? Feldpost-Nr. 16086, Div. Biehler, vorher Festungsstab Frankfurt/Oder
Zuletzt gesehen 29. April 1945 in Halbe, südöstlich Berlin
Auskunft erbittet
Frau Christa Alwardt. Lenglern 21. über Göttingen

Günther hatte Alpträume, fast jede Nacht. Zu mir hatte er einmal gesagt, das Schlimmste am Krieg sei gewesen, daß seine Mutter ihm so selten geschrieben habe. Dieses Verlassensein. Er murmelte Unverständliches wie: »Duck dich!« Ich weckte ihn. »Du bist hier nicht im Schützengraben.« Er schwitzte, wischte sich mit der Hand die Stirn und schlief wieder ein. Und ich horchte in die Nacht. War das nicht die Türklinke gewesen? Ich setzte mich auf. »Claus?« fragte ich leise. Aber da war kein Claus. »Was ist denn?« murrte Lütte hinter dem Kleiderschrank, am Fußende meiner Matratze.

Günther ahnte nichts von dem inneren Kampf, den ich in mir ausfocht. Zumindest nicht von dessen Ausmaßen. Es wäre auch anmaßend gewesen, ihn damit ständig vor den Kopf zu stoßen: »Du, hör mal, wenn Claus kommt, kannst du gehen.«

Antworten

Innerhalb von einem halben Jahr erhielt ich vier Antworten auf meine Suchanzeigen. Darunter zwei von Frauen, die ebenfalls nach ihrem Mann suchten, der dieselbe Feldpostnummer wie Claus hatte. Eine dritte Karte folgte von einer Betroffenen, die schlicht ihr Mitleid mit mir ausdrücken wollte: »... So wird das Schicksal ewig schweigsam bleiben. Würdig unseren Männern wollen wir bis zum letzten unsere Pflicht tun. In Verbundenheit unserer Schicksalsgemeinschaft denkt an Sie in Herzlichkeit Ihre Carla von Lehmann-Nietsche«

Und zuletzt noch ein Brief, der mich fast vom Stuhl gehauen hat. Ein unbekannter Soldat hatte Claus nach Ende des Krieges in einem Krankenhaus gesehen. Also lebte er noch!

4.2.48

Sehr geehrte Frau Alwardt,

in der Zeitung »Nouvelle de France« las ich die Suchanzeige betreffend Ihren Gatten Oberleutnant Claus Alwardt. Dazu kann ich folgendes mitteilen: Ich wurde am 2. Mai 1945 in das Reservelazarett Mädchen-Oberschule Neukölln im Osten von Berlin eingeliefert. Am rechten Oberarm bin ich damals bei Herzfelde verwundet worden.

Wir Verwundeten lagen im Keller der Schule. Ich kann mich noch gut erinnern, den Namen Alwardt dort gehört zu haben. Es war der einzige Offizier von einem Transport von zehn Mann, die schwer verwundet waren. Ich half damals den Schwestern, weil meine Verwundung von leichterer Natur war. Ich glaube, es war eine Bauch- oder Lungen-

Steck-Verwundung, denn dieser betreffende Offizier wurde gleich von der Schwester zur Operation vorgemerkt.

Wie und was dann geschah, kann ich Ihnen leider nicht mehr mitteilen ... Ich glaube nicht, daß ich mich in dem Namen Alwardt irre. Hoffentlich findet sich noch jemand, der meine Angaben vervollständigt oder über den weiteren Verbleib Ihnen etwas mitteilen kann.

Ich selbst suche auch nach zwei Angehörigen von mir, die beide vermutlich in Rußland sein werden. Ich bin auf dem Transport in die russische Kriegsgefangenschaft geflüchtet und kann mich deshalb in der russischen Zone, wo meine Mutter in bitterer Armut lebt, nicht aufhalten. Hier bin ich in einer englischen Arbeitskompanie und friste so mein Dasein.

Auf jeden Fall freue ich mich immer, wenn ich jemandem helfen kann, und sei es auch auf ganz geringe Art und Weise.

Mit verbindlichen Grüßen verbleibe ich
Hans Muskiet

Schweratmend trug ich meinen Schwiegereltern das Schreiben vor. Die beiden Alten waren genauso aufgewühlt wie ich. Man klammerte sich eben an jeden Fingerzeig. Am selben Nachmittag setzte ich an den Fremden einen Brief mit vielen Fragen auf. Eines meiner letzten Fotos von Claus und mir, auf unserem Burgturm, habe ich in der Mitte auseinandergeschnitten. Die Hälfte mit Claus schob ich ins Kuvert.

Günther ging den Brief von Hans Muskiet auch noch mal durch. Er wußte, wie die Dinge zwischen mir und Claus standen. Eifersüchtig war er nicht. Wenigstens hat er das nicht gezeigt. Vielleicht wurden seine Gesichtszüge für einen Moment etwas härter, die Farbe blasser, die Stimme fester. »Sobald du Antwort hast, mußt du nach Berlin fahren.«

Hoffnung auf ein Zeichen

13.01.48

Sehr geehrte Frau Alwardt,

gestern erhielt ich Ihren Brief, und ich will gleich schreiben, denn ich weiß, was Ihnen jede dieser Nachrichten bedeutet. Außerdem habe ich seit gestern ein neues Kommando als Wache vom Engländer erhalten, wo uns mehr Ruhe gelassen wird. Nun will ich zu Ihren vielen Fragen Stellung nehmen, so gut ich kann und so gut ich alles noch im Gedächtnis habe.

Zu Punkt 1, dem mitgeschickten Bildchen, das Ihren Mann vorstellt: Mit Bestimmtheit kann ich es nicht behaupten, aber ich glaube, er war es. Abgesehen davon kann eine Verwundung die Gesichtszüge eines Menschen derart verändern, daß man im Augenblick eine ganz andere Vorstellung von ihm hat. An dem gescheitelten Haar glaube ich Ihren Gatten erkannt zu haben.

Zu Punkt 2: Gesehen habe ich wohl Ihren Gatten, aber gesprochen, nein. Soviel ich mich erinnern kann, war er bewußtlos. Wir mußten Krankenträger spielen. Schwerverletzte wurden auf der Bahre, auf der ihr Gatte vermutlich lag, besonders vorsichtig transportiert. Dabei ist mir auch der Name aufgefallen, und den habe ich im Gedächtnis behalten.

Zu Punkt 3 und 4: An was für einem Glied Ihr Gatte

operiert worden ist, entzieht sich meiner Kenntnis, da ich ja nur gesehen habe, wie er in den Operationssaal hineingeschafft wurde. Ob und wann er das Bewußtsein wiedererlangte, kann ich auch nicht sagen.

Zu Punkt 5: Die Russen waren am 2.05.45, wie ich weiß, noch nicht in Neukölln. Wie der Russe mit den Lazarettinsassen umgegangen ist, weiß ich nicht, da ich als Leichtverwundeter noch am 7.5. durch russische Linien über Nauen aus Berlin entkam.

Zu Punkt 6: Auch die Frage, ob ich einen Namen eines Arztes oder einer Schwester dieses Lazaretts kenne, muß ich verneinen, da mein Aufenthalt in diesem provisorisch hergerichteten Lazarett von kurzer Dauer war.

Von einem Gefangenen hörte ich folgendes. Er war auch im Kampf um Berlin verwundet worden, leicht allerdings, und ist sofort, als die Russen ihn kassierten, nach Rußland in Gefangenschaft abtransportiert worden, obwohl das kurze Zeit nach dem Waffenstillstand war …

Es tut mir sehr leid, daß Sie durch diese unzeitgemäße Bodenreform um ihren Besitz kamen. Meiner Mutter und meiner Familie geht es auch so. Die einzige Hoffnung, die ich noch habe, ist, daß ich jung und einigermaßen gesund bin und mich nicht unterkriegen lasse …

Ich hoffe Ihnen mit diesem Brief ein bißchen Hoffnung gegeben zu haben. Das Bild, welches bestimmt aus dem Familienalbum herausgenommen wurde, lege ich dem Brief bei. Man hört hier so manches unter Kameraden, die gerade aus Rußland kommen. Sobald ich etwas wahrgenommen habe, teile ich Ihnen das mit.

Ich verbleibe mit herzlichen Grüßen
Ihr Hans Muskiet

Fahrt nach Berlin

Die Angaben von diesem Hans Muskiet waren ziemlich vage. Deshalb nahm ich vor meinem Aufbruch nach Berlin die in Frage kommenden Ämter und Kliniken schriftlich unter die Lupe.

… Mein Mann wurde am 29.4. in Halbe südöstlich von Berlin zum letzten Mal von seinen Kameraden gesehen. Von da an fehlt jede Spur. Er war damals 26 Jahre alt, mittelgroß, dunkel …

Aus Mangel an Papier hatte eine Krankenschwester denselben Umschlag als Rückkuvert verwendet:

15.2.48

… Wir haben in den Unterlagen … nach ihrem Mann Claus Alwardt gesucht, haben jedoch nichts über ihn ermitteln können. Es ist sehr leicht möglich, daß die Papiere … nicht vollzählig sind, da seinerzeit in den Kampftagen manches nicht registriert worden ist … Wir möchten doch bemerken, daß das Lazarett in der Zwillingsstraße sich nicht, wie Sie schreiben, in den Räumen einer Mädchenoberschule, sondern in den Räumen des staatlichen Gymnasiums befunden hat.

Durch den Strom heimkehrender und spazierender Menschen schoben sich Autos und Busse. Wo einst vor dem Brandenburger Tor die alten Baumbestände des Tiergartens standen, bauten die Berliner in Schrebergärten Kartoffeln und Gemüse an. Bei der Anmeldung der Mädchenoberschule setzte ich der zuständigen Person auseinander, daß ich Nachforschungen nach meinem Mann machen wollte. Ich war scheinbar nicht die erste, die mit diesem Anliegen aufwartete. »Wir haben noch Listen von den Leuten, die hier gestorben sind«, sagte sie und wuchtete einen dicken Stapel vor meinen Bauch, »die können Sie durchgucken.«

Die Unterlagen waren so schwer, daß ich sie unter Mühen in das mir zugewiesene Zimmer am Ende des Ganges schleppte. Eine Funzel beleuchtete schwach den Holztisch darunter. Ohne mir die Zeit zu nehmen, meinen Mantel auszuziehen, fing ich an zu blättern. Die Suche grenzte ich auf knapp zweihundert Seiten im April ein. In dem Monat war Claus zuletzt gesehen worden. Aber sein Name war nicht dabei.

Den Mai habe ich auch noch durchgeblättert. Es war ein elendes Gefühl, diese länglichen Seiten, eine nach der anderen, umzuschlagen. Auf jeder zu lesen »geboren am«, »gestorben am«, »Todesursache«. Die meisten Toten waren in meinem Alter und noch jünger. Diese Männer hatten kein Grab, das einzige, was an sie erinnerte, war ihr Name auf dieser Liste in diesem vergessenen Archiv.

Sie waren verbrannt, verblutet, zerquetscht oder auf sonst eine abartige Weise ums Leben gekommen. Ich habe nie überlegt, was wäre, wenn ich meinen Mann invalide oder geistig behindert wiederfinden würde. Ich wollte ihn bloß wiederhaben. Egal wie. Ich habe ihn so vor mir gesehen, wie ich ihn verloren habe. Als ganzen Menschen. Nicht ohne Beine, Arme oder ohne Verstand. Ich blätterte noch viele solcher Listen in anderen Ämtern durch. Aber auch dort fand ich unter dem Namen »Alwardt« keine Eintragung.

Dann war ich wieder draußen im Freien. Das gleiche Sonnenlicht, die gleichen Autos, die gleichen Fassaden. Ich stieg in den Zug, setzte mich aufrecht ans Fenster und blieb in dieser Haltung sitzen, bis wir ankamen. Eigentlich hätte Claus hier neben mir sitzen sollen. Mit mir plaudern, anstatt daß ich so alleine und stumm hier war. Ich wußte, daß ich aufstehen mußte, aber ich tat es nicht. Ich glaube, ich wäre noch länger so sitzengeblieben, wenn nicht ein Bahnbeamter zu mir herübergekommen wäre. »Kann ich Ihnen helfen?« »Nein«, sagte ich und machte mich davon.

Treffen mit Ehrenfried

Trotz dieses niederschmetternden Ergebnisses hat jener Hans Muskiet immer wieder zur Feder gegriffen. Ich hatte ihm als Dank für seine Hilfsbereitschaft Zigaretten zugeschickt. Er erwähnte, daß er sich momentan in Hamburg aufhalte. Infolgedessen habe ich Ehrenfried losgeschickt: »Guck dir doch den Kerl mal an. Ich weiß nicht, was mit dem los ist und was der überhaupt noch von mir will.«

Auf meinen Bruder machte der ehemalige Soldat einen sehr zuverlässigen Eindruck. »Ich glaube, daß es stimmt, was er gesagt hat«, schrieb er mir. Vielleicht hatte Hans Muskiet ja wirklich jemanden mit gescheiteltem Haar auf einer Bahre liegen sehen. Aber ob das ein Alwardt gewesen war, das war eine andere Frage. Vielleicht hatte er es auch bloß auf meine Zigaretten abgesehen. Wer wußte das schon?

Die Gelegenheit beim Schopf packen

Ein Anruf im Bierverlag schreckte mich auf »Kommen Sie rasch nach Hause, ihre Schwester ist im Waschhaus gestürzt! Sie kann nicht mehr aufstehen.« Ich mußte den Job an den Nagel hängen, um Lütte zu pflegen. Zu allem Überfluß hatte sie sich durch eine unsaubere Spritze im Krankenhaus eine Blutvergiftung, dann noch eine Gelbsucht eingehandelt. Wie eine Tote streckte sie vor meinem Kleiderschrank alle viere von sich.

»Besorge Zitronen für deine Schwester«, riet mir ein Flüchtling, der in seinem ersten Leben Arzt gewesen war, »sie braucht Vitamin C.« Wo sollte ich solche exotischen Früchte herkriegen? Ich rannte durch die Geschäfte und bettelte: »Habt ihr nicht eine Zitrone für mich, meine Schwester ist so krank.« Keine Chance. Aber Lütte war zäh wie Leder, hart wie Kruppstahl. Sie wurde auch ohne das Obst wieder gesund. Und ich packte die Gelegenheit beim Schopf, um als Sekretärin bei einem Augenarzt neu durchzustarten.

Zunächst brachte mir meine Kollegin bei, mit einem Apparat die Stärke von Brillengläsern zu bestimmen. Meine Ergebnisse schwankten jedoch pausenlos um 0,5 Prozent. Der Augenarzt stellte daraufhin einen Sehfehler bei mir fest. Fortan assistierte ich bei Operationen und kümmerte mich um die Rechnungen. Meistens gingen drei Eier, ein halbes Brot oder eine Wurst über meinen Tisch.

Während der Chef einer Frau das Lid mit einem Skalpell blutig schlitzte, sollte ich ihm Watte und Besteck reichen. Aber mir wurde schwarz vor Augen. Und in Nullkommanichts lag ich unter dem OP-Tisch. Das war nicht mein Traumjob, aber man war froh, daß man überhaupt etwas hatte. Mein Gehalt hatte mein Brotgeber mittlerweile halbiert.

Günther und ich stärkten einander den Rücken. Wir hatten doch beide nichts mehr als uns selbst. Vielleicht war morgen schon wieder Schluß zwischen uns. Wir haben in den Tag hineingelebt. Irgendwann mußte unsere Beziehung geregelt werden. Irgendwann mußte mal ein Ende mit dieser nervenzerreibenden Warterei sein. Inzwischen waren schon vier Jahre vergangen, seit ich Claus am Straßenrand hinterhergewunken hatte.

29. Geburtstag von Claus

Ende Juni 1948 lief ich mit Lütte zur Arbeit, und wir beide trauten unseren Augen kaum. »Guck dir das an, die Schaufenster sind alle voll!« Meine Schwester bekam ihren Mund nicht mehr zu. Von heute auf morgen waren die sonst gähnend leeren Auslagen gefüllt mit Kleidern, Schuhen, Essen. Jeder erdenkliche Schnickschnack hing dort. In allen Farben und Größen. In Hülle und Fülle.

Das erschien uns wie in Alices Wunderland. Mit kugelrunden Augen hypnotisierte ich ein Paar Schuhe. »Mensch, die roten Samt-Pumps«, schwärmte ich, »die kaufe ich mir!« Meine Schwester dagegen war auf ein gelbes Samtkleid spitz. »Egal, was es kostet«, waren wir uns einig. Die Preise waren billig. Und noch am selben Abend haben wir zugeschlagen.

Die Währungsreform war ein Signal für den Aufbruch. »Jetzt kriegst du wieder dein volles Gehalt«, war ich frohen Mutes, » jetzt geht es aufwärts.« Aber Pustekuchen!

Mein geliebter Mann, 24. 11. 48

... Das Leben steht nicht still, nur um dich herrscht eine tiefe Stille ... Und wieder will ich dein Lebenslichtlein anzünden und meine Gedanken zu dir schicken. In Erinnerung an die unvergeßliche Zeit mit dir.

Dein Peterle

Arbeit beim »Feind«

Der Augenarzt hatte kein Geld mehr, mich auszubezahlen. Dafür brummte das Geschäft im Bierverlag, seit die Doktoren in ihrem Labor Süßstoff herstellten. Der Absatz war rasend. Zucker war zu teuer. Und ich hatte wieder eine Anstellung. Ich drehte die Trommel, in der das Pulver gemischt wurde, danach wog ich es ab und verpackte es in kleine Tüten. Das staubte furchtbar. Leider brach der Markt in Kürze wieder ein. Chemie-Firmen boten den süßen Stoff in Tablettenform an. Kein Mensch wollte mehr unsere Tütchen kaufen. Und ich saß wieder auf der Straße.

Eine Cousine von Günther beschaffte mir eine Stelle bei den Alliierten im Reichsbahnzentralamt. Arbeit mit dem »Feind« kam eigentlich damals nicht für mich in Frage. Aber der Verdienst bestach. Außerdem, so entschärfte ich meine ehrsamen Vorbehalte, waren die Engländer nicht so schlimm. Mein Dienstherr, ein gewisser McDonald, Esquire aus Edinburgh, fand gleich Gefallen an meiner adeligen Herkunft. Bei der Einstellung habe ich, in meinem leuchtendroten Hitlerfahnen-Dirndl, einen Fragebogen zu meiner Vergangenheit im Dritten Reich ausgefüllt. Darauf gab ich an, daß ich BDM-Führerin gewesen war.

Der schottische Graf, ein leidenschaftlicher Jäger, erkundigte sich detailliert nach unserer Jagd in Wellerswalde. Ich sprach nur schlecht Englisch. Er ein bißchen Deutsch. Meine Kollegin, Fräulein Mazel aus dem Sudetenland, übersetzte für uns. Sie beherrschte die Fremdsprache perfekt. Ich hatte keine großen Posten, aber ich wurde anerkannt und fühlte mich wohl.

Fünf Minuten vor acht Uhr wieselte ein Bursche, eine große Teekanne mit »tea with milk« in der Hand, an uns vorbei ins Chef-Zimmer. Exakt positionierte er die Kanne im rechten Eck seines Schreibtisches über Büchern und Unterlagen. Hinter ihm folgte, gemäßigten Schrittes, der Esquire. Ich schlitzte die Briefe auf, Fräulein Mazel sortierte sie aus und legte die wichtigen dem Grafen vor. Anschließend packte sie ihr Strickzeug aus.

Beim nächsten Mal habe ich auch ein bißchen Wolle mitgenommen und mich an Pullovern für Uli versucht. Viel Wolle stand einem auf der Kleiderkarte nicht zu, deshalb habe ich meist alles wieder aufgetrennt und etwas Neues angefangen. Gerne haben wir auch Kreuzworträtsel gelöst. Fräulein Mazel saß über das Rätsel gebeugt am Schreibtisch, und ich habe über Kopf mitgeraten.

Wir suchten gerade nach einem Tier mit »A«, als ein Telefonklingeln uns aufstörte. »Mensch, ich muß dir was brühwarm erzählen«, plapperte meine Ex-Kollegin vom Augenarzt mir ins Ohr »ein Patient sollte für eine Operation eine Wurst mitbringen, aber das hat er nicht gemacht. Da hat der Chef den Mann so heftig gegen den Ofen geworfen, daß das Rohr aus dem Schornstein gekracht ist. Die ganze Praxis ist voller Ruß!« Fräulein Mazel und ich haben uns sehr amüsiert.

Unvorhergesehen trat der Graf mit hochgezogenen Augenbrauen und Gewittermiene wenige Minuten darauf auf mich zu. »Sie sind ja eine Lügnerin!« Seine Stimme war ungewohnt scharf. »Wie-wieso bi-bin ich eine Lü-Lü-gnerin?« stotterte ich. »Sie waren in der NSDAP«, hielt er mir vor. Ich schluckte schwer. »Davon weiß ich aber gar nichts.« Scheinbar war ich mit 18 Jahren automatisch in die Partei aufgenommen worden. Da hatte man mich gar nicht erst gefragt. In Gedanken packte ich schon meine sieben Sachen zusammen. Hinterher merkte ich allerdings, daß sich der Esquire aus dieser Sache einen Spaß machte.

Holzklau

Auf dem Rückweg nach Lenglern war mir schon des öfteren auf dem Nebengleis ein Güterzug aus Solling aufgefallen. Die Anhänger beladen mit Buchen- und Eichenstämmen, bestes Holz. Zugeschnitten für die Grubenarbeit. Am Wochenende erzählte ich Lütte, Günther und seinem Schwager in unserer Bude von diesem Holz. »Da klauen wir uns doch mal was«, begeisterte sich Günthers Verwandter, der ein ebenso langer Schlaks wie er war. Die Lokomotive schnaubte am Bahnhof wie ein Wesen aus der Urzeit, einen halben Kilometer weiter hinten hing der letzte Wagen, und ein Stück davon entfernt befand sich das Bremserhäuschen. Der zuständige Beamte watschelte jeden Abend nach vorne zu seinen Kollegen und zwitscherte sich dort einen an. Das hatten wir schnell spitzgekriegt. »Wenn der Zug morgen abend hält«, raunte Günther uns zu, »steigen wir auf den letzten Wagen und schmeißen das Holz runter.« Gesagt, getan.

Mein Freund und sein Schwager hantierten oben mit ihren langen Armen wie die Affen, während Lütte und ich unten, nervös auf den Unterlippen kauend, das Umfeld im Auge behielten. Wumms! Schon rumpelten die schweren Stangen herunter. Eilfertig luden wir vier von ihnen auf unseren Handwagen, mehr ging nicht, sonst wäre die Achse gebrochen. Atempause. Gebannt gingen wir hinterm Gebüsch in die Hocke, bis die Lok abdampfte.

Ab sofort wiederholten wir das jeden Abend. Versehentlich rollte Günther einmal das Holz auf die Leitung neben den Gleisen. Im gleichen Augenblick klappte vorne im Bahnhof das Signal hoch und runter. Hoch und runter. Aber die Beamten ließen sich nicht stören. Sie hatten längst mitbekommen, daß wir die Stämme beiseite schafften. Vielleicht haben sie gedacht: »Die blöden Engländer brauchen unser gutes Holz nicht.«

Im Dorf hat sich unser erfolgreiches Unternehmen wie ein Lauffeuer herumgesprochen. Bald herrschte ein reger Betrieb beim »Holzabladen«. Unser Brennholzbestand reichte für die nächsten zwei Jahre.

Französischer Suchdienst

Der schottische Graf zog sich auf sein Schloß in den Ruhestand zurück, und ich hatte abermals ein Vorstellungsgespräch beim Feind. Diesmal beim Franzosen. Zögernd tapste ich die Treppen einer Jugendstil-Villa in der Merkel-Straße hoch. Das Oberhaupt des französischen Suchdienstes war ein Araber und ein ausgemachter Deutschenhasser. Möglicherweise rührte das von seinem Aufgabenfeld her. Es bestand im Nachforschen nach den Leichen französischer Soldaten.

Zur Probe sollte ich ein Stück aus einem handgeschriebenen französischen Brief abtippen. Die etwas anders geartete Tastatur der Franzosen überforderte oft die blitzschnellen Blindschreiberinnen. Das war mein Pluspunkt. Mit meinem Zehn-Finger-Suchsystem war ich ziemlich fix, obwohl ich kein Wort französisch beherrschte und keine Ahnung von dem hatte, was ich da gerade aufs Papier hackte.

»Na ja, kannst hierbleiben«, muffelte der Chef. Zwischen zwölf anderen Frauen und ehemaligen Offizieren belegte ich in einem Großraumbüro einen Schreibtisch. Die Maschinen klapperten laut durcheinander. Täglich ging eine Flut von Anträgen der Angehörigen aus Frankreich ein. Unsere Abteilung schrieb die Bürgermeister in den entsprechenden Ortschaften an, in denen Soldaten verschollen waren, und verschickte die Totenscheine nach Hause.

Die stark verwesten Leichen mußten identifiziert werden. Mit etwas Glück hatten sie noch ihre Erkennungsmarken um den Hals. Uns Schreibkräften blieben diese Anblicke erspart. Aber in der Mittagspause berichteten Mitarbeiter gelegentlich, wie schwer verkraftbar es sei, menschliche Reste wie Puzzlestücke zusammensuchen zu müssen. Durchs Bürofenster schaute ich zu, wie ein grüner Sack nach dem anderen in den Keller geschafft wurde.

»Was sind das für Tote?« fragte ich eine meiner Kolleginnen. »Das sind die von der ›Cap Arcona‹«, wußte sie. Das Schiff war 1945 von britischen Jagdbombern versenkt worden. An Bord waren mehr als 7000 Häftlinge aus Konzentrationslagern gewesen. Ihre Leichen hatten Taucher aus dem Schiff herausgeholt, zum Teil waren sie auch in den Dünen eingebuddelt, an denen ihre Körper angeschwemmt worden waren. »Wollen wir mal ’runtergucken?« schlug sie mir vor.

Schaulustig bin ich ihr die Treppen hinunter in den Keller gefolgt. Aber mehr als einen Blick wollte ich dann doch nicht auf die aufgereiht daliegenden Säcke werfen. »Ne, ich kann das nicht«, gestand ich ihr ein und ging wieder hoch. Oben stänkerte unser Chef mit französischem Akzent herum: »Alle Deutschen sind Verbrecher.« In dem Moment fing eine Frau an zu singen: »Die Gedanken sind frei«, und nach und nach setzten alle anderen mit ein. Unverständliches vor sich hinmurmelnd zog sich unser Vorgesetzter in sein Büro zurück.

Weiter füllte ich die Lücken eines Standardbriefes aus. »Wir haben Ihren Angehörigen gefunden. Er liegt in ...« Reine Routine. Man überlegte nicht mehr wie am ersten Tag, was für ein Schicksal sich wohl hinter jenen Einträgen verbergen mochte. Aber immer habe ich dabei an Claus gedacht. Vielleicht tippte gerade irgendwo in einem anderen Büro eine andere Frau einen ähnlichen Brief an mich.

Todesnachricht

20.09.49

Sehr geehrte Frau Christa,

mit meiner Frau Maria standen Sie in den Jahren '45 und '46 in Briefwechsel, nachdem ich mit Ihrem Gatten und Herrn Wilhelm Busch unsere Adressen ausgetauscht hatte. Wie Sie sicher noch wissen, waren wir drei zusammen in der Quartiermeistersabteilung der Festung Frankfurt bis zum Zusammenbruch tätig.

Bis zum 29. April 45 früh gegen 2 Uhr war ich beim Reststab mit Ihrem Gatten Claus, Herrn Busch und ande-

ren zusammen. Während der nun einsetzenden Kampfhandlungen wurde ich von ihnen getrennt und verwundet. Am 30. 4. geriet ich in russische Gefangenschaft.

Als ich in das Lager Oppeln kam, traf ich dort einen Oberwachtmeister der Frankfurter Reiterschwadron »Filter«, der am 29. April mit Ihrem Gatten im Raum vor Kummersdorf versuchte, nach Westen durch die russische Linie durchzubrechen, und dabei Zeuge des Heldentodes Ihres Gatten geworden ist. Er starb schnell und ohne Leiden durch eine Handgranate, die unmittelbar bei ihm detonierte.

Seien Sie tapfer, liebe Frau Christa, besser wissen Sie nun um den Soldatentod von Claus als länger die quälende Ungewißheit über das Verbleiben Ihres Gatten herumtragen zu müssen. Sie haben von ihm ein Vermächtnis in Ihrem Jungen, der Ihnen nun alles sein wird, Trost und Stütze.

Der Name des betreffenden Oberwachtmeisters ist mir in den Jahren der Kriegsgefangenschaft entfallen. Die Adressennotiz wurde mir vom Russen weggenommen. Die Angaben von ihm erfolgten ehrenwörtlich und sind voll zuverlässig. Nochmals alles Gute und alles Gute auch von meiner Frau

gezeichnet Erich Heser

Meine Hände sanken langsam in den Schoß zurück, sie zitterten noch ein wenig. Alles umsonst. Die ganzen Jahre voller Warten, Zweifeln, Sehnsucht ... alles umsonst! Mit einem Satz alles zerstört. Ich weiß nicht, wie lange ich da am Tisch in meiner Kammer gesessen bin und zum Fenster hinausgeschaut habe. Ich weiß es nicht. Der Kamerad hatte geschrieben: »Er starb schnell und ohne Leiden durch eine Handgranate.« Konnte man das glauben? Ich wollte es.

Für kurze Zeit war ich wieder zu Besuch in der Vergangenheit und spürte Claus' Lippen, als wir uns das erste Mal auf der Kutsche küßten. Ganz vorsichtig. Und ich hörte Usch mit dem anderen Pflichtjahrmädchen hinter uns kichern. Erst tat ich, als leiste ich Widerstand, ließ aber seine Hand um meine Hüfte gleiten, bis ich seufzend mit den Worten »na gut« nachgabb. Und plötzlich überrollten mich all die schrecklichen Jahre danach. Wie eine riesige Welle, die alles Lebendige um mich herum verschlang. Und als ich auftauchte, um nach Luft zu schnappen, türmte sich bereits eine neue Welle vor mir auf.

Ich weiß nicht, wann ich aufgestanden bin. Ich weiß nur, daß ich zu den Schwiegereltern sagte: »Ich werde Claus jetzt für tot erklären lassen.« Meine Stimme klang, als wäre sie gar nicht meine. Sie war heiser und belegt. »Es muß auch mal Schluß sein.« Kühl wies mich die Schwiegermutter von der Küchenbank aus in die Schranken: »Für uns ist unser Sohn nicht tot.« Mit zerfurchtem Gesicht mauerte sich der Schwiegervater neben ihr in seinem Schmerz ein. Was sollte ich noch sagen? Ich konnte sie ja verstehen.

Der amtliche Beleg

Es war vorbei. Claus war tot. Und etwas zerriß in mir. Alles war anders, und wie es sein würde, wußte ich nicht. »Jetzt denk doch mal dran, daß das Leben weitergehen muß«, tröstete mich Günther und legte von hinten seine Hände auf meine Schultern. Mein Freund war selber erschüttert, er hatte den Krieg miterlebt und wußte, wie grausam er war.

Der Todesnachricht folgte ein Schreiben der Wehrmachtbenachrichtigungsstelle Berlin auf den Fuß. Man habe eine unbekannte Leiche bei Halbe im Wald gefunden, mit der

Matrikelnummer soundso, die den Namen, die Einheit und den Jahrgang meines Mannes verzeichnete. Das war der amtliche Beleg. Das mußten auch meine Schwiegereltern anerkennen.

Ich schüttelte das Kuvert. Aber es war nichts weiter drin. Kein Orden, kein gestanztes Stück Blech, keine Erinnerung an meinen Mann, nichts. Claus war irgendwo außerhalb von Halbe im Wald gefallen, da hatte ihn wahrscheinlich ein Kamerad an Ort und Stelle unter die Erde gebracht.

Meine Schwiegereltern weigerten sich, die Todesanzeige drucken zu lassen. Da habe ich die Bekanntgabe im Alleingang an Bekannte und Freunde verschickt. Pfarrer Albrecht aus Wellerswalde bekundete sein Beileid ...

18.10.49

Liebe Christa,

das war ja heute wirklich eine schmerzliche Nachricht, die Du uns schicken mußtest. Gewiß weiß man, daß Tausende nicht wiederkehren werden, die seit Jahren keine Nachricht gaben, aber wenn es sich in einem Fall doch bewahrheitet ... so empfindet die Seele von neuem den furchtbaren Schmerz. Ob Du wenigstens sein Grab weißt, und einmal dorthin fahren wirst können?

Ich sehe Euch beide noch so deutlich vor mir, als Ihr so fröhlich und glücklich an Eurem Trautag wart. Wie wenig habt Ihr voneinander gehabt ...

Von Herzen gern erfülle ich Deine Bitte und spreche am kommenden Sonntag, wo wir den Gottesdienst um 10 Uhr haben, ein Fürbittgebet. Es wäre toll, wenn Du bis dahin diesen Brief schon haben könntest und wenigstens im Geiste unter uns weilen dürftest. ...

… In Wellerswalde macht es keine rechte Freude mehr, Arbeit gibt es mehr als genug, aber es fehlt halt die rechte Freudigkeit. Meine Frau erwartet noch diesen Monat ihr sechstes Kind, und es geht ihr gottlob viel besser als die Monate davor.

Ich denke, wenn alles gut überstanden ist, möchten wir uns nach einer anderen Gemeinde umsehen, wo wir nun schon 20 Jahre hier sind. Aber bisher hielt einen noch ein gewisses Heimatgefühl, das sich im Lauf der Jahre herausgebildet hat und das vor allem unsere Kinder empfinden.

… Wenn Ihr mal wieder herkommt, werdet Ihr die alte Heimat nicht wiedererkennen. Aber mit den dahingeschwundenen Grundstücken ist auch manches andere mit dahingegangen. Und nun sei mitsamt Deinem Jungen von Herzen Gott befohlen. Der Herr mache es an Euch beiden wahr. »Der Wolken Luft und Winden, gibt Wege, Lauf und Bahn, der wird auch Wege finden, da dein Fuß gehen kann.« Es ist bestimmt in Gottes Rat, daß man vom Liebsten, was man hat, muß scheiden.

In herzlicher Verbundenheit grüßen meine Frau und ich
Dein alter
Karlheinz Albrecht

Suche nach dem Grab

23.10.49

Lieber Claus,

… gerade in dieser Stunde wird in unserer Kirche in Wellerswalde eine Andacht für dich gehalten. Seit dem 29.4.45 bist du nicht mehr auf dieser Erde, und erst heute weiß ich

es. Geliebter Mann, fern von der Heimat kann ich nur in Gedanken dabei sein, wie unser Pastor, der uns traute, ein Gebet für dich spricht. Wenn du auch tot bist und die Erde dich seit vier Jahren bedeckt, so bist du doch in mir und wirst mein ganzes Leben lang dort bleiben. Schlaf wohl und in Frieden, ich werde dich nie vergessen.

Ein Grab ist ein Ort, an dem man Abschied nehmen kann. Ich war auf der Suche nach dem Grab meines Mannes. Seine sterblichen Überreste waren in der Folge noch zweimal umgebettet worden. Man hatte mir geschrieben, daß er bei Kummersdorf liegen würde. Es existierten aber drei verschiedene Kummersdorf. Ich habe bei den diversen Pfarrämtern nachgefragt, ob mein Mann bei ihnen registriert worden sei.

Sperenberg, 16. November 1949

Sehr geehrte Frau Alwardt,

das Grab Ihres Gatten ist nicht feststellbar. Ich kann Ihnen die Umstände, die dazu führten, kaum schildern. Im Waldgebiet südlich Berlin, zwischen Jüterbog und Beskow, ist in den letzten Apriltagen '45 das eingekesselte deutsche Ostheer zerschlagen worden. Nach Abschluß der Kämpfe lagen viele viele tausende Gefallene umher, die etwa 14 Tage später an Ort und Stelle begraben wurden.

Nur wenige hatten Papiere und Erkennungsmarken bei sich. Beim Todesort ihres Gatten handelt es sich um Kummersdorf Gut, den früheren Schießplatz Kummersdorf Bahnstation. Dort ruhen etwa 1200 Gefallene, teils in Einzel-, teils in Massengräbern. Zum Gelände Kummersdorf Gut sind bisher noch keine Umbettungen auf größere

Sammelfriedhöfe erfolgt und sind auch nicht durchführbar …

Es tut mir leid, daß Sie nicht genau erfahren können, wo die Grablege Ihres teuren Gatten ist. Damit Sie sein Bild schmücken können, schicke ich Ihnen ein Zweiglein aus dem Wald, der das letzte Seufzen des Verewigten aufgenommen hat.

Mit ergebenem Gruß Ahrendt Pfarrer

Darf ich um Erstattung von Porto und Unkostenbeitrag bitten?

Tiefbewegt habe ich den Kiefernzweig an das Foto meines Mannes gesteckt. Ich hatte die auseinandergeschnittene Hälfte, die mir jener Hans Muskiet zurückgeschickt hat, gerahmt an die Wand über meinen Tisch genagelt. Nach einer Weile sind alle Nadeln abgefallen. Da war ich sehr traurig, aber der Gang der Natur ließ sich ja nun mal nicht ändern.

Hochzeit mit Günther

Man hat damals schnell geheiratet, wollte was Festes nach dem Zusammenbruch. Die Eltern von Claus haben mir eine Glückwunschkarte zugeschickt. Den Termin hatten wir auf August 1950 festgesetzt. Nur wer sollte uns trauen? Der Dorfpfarrer erschien mir wegen des »BH-Streits« als ungeeignet. Blieb nur sein Vorgänger, ihn hatte man jedoch einst unehrenhaft entlassen. Angeblich habe seine Frau nackt vor ihm tanzen müssen, während er seine Predigten verfaßte.

»Ich möchte nachmittags um drei Uhr unter dem Geläute der Glocken in die Kirche gehen«, legte ich dem graumelierten Herrn meine Vorstellungen dar. Das sei nur um zwölf Uhr möglich, wies er mich hin. Wir konnten es uns aber nicht leisten, den Gästen noch zusätzlich ein Mittagessen anzubieten. »Wann läuten die Glocken denn noch?« bohrte ich weiter. So kam es, daß zum ersten Mal in Lenglern um 18 Uhr abends ein Paar den Ehesegen erhalten sollte.

Am Festtag schlüpfte ich in ein türkisfarbenes Blumenkleid und in meine roten Samt-Pumps. Ich hatte mir extra etwas schneidern lassen, was ich auch hinterher im Alltag noch tragen konnte. Günther hat sich von einem seiner Vettern einen Anzug, eine Nummer zu klein, ausgeliehen. Die Vermieter stellten mir ihre Wohnung zur Verfügung. Serviert wurden Heringssalat, rote Bete und Kartoffeln. Alkoholika hatte ich vom Bierverlag zu günstigen Konditionen erworben.

Ein paar Leute von meiner Dienststelle und Günthers Arbeitskollege prosteten einander zu. Nur Mutter saß kerzengerade, als habe sie ein Lineal verschluckt, und guckte mit ihrem typischen »nicht-standesgemäß« Gesichtsausdruck. Mein sechsjähriger Sohn sang vollkommen überdreht: »Meine Haare halten Hochzeit«, er hatte zu viel Wein erwischt. »Ich muß ihn ins Bett bringen«, flüsterte ich Günther ins Ohr. Bis ich ihn endlich zum Schlafen gebracht hatte, war es weit nach Mitternacht. Die Gesellschaft löste sich gerade auf.

Unsere Zukunft sahen mein zweiter Mann und ich nicht in dem kaputten Deutschland. Wir hatten bereits unsere Ausreise nach Kanada beantragt. Aber unsere Bürgen zogen in letzter Minute ihre Zusage zurück. Eine zweite Chance erhielten wir über Tante Silvie, die Bekannte in Australien hatte. Aber auch hier machten diese Freunde im letzten Moment pleite. Da haben wir uns gedacht: »Es soll wohl nicht sein mit der großen weiten Welt.«

Ich wurde noch ein zweites Mal Mutter eines Sohnes. Wir lebten in einer anständigen Wohnung, wir besaßen einen Fernseher und ein Auto. Uns ging es gut. Aber die Sehnsucht nach Wellerswalde wurde in mir mit jedem Tag stärker. 1960 fand noch mal eine Bildersuchaktion im Osten statt. Ein Arzt erkannte in einer Fußgängerzone unter den vielen Gesichtern auf der Tafel das meines Vaters, er beeidigte beim Roten Kreuz: »Herr von Oppel ist am 1. Oktober 1945 in Auschwitz in meinen Armen gestorben, er ist verhungert.« Mutter hat ihn angeschrieben und um Einzelheiten gebeten, aber nichts weiter in Erfahrung gebracht.

Mit dem Bau der Mauer 1961 ist meine letzte Hoffnung gestorben, jemals wieder nach Hause zurückkehren zu können.

Hosen voll

»Komm doch mal vorbei«, hatte Hardi mir mehrmals aus der DDR geschrieben, »du kriegst über uns eine Besuchserlaubnis.« Das war ein großes Risiko. Ich hätte alleine deswegen nicht fahren dürfen, weil Günther mittlerweile bei der Bundeswehr untergekommen war. Beim Ausfüllen der Papierberge habe ich das wohlweislich unterschlagen.

Mein Jugendfreund hatte mich vorgewarnt, daß von der Burg nichts mehr übriggeblieben sei. Die Kommunisten hatten 1948 erst das Haus, anschließend den Turm gesprengt. »Das hat bei dem dicken Gemäuer ziemlich lange gedauert. Das ganze Dorf ist zusammengelaufen«, beschrieb Hardi mir diesen Vorgang. Was an den Feudalismus erinnerte, war in Sachsen in die Luft gejagt worden. Knapp ein halbes Jahrhundert später würden die Leute »warum?« schreien. Und heute legen sie die Grundsteinmauern unserer Burg wieder nach.

Margot Adam, die Schwester meines ersten Jugendschwarms, der am ersten Tag des Frankreich-Feldzuges gefallen war, hat mich in ihrem Volkswagen mit in den Osten genommen. Ihr Vater, einst Adjutant bei General Paulus, in russischer Gefangenschaft umgedreht, hatte in Dresden die NVA (Nationale Volks-Armee) aufgebaut. Unsere Aufenthaltsgenehmigung erstreckte sich nur über 24 Stunden. Aber ich wollte sowieso nicht länger bleiben, das Pflaster da drüben war mir zu heiß. Der Haftbefehl gegen uns war nie aufgehoben worden. Weit vor dem Übergang machten Zäune und Schilder einen bange: »Achtung Zonengrenze, 2 Kilometer«, »Achtung Zonengrenze, 1 Kilometer«. Zollstation, Schlagbäume und riesige Parkplätze tauchten vor uns auf. Grenzer winkten uns in die rechte Fahrspur hinein.

»Ihre Pässe«, knotterte eine Frau in graugrüner Uniform durchs Fenster. Unsere Papiere verschwanden in einer Tasche, die sie an den Haken eines Laufbands hängte. In etwa zehn Meter Höhe sahen wir die Ausweise davonrollen. Weiter zur nächsten Station. Seitlich heranfahren. »Haben Se was zu verzollen?« Beim nächsten Halt baute sich erneut ein Beamter vor unserem Fenster auf, diesmal einen Packen Pässe in den Händen. »Nehmen Sie Ihre Papiere, fahren Sie hundert Meter weiter, da müssen Sie Zwangsumtausch machen.«

25 Mark gegen 25 Ostmark. Der Kurs stand 1:6. »Jetzt aber nichts wie weg«, sagte Margot und drückte aufs Gas. Auf dem Marktplatz von Oschatz erwartete mich schon die Familie Kutsche. Meine Freundin fuhr gleich weiter nach

Dresden. Verlegen strich sich Hardi übers licht gewordene Haupt. Seine Frau lächelte, ihre Zähne hatten Flecken. Elli, das Flüchtlingsmädchen. Wie alt wir geworden waren. Wie jung wir damals auf dem Dachboden gewesen sind.

27 Jahre war ich nicht mehr zu Hause gewesen.

Zu Hause

Es war Mittag. Eckhart, der Sohn von Hardi, ein hochgeschossener Kerl, war bei der Volkspolizei. Ich kannte ihn nicht. Er war auf die Welt gekommen, als man uns fortgeschickt hatte. »Du, ich muß dich bewachen«, unterrichtete mich der Fünfundzwanzigjährige mit einem lustigen Augenzwinkern im Gesicht, »ich weiche nicht von deiner Seite, solange du hier bist.« Wir haben alle gelacht. Aber wohl war mir nicht dabei.

Zuerst mußte mich Hardis Sohn bei der Volkspolizei anmelden. »Wir warten hier auf dich«, vermeldete Hardi. Mein Gesicht schien Bände zu sprechen, denn Eckhart sprudelte wie ein Wasserfall: »Hab doch keene Angst, hab doch keene Angst, ich bin doch bei dir.« Er war ein freundlicher Mensch, wie sein Vater. »Reg dich nicht uff«, redete er weiter und schob mich, mit der Hand auf dem Rücken, auf ein Bürohaus zu, »det is alles nur halb so schlimm.«

Auf einem Stuhl, die Handtasche auf dem Schoß fest umklammert, wartete ich darauf, aufgerufen zu werden. Mit weichen Knien stelzte ich in das Büro. »Hier haben Sie Ihre Papiere«, wies mich ein Mann mit vielen Sternen auf den Schulterklappen hin, »morgen müssen Sie sich abmelden bei mir, danach können Sie wieder heimfahren.« Er wirkte ganz friedlich.

Im nächsten Ort haben mich Kutsches zum Mittagessen eingeladen. Auf einem Holzregal hinter der Theke standen handgeschriebene Preisschilder vor aufgereihten Bierflaschen, Zigarettenschachteln und Keksen. Die Koteletts waren in genauen Grammangaben aufgeführt. Die Bedienung ließ sich Zeit. Mich drängte es nicht sofort nach Wellerswalde. Irgendwie war ich sogar froh, daß ich erst mal noch nicht dahinmußte.

Mein Magen drückte, als wir durch Merkwitz fuhren. Kein Burgturm über den Dächern zu sehen. »O Gott, o Gott.« Das war vielleicht ein bitterer Geschmack im Mund. Die vertraute Landstraße, die knorrigen Apfelbäume ... Ich spürte, wie ich mein Unterhemd durchschwitzte. Ein Schild wies nach Wellerswalde. Hardi setzte den Blinker. Ich atmete tief aus.

»Eine entsetzliche Sauerei!«

Vor einer unserer ehemaligen Scheunen, die sich mein Gefährte als Wohnung ausgebaut hatte, kam sein Trabi zum Stehen. Das Haus grenzte direkt an das, was einmal unser riesiger Garten gewesen war. Noch mal setzten wir uns hin und tranken Tee, aber ich wurde zunehmend unruhiger. »Jetzt komm! Ich will das Rittergut anschauen.« Hardi führte mich hinüber auf den Hof, seine Nase kräuselte sich wie bei einem knurrenden Hund.

»Was habt ihr bloß hier gemacht?« Mir wurde übel. »Das ist ja grauenhaft!« »Ja, ja«, räumte mein Freund befangen ein, »ich kann da auch nichts dafür.« Früher war es hier so schön, so wunderschön gewesen. Und all das Schöne war mit einem Mal weg. Dort, wo einst unsere Burg in die

Höhe geragt hatte, hatten sie eine riesige Maschinenhalle errichtet. Das würde mir Mutter nie glauben. Ich zog meinen Fotoapparat aus der Tasche. »Das darfst du nicht!«, zischte Hardi und spähte alle Augenblicke zurück wie eine Katze, die einen Hund fürchtet. »Es sieht doch keiner«, putzte ich ihn runter.

Vom Ochsenstall hatten sie beide Ecken weggerissen, um für die großen Landmaschinen einen Eingang in den Hof zu schaffen. Die Gräben um unsere alte Wasserburg waren zugeschüttet. Rundherum verstellten Schuppen mit verbogenen Dachrinnen den Blick. Alles war so schäbig wie Wellblechbuden in den Slums. Ich war vollkommen konfus.

Mit dem Fotoapparat in der Hand bin ich hinunter zum Teich gelaufen. Sogar die moosbewachsene Steinmauer hatten sie plattgemacht. Wütend stemmte ich beide Arme in die Seiten: »Was ist denn das für eine Sauerei!« Die Anwohner hatten ihren sämtlichen Müll in unseren Teich geschmissen. »Das stinkt ja zum Himmel!« Im gleichen Moment sah ich hinter Hardi den LPG-Führer (der Landwirtschaftlichen Produktions-Genossenschaft) nahen. »Das ist unser Chef«, stellte Hardi ihn mir vor und deutete daraufhin auf mich: »Das ist mein Besuch.«

»Was habt ihr eigentlich aus unserem Hof gemacht?« stänkerte ich diesen Mann an, »ich fasse das überhaupt nicht!« Der Verwalter war sichtlich verärgert über meinen Tonfall. »Was wollen Sie denn?« wehrte er sich, während hinter ihm der Abfall seine Kreise zog. Hardi zwickte mich in die Seite. Aber da half nichts mehr. Ich kriegte einen richtigen Koller. »So etwas würde es im Westen nicht geben! Da müßten Sie eine satte Geldstrafe dafür hinblättern!« Der LPG-Chef drehte sich um und ging weg.

»Komm, wir schauen weiter«, brachte ich Hardi auf

Trab, der in seinem breiten Sächsisch lamentierend hinter mir herstolperte. »Heute morgen hat mein Stumpf gejuckt und ich hab' genau gewußt, heut' passiert noch was Besonderes.« An der Straße spürte ich unseren alten Prellstein auf, von dem gerade noch zehn Zentimeter aus dem Boden lugten. Am liebsten hätte ich ihn stehenden Fußes ausgegraben und mitgenommen. »Mensch, Hardi, das ist das letzte, was von uns übriggeblieben ist.« »Ne, ne«, wendete er ein, »da ist noch was.« Unsere Gruft! Unter Bauschutt ruhten die Särge unserer Vorfahren. Die Wappen meiner Ur-Ur-Ur-Großeltern von Oppel und von Thielau waren erhalten geblieben.

Auf dem Rückweg kamen wir noch an zwei Scheunen vorbei. »Hier haben sie jetzt die Schafe, aber da darfst du nicht rein«, übte mein Freund Druck aus und verwies auf die Verbotstafel. Schafmeister Rothe, der vor Jahren gestorben war, hätte mir das sicherlich nicht verwehrt. Schnurstracks spazierte ich durch die Scheune. Hinter mir wand sich Hardi: »Christa, jetzt komm bloß zurück!«

Wie auf einem fremden Planeten

Die Botschaft, daß eine »von Oppel« im Ort war, flog mit einer Geschwindigkeit von Mund zu Mund, der einem Telegramm in nichts nachstand. Gegen nachmittag war Hardis Bude voll. Bauerntöchter und Landwirte schüttelten mir die Hand. Aus meiner Kinderbande waren auch welche dabei, aber auch einige unbekannte Gesichter, die schlicht neugierig auf mich waren. Es waren keine von denen, die sich über die Sachen in unserem Haus hergemacht hatten.

»Daß wir dich mal wiedersehen!« Es war ein Durcheinander an Schulterklopfen, heiteren Gesichtern und Fragen. »Wie geht's dem Rest der Familie?« Nachdem ich ausführlich Rede und Antwort gestanden hatte, löcherten sie mich, welche Kosmetika wir im Westen hätten. Ob es noch Nivea gäbe? Mich interessierte die Landwirtschaft im Osten viel mehr. Hardis Frau brüstete sich, daß sie schon mehrmals das Soll um soundso viel Prozent überschritten und dafür eine Reise ans Schwarze Meer geschenkt bekommen habe. Ich fühlte mich wie auf einem anderen Planeten. Da saß ich zwischen alten Freunden in einer unserer Scheunen, die jetzt eine Wohnung war, und dachte in einem fort: »Das hat alles nichts mehr mit mir zu tun.«

Meine Augen blieben an zwei Kristallschalen in der Glasvitrine hängen. Hardis Frau war meinen Blicken gefolgt: »Ach, guck mal«, sagte Elli und öffnete die Schranktür, damit ich besser sehen könnte, »das sind noch Schalen von euch.« »Hm«, räusperte ich mich. Mein Hals war trocken, als ich das kostbare Geschirr meiner Ur-Großeltern erblickte. »Werdet froh damit«, preßte ich hervor. Man hätte es sowieso nicht ausführen dürfen.

Hardi, der den Dialog mitverfolgt hatte, setzte sich zu mir und klärte mich auf. Seine Mutter, die bis zuletzt als Zugehfrau bei uns beschäftigt gewesen war, habe nach unserer Vertreibung sackweise Porzellan aus der Burg geschafft, um es für unsere Familie zu erhalten. Nach ihrem Tod habe seine Schwester Elfriede die Sachen an sich genommen. Noch am gleichen Abend suchte ich sie auf.

Auf dem Küchentisch stand unsere Zuckerdose aus Meißner Porzellan. »Du weißt, daß es verboten ist, antike Sachen privat bei sich zu lagern«, schüchterte ich sie ein, »das ist Staatsgut.« Hardis Schwester war die Sache sichtlich unangenehm. »Wenn die Zeiten mal andere sind, bekommst du alles zurück«, versicherte sie mir. Die Zeiten waren hernach zwar andere, aber wir kriegten nur einen kleinen Teil gegen Bezahlung heraus.

Abfahrt

Schlafen konnte ich nicht. Noch vor Sonnenaufgang steckte ich mir den Film vorne in den BH. Den Apparat habe ich beim Frühstück Eckhart geschenkt. »Den nehmen sie mir sonst ab und fragen nach dem Film.« Hardi und seine Frau packten mir Kochtöpfe und Tischdecken in den Kofferraum. Ekhart brachte mich nach Dresden zu Margot. An der Grenze musterten sie unsere Pässe unerklärlich lange, als gäbe es eine geheime Inschrift darin zu entdecken. Unsere Koffer mußten wir auf der Straße auspacken. Den Film haben sie nicht gefunden.

»Kofferraum und Motorhaube öffnen«, schnodderte der Beamte. Meine Freundin stellte sich blöd: »Ich weiß nicht, wie das geht.« Der Mann verdrehte entnervt die Augen. Er suchte mit einem Spiegel die Räder und den Boden ab. »Nehmen Sie mal die Hintersitze aus dem Auto raus!« »Das kann ich nicht«, widersetzte sich Margot. Ungehalten riß er die Rückbank raus. »Meinen Sie etwa«, legte ich nach, »daß wir dahinten jemanden dazwischengeklemmt haben?«

Als wir wieder im Westen waren, haben wir drei Kreuze geschlagen. Hardi teilte mir wenig später mit, daß die Polizei noch am Tag meiner Abreise vor seiner Türe gestanden und nach mir gesucht habe. Er drückte das so aus: »Du warst kaum weg. Da kriegten wir ›Besuch‹.« Mutter erblaßte, als ich ihr in Schloß Bennigsen meine Fotos aus Wellerswalde vorlegte. »Da möchte ich nicht mehr hin«, sagte sie, »das ist nicht die Heimat, die ich kenne.«

An ihrem Entschluß änderte auch das unvermutete Ende des kalten Krieges nichts. »Guck dir das an«, machte Günther vor dem Fernsehapparat Stielaugen, als im November 1989 junge Familien in ausgewaschenen Jeansjacken am Brandenburger Tor hochkrabbelten. Wildfremde Menschen fielen sich dahinter in die Arme. Der Mauerfall war eine Hoffnung auf eine mögliche Wiedergutmachung. Aber auch die zerschlug sich wieder. Einige Gutsbesitzer reisten schon am nächsten Tag in die Heimat und forderten ihre Habe zurück. Hardi hat an die Eiche auf dem Hof ein Schild gehämmert: »Die deutsche Einheitseiche«. Aber so einfach war das alles nicht.

Abschied

Ein Grab ist ein Ort, an dem man Abschied nehmen kann. Claus war zuletzt in Halbe auf einen Kriegerfriedhof umgebettet worden. Ich wußte nicht, wo genau er zwischen den 40 000 Toten lag. Diese letzten Ruhestätten waren lange nur nach Daten, nicht nach Namen registriert. So habe ich den Besuch auf dem Friedhof von Jahr zu Jahr verschoben. So viele Monate, Stunden, Minuten und Sekunden hatte ich die Rückkehr meines Mannes herbeigesehnt. Und nun hätte ich auf einmal damit aufhören sollen. Die Schwiegereltern waren auch nie an seinem Grab gewesen.

1998 hielten wir ein Familientreffen mit Günthers Verwandten ab, ganz in der Nähe von Halbe. Da konnte ich nicht mehr länger umhin. Über den Verein deutscher Kriegsgräberfürsorge erhielt ich genaue Angaben, in welcher Abteilung, in welcher Reihe, an welchem Platz sich der Grabstein von Claus auf der sieben Hektar großen Anlage befand.

Der Sandboden knirschte unter den Schuhen. »Auf diesem Boden hast du gekämpft«, vergegenwärtigte ich mir, als ich hinter Uli und Günther durch den Kiefernwald lief »hier hast du es noch rausgeschafft, knapp zehn Kilometer weiter. Und jetzt liegst du hier zwischen Männern, Frauen und Kindern, die noch fünf Minuten vor Kriegsende als Opfer der sinnlosen Kämpfe im Großraum Berlin verheizt wurden.« Ich las den Mädchennamen »Noel« auf einem Grabstein. Darunter »1935–1945«.

Der Name von Claus stand zwischen anderen auf einer Keramikplatte. Ich habe nicht nachgezählt, wie viele es waren. »Wie wäre das mit uns geworden?« überlegte ich. Ich wußte doch gar nicht, ob er das mit dem Splitter im Gehirn noch lange überlebt hätte. Wir waren beide so jung gewesen. Claus war meine erste große Liebe. Die ewige Angst, einander verlieren zu können, die Kostbarkeit jeder miteinander verbrachten Minute, die Abwesenheit jeder Alltäglichkeit. Das alles hatte unsere Liebe so lebendig gehalten.

Wir haben uns nur wenig gekannt. Wären wir Tag für Tag in diesem Elend hinterher aufeinandergesessen, ich weiß nicht, was aus uns geworden wäre ... ich weiß nur, daß ich diesen Mann unglaublich geliebt habe ... und man liebt in seinem Leben nur einmal so ... die Tränen liefen wie von selbst. Mein Sohn hat die Hand über meine Schulter gelegt. Günther hat von hinten ein Foto von uns gemacht.

Für kurze Zeit war ich wieder zu Besuch in der Vergangenheit und umarmte Claus ein letztes Mal. Tief sog ich seinen Duft ein. Er war so vertraut, daß ich ihn am liebsten mitgenommen hätte, um mich an grauen Tagen daran zu erwärmen, um alles erträglicher zu finden. Ich hörte, genau wie damals, wie seine Männer sich hinter uns räusperten. Und plötzlich überrollten mich all die schrecklichen Jahre danach. Wie eine riesige Welle, die alles Lebendige um mich herum verschlang. Und als ich auftauchte, um nach Luft zu schnappen, türmte sich bereits eine neue Welle vor mir auf. Als würde alles wieder von vorne beginnen.

Ich habe keine Erinnerung mehr daran, wann ich weggegangen bin, um nie wieder hierherzukommen.

Letzter Tagebucheintrag

Dezember 1968

Ich las den alten Brief, von einer Hand geschrieben, die ich nicht erkannte, und fand dann die Unterschrift, mich selbst. Zwanzig Jahre vergangen, des Mädchens Träume längst ausgeträumt, die Flammen verlöscht, und doch das Pochen noch derselben Pulse. Ich war's und war's auch nicht.

Frei nach Richard Gerlach

Nachwort

»Erinnern, das ist vielleicht die qualvollste Art des Vergessens«, sagte einst der Dichter Erich Fried. Das Leben ist trotz allem weitergegangen. Wir alle, die wir das Chaos des Krieges und der Vertreibung überstanden haben, bauten uns im Westen eine neue Zukunft auf. Unser Land und unsere Burg haben wir nicht mehr zurückbekommen. Mutter starb im gesegneten Alter von 92 Jahren. Lütte und Ehrenfried sind ihr in den Tod gefolgt.

In der Kirche in Wellerswalde hat mein ältester Bruder eine Gedenktafel anbringen lassen. »Zur Erinnerung an die in dieser Kirche bestatteten Angehörigen der Familie von Oppel. 1635–1945.« Darunter zitiert er aus einem Gedicht des Theologen und später hingerichteten Widerstandskämpfers Dietrich Bonhoeffer: »Von guten Mächten wunderbar geborgen, erwarten wir getrost, was kommen mag. Gott ist mit uns am Abend und am Morgen und ganz gewiß an jedem neuen Tag.«

Langsam neigt sich auch der Bogen unseres Lebens wieder der Erde entgegen. Bald werden Kai und ich Vorfahren sein, die der Nachwelt nichts außer diesen Zeilen erhalten konnten von dem, was wir von unseren Ahnen erbten.

Heute denke ich, daß es eine übergeordnete Gerechtigkeit nicht gibt. Es gibt Gesetze, das ist das einzige.